I libri di Bruno Vespa

Bruno Vespa

RIVOLUZIONE

Uomini e retroscena della Terza Repubblica

Rai Libri

MONDADORI

Dello stesso autore
nella collezione I libri di Bruno Vespa

Telecamera con vista
Il cambio
Il duello
La svolta
La sfida
La corsa
Il superpresidente
Dieci anni che hanno sconvolto l'Italia
Scontro finale
La scossa
Rai, la grande guerra
La Grande Muraglia
Il Cavaliere e il Professore
Storia d'Italia da Mussolini a Berlusconi
Vincitori e vinti
L'Italia spezzata
L'amore e il potere
Viaggio in un'Italia diversa
Donne di cuori
Nel segno del Cavaliere
Il cuore e la spada
Questo amore
Il Palazzo e la piazza
Sale, zucchero e caffè
Italiani voltagabbana
Donne d'Italia
C'eravamo tanto amati
Soli al comando

libримondadori.it
anobii.com

Rivoluzione
di Bruno Vespa
Collezione I libri di Bruno Vespa

ISBN 978-88-04-70704-2

© 2018 Rai Com S.p.A. Rai Libri
Mondadori Libri S.p.A., Milano
I edizione novembre 2018

Indice

Rivoluzione

Ai miei compagni, viventi e scomparsi,
che nel 1968-69 vinsero il concorso nazionale
per radiocronisti e telecronisti
e parteciparono al corso che ci portò in Rai

Lasciali provare, prima di giudicarli.
Gesù a don Camillo,
in *Don Camillo* (1952)

Sarà pianto e stridore di denti...
Matteo 22,1-14

I

La Rivoluzione ferita

Il settimo sigillo

Rivoluzione? Sì, Rivoluzione. «Questo è un governo rivoluzionario» mi dice Luigi Di Maio, con i suoi placidi occhi di cerbiatto mentre l'Europa e i mercati finanziari sono in tempesta.

«Mi piace la definizione di barbari» aggiunge sorridente Giuseppe Conte nel suo ufficio di palazzo Chigi. «Per i greci, "barbaro" era lo straniero, l'estraneo alla comunità. Bene, noi siamo estranei all'establishment.»

«Governo rivoluzionario? Be', sì: una cosa simile non si era mai vista...» osserva Matteo Salvini. Altro che Alberto da Giussano, altro che Braveheart di antiche memorie bossiane: il signore che mi sta davanti nel suo appartamento da single nel cuore di Roma è lo stesso al quale la rivista americana «Time» ha dedicato una delle copertine che scandiscono la storia. È vero che nell'ultimo secolo era capitato anche a Mussolini (sette volte), De Gasperi (due volte), Togliatti, Berlinguer, Veltroni, Berlusconi e Monti, ma il titolo sopra la foto di Salvini, *Il nuovo volto dell'Europa*, ne sancisce un ruolo di leadership molto elevato. E il titolo interno (*L'uomo più temuto d'Europa*) ne fa il nemico da abbattere. Esattamente quel che Salvini cerca. Rivoluzione, dunque.

Non eravamo abituati. La Rivoluzione napoletana del 1799, le Cinque Giornate di Milano del 1848, la Repubblica

Romana dell'anno successivo furono eroiche rivolte locali durate un soffio. Poi, certo, Mussolini andò a Roma in vagone letto e fece la Rivoluzione fascista. Ma, a parte la sua lunga parentesi, non ne abbiamo mai avute altre. La stessa Resistenza non fu rivoluzione. Fu una rivoluzione giudiziaria Mani pulite. «Se ci chiamano, siamo pronti» mi disse nel 1993 Francesco Saverio Borrelli, capo della Procura di Milano. Azzerati tutti i partiti di governo, sopravvissuto solo il debole Pds, aspettava la chiamata a palazzo Chigi per un governo di emergenza. Arrivò invece Berlusconi, che pagò caro il suo azzardo. Fu rivoluzionato il panorama politico, ma non fu una Rivoluzione.

Questa sì che lo è. È cambiato lo schema di gioco. Si è rovesciato il sistema. «Il 4 marzo si è aperto uno squarcio» mi dice Di Maio. «Fino ad allora si pensava che l'unico modo di far politica fosse rispettare i conti. Ma se l'ossessione dei conti te li fa preferire ai cittadini, sei morto.» Quando la notte del 4 ottobre il governo gialloverde ha presentato i primi conti, l'«Economist» ha titolato: *Il budget porta l'Italia più vicina al baratro. Il governo italiano ha mandato un segnale molto preoccupante. Non fa riforme nuove e cancella le vecchie.* E il 23 ottobre, due giorni prima che la manovra di bilancio venisse bocciata dalla Commissione europea, il «New York Times» ha scritto: «Il debito italiano potrebbe preoccuparci tutti, innescando una reazione a catena difficile da fermare».

«Gli italiani hanno ragione di essere frustrati» sostiene l'«Economist». «Crisi finanziaria e modesta crescita cronica non li fanno più ricchi di quanto non lo fossero alla fine del secolo scorso. Dieci su cento sono disoccupati, altri venti vivono con meno di 10.000 euro all'anno. E allora il 4 marzo hanno votato per il cambiamento.» No, hanno votato per la Rivoluzione.

Desideri prima delle regole. Di Maio ha 32 anni, è più giovane dei miei figli. Un giorno, durante la registrazione di «Porta a porta», mi avvicinai e gli dissi: quando lei avrà famiglia, i suoi figli vorranno forse più cose di quante lei potrà permettersi di comprare. Non pensa di dover dire questo sì e questo no? Lui ribaltò il discorso: prima soddisfare le necessità, poi i soldi si trovano. Ancora: se lei s'indebita per portare in pizzeria i suoi, osservai, fa spesa corrente; se s'indebita per il mutuo della casa, spende per un investimento. Il reddito di cittadinanza è spesa corrente. Lui la considera, invece, un investimento sul futuro. È una scommessa rivoluzionaria. Può darsi che la vinca.

L'Europa e i mercati pensano che la perda. Ma c'è una differenza. La Commissione europea è delegittimata e a scadenza. Delegittimata perché ha perso la scommessa con la crisi: l'austerità ha peggiorato la situazione. Non ci fosse stato Mario Draghi e il suo «whatever it takes» (tutto il necessario) del 2012, che in sei anni ha valorizzato di oltre 1500 miliardi le borse dei quattro principali paesi dell'eurozona, e l'iniezione di 350 miliardi tra il 2015 e il 2018 nelle casse italiane grazie al «quantitative easing», saremmo andati per stracci, come usa dire. (Il 12 settembre 2018 Draghi ha dichiarato: «Non contate sui soldi della Bce per ripianare i vostri debiti». Di Maio ha ribattuto: «Avvelena il clima».) La Commissione è a scadenza anche perché frutto di un accordo tra popolari e socialisti a rischio estinzione nelle elezioni del 2019. Molti dei censori dell'autunno 2018 sono destinati a sparire dalla circolazione proprio per mano dei populisti che attaccano.

I mercati no. I mercati sono di ghiaccio. Vogliono proteggere i loro soldi, se possibile moltiplicarli. Quando vedono nero, si vestono come la Morte nel *Settimo sigillo* di Ingmar Bergman e usano la falce. Trasformano il governo italiano in Antonius Block, il cavaliere senza paura che sfida il destino: «Questa è la mia mano, posso muoverla, e in essa pulsa il mio sangue. Il sole compie ancora il suo alto arco nel cielo. E io... io, Antonius Block, gioco a scacchi con la Morte». Nel film il cavaliere perde. Come finirà la partita italiana?

Giorgetti: «Abbiamo rischiato la crisi di governo»

Arrivarono insieme, senza avvertire. O meglio, erano stati preceduti dagli uomini della scorta che avevano fatto la «bonifica» della saletta, senza dire chi sarebbe venuto a cena. «Ci siamo abituati» mi racconta Luigina Pantalone, proprietaria con i fratelli del ristorante Le Cave di Sant'Ignazio, nella piazzetta omonima a un passo da palazzo Chigi e da Montecitorio, a sinistra del monumento gesuita al barocco romano con la splendida facciata disegnata da Alessandro Algardi e costruita nel 1626, subito dopo la canonizzazione di sant'Ignazio di Loyola. «Quando vengono a controllare, non ci dicono mai chi arriva» sospira Luigina, sorridendo.

Arrivarono insieme Giuseppe Conte e i suoi due vice, Luigi Di Maio e Matteo Salvini. La sera di lunedì 22 ottobre c'era parecchia gente, ma i tre non entrarono dall'ingresso principale sulla piazza e non fecero i settantacinque passi che separano la prima sala dall'ultima. Non videro, perciò, né la foto di Tito Schipa con Walter Chiari e Ava Gardner (1954), né il grande ritratto di Giorgio Chinaglia, mitico centravanti della Lazio che – collocato in mezzo a un gruppo di santi – fu scambiato per uno di loro da Ivanka Trump.

I tre entrarono da un'uscita di sicurezza sul vicolo de' Burrò: niente insegne, niente giornalisti. Presero posto nell'ultimo tavolo a destra, nella saletta deserta. Conte sedette spalle al muro, Salvini e Di Maio insieme di fronte. Unico testimone della conversazione, un dipinto di Giovanni Antoci sul Grande Giubileo del 2000. Salvini viene qui spesso, Di Maio vi aveva festeggiato con la famiglia la sua prima elezione alla Camera nel 2013, Conte non si era mai visto. Il cameriere Antonio Marcello servì antipasto di mozzarella, peperoni, polpettine, verdure grigliate. Poi un assaggio di tagliatelle ai funghi porcini. Infine una Chateaubriand. Con deplorevole scelta autoflagellante, il vertice del governo non bevve vino. Soltanto acqua minerale, liscia e gasata. Luigina fece perciò uno scherzo a «Un giorno da pecora» parlando di acqua democratica di rubinetto e di un conto da 80 euro diviso in tre, alla romana, con 10 euro di mancia. Il conto fu più sostenuto, com'era ovvio. E offrì il presidente del Consiglio, com'era giusto. Anche perché quella sera, tra una polpettina e una forchettata di tagliatelle, ci fu il «chiarimento» e venne salvata l'integrità della maggioranza. Nuovo vertice (stavolta a palazzo Chigi) e nuovo faticoso accordo domenica 28 ottobre. La Rivoluzione va avanti, ma ormai è ferita.

«Abbiamo rischiato una crisi di governo» mi racconta alcuni giorni dopo nel suo ufficio di palazzo Chigi Giancarlo Giorgetti, sottosegretario alla presidenza del Consiglio. «C'erano stati momenti di tensione brutta, sembrava incrinata la fiducia tra alleati. Ci avevano accusato di falso. Non puoi pensare che il tuo alleato compia un reato per coprirne un altro. Siamo finiti contro un iceberg perché non avevamo un metodo sperimentato per la soluzione delle crisi. È stata un'esperienza utile: dovesse ricapitare, faremo tesoro degli errori.»

Che cos'era accaduto? Perché la Rivoluzione stava esaurendosi in modo drammatico dopo meno di cinque mesi dal suo inizio? Per capirlo dobbiamo tornare indietro di cinque giorni e trasferirci in via Teulada, negli studi di «Porta a porta», la sera di mercoledì 17 ottobre 2018.

Di Maio a «Porta a porta»: «Domani vado in procura»

«Stasera devo fare una denuncia forte. Ci hanno imbrogliato sul condono, vogliono fare un favore ai grandi evasori, domani vado alla Procura della Repubblica» mi disse un Di Maio elettrizzato, mentre i truccatori gli tamponavano la pelle quel minimo per resistere alle luci. Aveva tra le mani una copia del decreto fiscale con alcune frasi evidenziate in giallo. Il capo politico del M5S mi si avvicinò durante la registrazione dello spot promozionale e, poi, all'inizio della trasmissione. «È accaduto un fatto gravissimo» sparò. «Il testo sulla pace fiscale che è arrivato al Quirinale è stato manipolato. Non so se sia stata una manina politica o una manina tecnica. In ogni caso, domattina si deposita subito una denuncia alla Procura della Repubblica perché non è possibile che vada al Quirinale un testo manipolato.»

Con due netti e ordinati tratti di penna a sfera Mont Blanc, Di Maio cancellò prima due righe, poi altre due del famigerato articolo 9 relative alla non punibilità per chi evade e fa rientrare i capitali dall'estero. Gli feci notare che quel testo doveva essere stato approvato in Consiglio dei ministri prima di essere trasmesso al Quirinale, e quindi doveva pur esserci un verbale. Ed era abbastanza inconcepibile che un governo denunciasse la parte di se stesso che l'avrebbe truffato. Mai accaduto niente di simile nella pur varia e tormentata vita del nostro Belpaese.

Mentre noi discutevamo in trasmissione di quella situazione surreale, Paolo Baroni – da ventiquattro anni ineccepibile maggiordomo di «Porta a porta» – mi porse un foglietto scritto con il pennarello: «Decreto mai arrivato al Quirinale». Diedi la notizia a Di Maio, che traballò. Un mio collega aveva telefonato a palazzo, dove negarono di aver ricevuto il decreto. Poco dopo, l'ufficio stampa del Quirinale confermava con un comunicato la nostra anticipazione. Dov'era allora il documento fantasma che, pur senza far nomi, Di Maio riteneva falsificato ai suoi danni da qualcuno della Lega?

L'indomani si seppe che in realtà, come sempre accade, la presidenza della Repubblica aveva ricevuto una bozza, soltanto una bozza, e aveva espresso rilievi su alcuni aspetti della non punibilità degli evasori. Ma, intanto, l'annuncio che il vicepresidente del Consiglio, titolare di due ministeri strategici e capo politico del partito di maggioranza, sarebbe andato a denunciare alla magistratura il suo stesso governo stava facendo il giro del mondo. Nella sala stampa di via Teulada, ad assistere al programma c'erano giornalisti di dodici diverse agenzie. I primi flash raggiunsero il premier Conte a Bruxelles, dov'era impegnato in un difficilissimo vertice europeo; Salvini a Mosca, dove stava parlando agli imprenditori italiani, e Giorgetti nel suo ufficio di palazzo Chigi, mentre stava discutendo i contenuti della manovra con il segretario generale Roberto Chieppa e il capo dell'ufficio legislativo della presidenza del Consiglio Ermanno De Francisco, entrambi consiglieri di Stato.

Giorgetti telefonò a Salvini, che in quel momento era a una cena di gala. Il ministro s'infuriò: «Perché Luigi non mi ha chiamato e non ha chiamato Conte prima di andare in televisione?». Di Maio lo cercò mercoledì notte, giovedì e venerdì, ma Salvini non gli rispose. «Non voglio passare per scemo» disse il venerdì. «Non facciamo scherzi. Nel Consiglio dei ministri Conte leggeva e Di Maio scriveva.» E Di Maio replicò: «Se Salvini non vuole passare per fesso, io non posso passare per bugiardo e distratto. Non ci sto». Conte, come spesso gli accade, cercò la mediazione: «Se è vero che io leggevo il testo del decreto fiscale? Salvini non dice il falso. Quel testo è arrivato in zona Cesarini...».

Chi ha scritto il condono fiscale?

Che cos'era successo? Perché in Consiglio dei ministri verbalizzava Di Maio e non Giorgetti, che ne è il segretario? Quest'ultimo aveva verbalizzato fino all'articolo 5, ma poi aveva litigato con il leader 5 Stelle per una revisione della normativa sulle associazioni sportive dilettantistiche i cui presidenti devono rispondere personalmente in campo fiscale, sia in sede civile che penale. Uscito Giorgetti, il regolamento prevede che a verbalizzare sia il ministro più giovane, cioè Di Maio. Dunque, perché non si era accorto di quel che conteneva l'articolo 9?

«Come avviene sempre,» mi spiega Giorgetti «prima si raggiunge un'intesa politica sui contenuti. Nei giorni successivi c'è un'interlocuzione con il ministero dell'Economia, che deve "bollinare" il testo garantendo la copertura finanziaria, e con lo stesso Quirinale, che sui decreti legge ha un diritto di sindacato rispetto al contenuto [*devono esserci i requisiti di necessità e urgenza*]. Nella fase in cui il testo girava tra Economia e Quirinale, Di Maio è venuto a "Porta a porta" e ha fatto scoppiare la bomba. Se qualcosa non andava, poteva chiamare il presidente del Consiglio e dirgli che il testo non corrispondeva al suo pensiero e che andava corretto. Invece...»

Ma chi ha scritto materialmente il testo? Il viceministro leghista all'Economia, Massimo Garavaglia, sostiene di aver ricevuto fin da venerdì 12 ottobre il testo insieme alla collega dei 5 Stelle Laura Castelli, la quale però nega che ci fosse la parte incriminata. «Il testo è stato costruito dall'ufficio legislativo di palazzo Chigi sulla base degli appunti lasciati dal presidente del Consiglio» mi dice Giorgetti. «Il documento arrivato a Garavaglia e Castelli era stato già modificato in parte rispetto alla versione originaria perché non veniva abbastanza incontro alle richieste dei 5 Stelle. Si trattava di un condono minuscolo. Chi emergeva dichiarando fino a 100.000 euro di imponibile in più del dovuto aveva una copertura rispetto alla punibilità della dichiarazione infedele, esclusi i casi di mafia e di riciclaggio. Probabilmente, il testo finale non è stato letto o è stato ritenuto di minore impatto. Nel momento in cui è venuto fuori, la campagna dei social e le pressioni interne sono state molto forti, e qualcuno ha mal consigliato Di Maio parlando di falsificazione del testo.»

Fra i 5 Stelle si rafforzò la diffidenza nei confronti dei più alti dirigenti degli uffici chiave. La Castelli chiamò in causa Glauco Zaccardi, capo dell'ufficio legislativo delle Finanze. «Si è creato un brutto clima verso i dirigenti di palazzo Chigi e dell'Economia, ritenuti non collaborativi nei confronti dei desideri del governo» mi spiega Giorgetti. «Essi, in realtà, applicano la legge e, come accade anche negli uffici del Quirinale, mettono dei paletti quando vedono che si esce dai binari.»

A quel punto Conte convocò un Consiglio dei ministri straordinario per sabato 20 ottobre, per correggere il decreto. Salvini, che aveva annunciato di non voler partecipare, alla fine vi andò. «Ha smorzato di colpo i toni,» racconta Giorgetti «ritenendo di privilegiare la stabilità del governo rispetto alla rivendicazione fino in fondo della correttezza della nostra linea. Ha dato prova davvero di essere dotato di una grande levatura politica. Ha voluto favorire Di Maio per non rovinargli la festa del Movimento 5 Stelle.»

Nel pomeriggio di sabato 20 ottobre era infatti programmata la grande manifestazione del M5S al Circo Massimo e l'«onta» della «manina» andava lavata in tempo utile. La dichiarazione integrativa speciale, che permetterà di saldare i debiti fiscali pagando un'aliquota scontata del 20 per cento, sarà possibile per un tetto di imponibile annuo di 100.000 euro, e non di 100.000 per tributo. Saltarono anche le norme che stabilivano la possibilità di usare la dichiarazione per far emergere attività estere e la non punibilità penale della dichiarazione fiscale fraudolenta e infedele, e degli eventuali reati di riciclaggio e autoriciclaggio connessi alla dichiarazione integrativa.

Alla conferenza stampa Salvini, presentatosi sorridente insieme a Conte e Di Maio, agitò davanti a fotografi e telecamere il tutore che protegge la mano destra infortunata per una caduta, simulando l'intervento della «manina». Era contento perché, alla fine, aveva portato a casa il condono, seppure con un taglietto. Conte spiegò il pasticcio dicendo che era frutto di un incidente tecnico, senza colpevoli. «L'accordo politico raggiunto ha l'obiettivo di permettere di mettersi a posto a chi ha avuto difficoltà oggettive a regolarizzare la propria posizione. Neppure gli esponenti della Lega hanno mai manifestato l'intenzione di premiare i grandi evasori» chiarì, escludendo la presenza di «manine».

«Siamo entrati in Consiglio dei ministri subito dopo aver concluso l'accordo politico sulla "dichiarazione integrativa", l'ormai famoso articolo 9, nella consapevolezza che la sua traduzione tecnico-giuridica sarebbe stata formulata successivamente. Nel testo che avevamo sul tavolo del Consiglio» raccontò Conte «l'articolo 9 era in bianco. Un testo normativo viene spesso rimaneggiato nel passaggio tra uffici della presidenza, ministero dell'Economia e Ragioneria e, infine, Quirinale.» E aggiunse: «Nel corso del Consiglio mi è stato recapitato un foglio con una prima formulazione giuridica dell'accordo. Questo foglio non è stato distribuito a tutti i ministri, sono stato io a sintetizzare i termini dell'accordo politico raggiunto, nella consapevolezza che il testo che avevo tra le mani andava poi verificato sul piano tecnico. Già a caldo ho segnalato alcune correzioni che andavano apportate». Comunque, Di Maio alla fine ebbe soddisfazione.

Dal palco del Circo Massimo, Di Maio annunciò alla piazza: «Posso dirvi che non ci sarà nessuno scudo e nessun condono». «La Repubblica» annotò maliziosamente che la conferenza stampa di palazzo Chigi – trasmessa sui maxischermi del Circo Massimo – fu interrotta da comunicazioni di servizio quando i cronisti cominciarono a chiedere al presidente del Consiglio e ai suoi due vice della «manina» e dell'emersione del «nero». Perché il «condono» – parola che i 5 Stelle non pronunceranno mai – c'è ed è consistente. A parte la rottamazione delle cartelle fino a 1000 euro, i 100.000 euro di imponibile da sanare con un'imposta del 20 per cento anziché del 43 si estende per cinque anni: in tutto fa mezzo milione. Questo condono va a sommarsi ai 38, di ogni tipo e natura, approvati negli ultimi quarantacinque anni, che hanno fruttato complessivamente allo Stato, ai valori attuali, 131 miliardi di euro.

Se vengono bruciate le immagini di Di Maio e Lezzi

La vicenda del decreto fiscale è soltanto la punta di un iceberg di incomprensioni sempre più difficile da gestire, sebbene Di Maio e Salvini ostentino anche in questo libro un patto blindato. Fino al 4 marzo 2018, sia la Lega sia i 5 Stelle non avrebbero seriamente scommesso di andare al governo. I sondaggi premiavano il partito di Di Maio, ma l'opzione principale era ancora quella di un pur fragile governo che avesse come base l'alleanza tra Pd e Forza Italia, con eventuali sostegni a destra. L'opzione secondaria – che peraltro prendeva sempre più piede – era una vittoria del centrodestra. L'ipotesi di un governo tra Lega e 5 Stelle veniva esorcizzata dall'Europa e dai mercati finanziari come un'assoluta sciagura.

Vedremo nei prossimi capitoli i retroscena della gestazione di una crisi durata quasi tre mesi – record per le pur barocche abitudini italiane – e conclusasi con il «contratto di governo»: formula abile, trasparente, eppure ambigua. Abile e trasparente perché, in 57 pagine e 30 capitoli, è contenuto tutto quello che i due partiti intendono fare.

Ambigua perché governare un paese importante, diviso e complesso come l'Italia richiede una solidarietà e un'intesa che vanno al di là di articoli e commi. E mani forti al timone del vascello. Ora, né il presidente del Consiglio né i suoi due vice hanno mai avuto esperienze di amministratori, e questo vale per tutti i ministri 5 Stelle e per alcuni sottosegretari leghisti. «Conte» mi dice Giorgetti «svolge in maniera davvero positiva la sua faticosa opera di tessitura e di mediazione tra le parti. Riesce a gestire le relazioni in modo molto metodico: magari ci perde un po' troppo tempo, ma senza questo sistema saremmo già andati a gambe all'aria.» Salvini ha una delega – l'Interno – squisitamente politica e questo gli giova. Di Maio ha due ministeri molto più tecnici, che gestisce in chiave politica portando avanti le istanze del Movimento.

Ma non è questa la differenza principale tra i due vicepresidenti del Consiglio. Salvini controlla in modo assoluto la Lega: lui indica la linea, gli altri la seguono senza battere ciglio, anche perché si è dimostrata largamente vincente. Di Maio è, nei fatti, il capo politico del M5S e ne controlla la larga maggioranza, ma il suo nemico principale è l'altissimo tasso ideologico del Movimento, difficilmente compatibile con qualunque alleanza.

Si prenda il caso Tap, la Trans Adriatic Pipeline. Lunga 878 chilometri, di cui 8,2 sulla terraferma italiana e 105 sotto l'Adriatico, è il tratto finale di un metanodotto che arriva al comune di Melendugno (Lecce) dopo un viaggio che dall'Azerbaigian lo porta in Georgia e poi, attraverso Turchia, Grecia e Albania, fino alle sponde dell'Adriatico. La Tap, un'opera privata di interesse pubblico, è quasi finita e interromperla costerebbe circa 20 miliardi di euro (se non 30, come ipotizzato dal premier Conte) per il risarcimento dei danni alle società interessate. La decisione di completarla era nota fin dal 31 luglio 2018, quando il presidente del Consiglio italiano lo ha assicurato a Trump. (Gli Stati Uniti sono fortemente interessati a che la Russia non abbia l'esclusiva del rifornimento di gas in Europa: si dice addirittura che sia stata proprio questa concessione a far riconoscere a Trump la leadership italiana in Libia rispetto a quella francese.) Eppure, tre mesi dopo, quando Di Maio ha reso noto quello che era noto da luglio, il M5S pugliese si è rivoltato, mettendo in difficoltà il Movimento nazionale. Bruciare a San Foca di Melendugno i manifesti con l'immagine di Di Maio e del ministro per il Sud Barbara Lezzi, leccese e capofila della battaglia No Tap, dimostra una violenta e pericolosa mancanza di realismo.

In tutto il mondo la politica prevede che l'opposizione, quando va al governo, debba rinunciare a molti progetti annunciati in campagna elettorale, soprattutto quando agisce su pratiche (come quella relativa alle grandi opere pubbliche) consolidate da decenni. Cassare alcune righe del condono fiscale in diretta televisiva con un tratto di penna è clamoroso, ma possibile. Strappare contratti e convenzioni internazionali lo è assai meno. Il patrimonio di un paese consiste nella sua credibilità. Nessuno stipula un contratto di lungo termine con un governo se immagina che il successivo lo strapperà.

Il pessimo voto dell'Italia sui mercati internazionali (il declassamento di Moody's, la previsione negativa di Standard & Poors) non è determinato tanto dalla solvibilità dell'Italia, che ha sempre rimborsato gli interessi, quanto dalle incerte prospettive politiche. Su quali basi potranno andare d'accordo Lega e 5 Stelle?

La pericolosa rincorsa tra Lega e M5S

Da quando il 10 giugno 2018 – appena dieci giorni dopo la formazione del governo – Matteo Salvini ha fermato la nave *Aquarius* carica di migranti, i sondaggi della Lega sono esplosi, fino a portarsi nell'autunno stabilmente sopra quelli del Movimento 5 Stelle. Questo ha prodotto contraccolpi importanti.

La sera del 19 giugno Di Maio era ospite di «Porta a porta». Mi chiese in sala trucco che cosa pensavo del forte incremento nei sondaggi appena incassato dalla Lega. Risposi che Salvini aveva giocato una carta vincente sull'immigrazione e che il M5S avrebbe prevedibilmente recuperato portando a casa i punti più qualificanti del suo programma. Ho sbagliato sui tempi: soltanto la distribuzione fisica dei miliardi del reddito di cittadinanza potrà produrre – salvo imprevedibili contraccolpi per la sua possibile temerarietà applicativa – una rendita elettorale che sarà misurata dal sondaggio per eccellenza, cioè le elezioni europee del 26 maggio 2019. Tuttavia avvertii Di Maio che se il M5S e la Lega avessero cominciato una rincorsa reciproca, la storia avrebbe rischiato di finire male. Quando in luglio lessi il «decreto dignità» – espressione di posizioni molto più di sinistra di quanto fosse prevedibile –, constatai che la rincorsa era fatalmente iniziata.

La Lega non batté ciglio. Salvini ha l'immagine del guascone sparafucile, ma in realtà è un politico di sangue freddissimo. Sapeva di dover ingoiare, aspettando contropartite adeguate. Anche se i sondaggi autunnali dicono che gli italiani considerano il governo gialloverde a trazione leghista, la Lega ha pagato i suoi prezzi. Il «reddito di cittadinanza» è l'esatto contrario di quello che pensano i suoi dirigenti e i suoi elettori.

«Per un naturale bilanciamento» mi spiega Giorgetti «abbiamo dovuto portare avanti la quota 100 sulle pensioni [*62 anni di età e 38 di contributi*], rinunciando, con questo, a una flat tax più estesa. Se l'avessimo fatta al posto delle pensioni, l'atteggiamento dell'Europa e dei mercati sarebbe stato diverso. Il reddito di cittadinanza? Ha complicazioni attuative non indifferenti. Se riuscirà a produrre posti di lavoro, bene. Altrimenti resterà un provvedimento fine a se stesso.»

La Lega non dubita della lealtà di Di Maio: teme i gorgoglii dei parlamentari leghisti, più in contatto con il territorio e più sensibili alle «promesse non rispettate». Il presidente della Camera, Roberto Fico, si muove come un contraltare politico-istituzionale al governo e guida un'opposizione venuta allo scoperto – oltre che sulle grandi opere – anche sul decreto sicurezza, sulla legittima difesa, sui provvedimenti relativi all'autonomia di Lombardia e Veneto. «Ci verranno sempre garantiti i numeri in aula?» si chiede Giorgetti. «Abbiamo intuito che c'è una crepa.»

Alessandro Di Battista sta rientrando dall'America Latina. La sua popolarità è inferiore a quella di Di Maio, con il quale finora si è sempre dimostrato leale. Ma se Di Maio è Fidel Castro, Di Battista è «Che» Guevara, non esattamente un uomo di governo. Per questo, lunedì 29 ottobre Luigi Di Maio ha avvertito il bisogno di invitare i suoi all'unità: «Siamo sotto attacco, è vero. Dobbiamo essere compatti, fusi insieme come lo era la testuggine romana. Dalla compattezza della testuggine del Movimento dipende non solo il futuro del governo, ma quello del nostro paese».

Sia Di Maio sia Salvini considerano superate le difficoltà createsi dopo la denuncia televisiva del capo dei 5 Stelle su alcuni aspetti del condono fiscale. «Il mio rapporto con Salvini è solidissimo» conferma Di Maio. «Se c'è qualcosa che non mi piace, lo dico apertamente. Per tre volte avevo chiesto di correggere alcuni aspetti del condono che non mi convincevano e, quando ho visto quel testo, ho detto chiaramente come la pensavo. Mi ha fatto piacere che anche Salvini sia stato d'accordo nel migliorare quel punto. Noi e la Lega siamo molto diversi, ma quando c'è dissenso, discutiamo e troviamo l'accordo. Come per la prescrizione giudiziaria, tema anch'esso presente nel contratto di governo.»

Anche Salvini dice che sono state superate le incomprensioni con Di Maio di metà di ottobre. «Dopo cinque mesi di accordo completo, le prime tensioni ci stavano. Sono cose limitate e superabili. In passato ho visto ben altro.»

Europa screditata ed esigente, ma l'Italia...

Tutto questo accade in un paese sotto attacco dell'Europa e dei mercati finanziari. «L'atteggiamento dell'Italia in Europa è stato sempre quello del buon soldato, spesso insubordinato, ma fedele e mai seriamente ribelle: cosciente della propria fragilità nazionale, alla ricerca di un asilo sicuro e anche di un senso direzionale. ... Per la prima volta nella storia comunitaria, l'Italia del governo Conte si è messa di traverso. Con decisione e apparentemente senza paura. Ma fa paura perché un partner tradizionalmente malleabile che all'improvviso diventa insolente, esigente e ostinato ... è un oggetto sconosciuto, pericoloso da maneggiare.» Così il 23 giugno 2018 scriveva lucidamente da Bruxelles Adriana Cerretelli, editorialista del «Sole - 24 Ore». E aggiungeva: «Di paternalismi più o meno benevoli, ma prevalentemente interessati, la nuova Italia non è disposta ad accettarne più. Vuole co-negoziare in prima persona le misure che la riguardano e non subirle. In alternativa, per affermare le sue ragioni, potrebbe anche usare l'arma del veto». Allora la Cerretelli non immaginava che, dal 9 ottobre 2018, avrebbe affiancato come portavoce il ministro dell'Economia Giovanni Tria nel negoziato con l'Unione europea, reso drammatico dall'inedita bocciatura della legge di bilancio da parte della Commissione.

Tra Roma e Bruxelles si combatte una battaglia che va ben al di là di un deficit non consentito dalle regole comunitarie. È l'aspro confronto tra un mondo che vuole mantenere il suo potere e un altro che vuole – se non potrà toglierglielo – fortemente ridimensionarlo. Nella legislatura 2014-19 il bilancio della Commissione è completamente fallimentare. Il suo presidente Jean-Claude Juncker, nominato su indicazione tedesca, viene preso in giro perché beve troppo, ma la sua credibilità è minata da un motivo più solido: come può darci lezioni un signore che, prima da ministro delle Finanze e poi da premier del suo paese, ha trasformato il Lussemburgo in un magnifico paradiso fiscale? L'Europa è in crisi perché non ha saputo/potuto affiancare a una politica monetaria comune una politica fiscale comune. E può essere rappresentata da chi incarna questa drammatica contraddizione?

Secondo Gabriel Zucman, economista di Berkeley, i paradisi fiscali di Olanda, Irlanda e Lussemburgo sottraggono al resto dell'Europa 200 miliardi di imponibile. «Juncker farà il suo ingresso nei libri di Storia come il presidente che ha perso la Gran Bretagna, che ha permesso la devastazione dell'economia greca e che, sottovalutando le conseguenze del dramma migranti, ha gettato l'Italia nelle braccia del primo governo populista dell'Europa occidentale» ha scritto Federica Bianchi sull'«Espresso» del 28 ottobre 2018. Si aggiunga la secessione del gruppo di Visegrad (Ungheria, Polonia, Repubblica Ceca e Slovacchia), che prende soldi dall'Europa ma sputa sulla mano che glieli dà, e il quadro è completo.

La Commissione che castiga l'Italia è priva di credibilità anche perché gran parte dei suoi membri non sarà confermata e rappresenta partiti in gravissima crisi. La sconfitta dei popolari tedeschi alle elezioni dell'ottobre 2018 in Baviera e in Assia ha accentuato le difficoltà di Angela Merkel (che nel frattempo ha annunciato il suo ritiro dalla politica a fine mandato, nel 2021) e indebolito il suo asse con Macron, in grave difficoltà in casa propria. Ciononostante, Germania e Francia continueranno ad avere una «golden share», una posizione privilegiata in Europa: il loro scambio di funzionari e di informazioni è impressionante, se confrontato con la storica debolezza dell'Italia che, in Europa, raramente ha contato qualcosa. La scelta di Matteo Renzi di giocarsi il posto di commissario mandando Federica Mogherini al prestigioso quanto inutile posto di ministro degli Esteri europeo ci ha completamente isolato nella Commissione.

Se si confondono banche e banchieri

Il fatto di avere interlocutori poco qualificati in quanto dispensatori di ricette sbagliate non ci autorizza a deragliare dal buonsenso. I mercati, ancor prima della Commissione europea, rimproverano al governo di aver privilegiato la spesa corrente sugli investimenti o su provvedimenti (come la «flat tax») in grado di favorire la crescita. Dal 15 maggio al 30 ottobre il differenziale tra i nostri titoli di Stato decennali rispetto a quelli tedeschi, il famigerato «spread», è salito da 131 a 300 punti. Dalle elezioni del 4 marzo alla fine di ottobre 2018 gli italiani hanno perso

198 miliardi: 41,9 in obbligazioni, 67,6 in azioni, 88,5 in titoli di Stato.

Fa una certa impressione vedere che la Francia, con tutti i suoi problemi, abbia solo A nei rating e l'Italia solo B. La Francia, che ha sfondato per un decennio il 3 per cento e che nel 2003, insieme alla Germania, ha fatto saltare il «patto di stabilità». L'Italia, allora, fu indulgente. Non è stata completamente ricambiata. È giusto valutare il settimo paese industriale del mondo e la seconda manifattura europea molto meno della Spagna, peggio del Portogallo, della Polonia e delle Filippine? Ma questo è. Le banche italiane hanno perso 40 miliardi tra il 4 marzo e la fine di ottobre 2018. Dal 15 maggio hanno perso il 35 per cento del loro valore, contro il 22 per cento delle sei principali banche europee.

Un elemento di divisione tra Lega e 5 Stelle è anche l'atteggiamento da tenere nei confronti di una possibile crisi bancaria dovuta al deprezzamento dei titoli di Stato che hanno in pancia. Il 26 ottobre 2018 il ministro Tria ha detto di essere pronto a intervenire in favore delle banche che fossero in eventuale difficoltà e Di Maio prima lo ha escluso, poi ha dichiarato: «Basta che non ci rimettano i cittadini». Si rimprovera al M5S di confondere le banche con i banchieri. Le esperienze truffaldine sofferte da centinaia di migliaia di piccoli azionisti degli istituti bancari in default non sono sufficienti a criminalizzare un intero settore vitale per ogni paese, sotto ogni regime.

Giorgetti è dalla parte di Tria. «Nessuna banca guadagna più con l'intermediazione classica» mi dice. «Hanno investito molto in Bpt, anche con rendimenti interessanti. Ma la valutazione di questi titoli in bilancio dipende da quella vigente. L'aumento dello spread fa diminuire il valore dei titoli che hanno in pancia. Se questo valore diminuisce, si verifica uno sbilancio patrimoniale che, in base ai coefficienti prescritti dalle banche centrali, costringe gli istituti a cercare nuovi capitali. Poiché in questo momento è difficile chiedere soldi agli azionisti, gli istituti bancari possono avere problemi. La situazione varia da banca a banca. Ce ne sono alcune che possono avere problemi seri, altre relativamente seri.»

La soluzione? «Ritengo che lo Stato debba fare la sua parte, visto che il credito e il risparmio sono protetti dalla Costituzione. Lo Stato deve perciò ricapitalizzare le banche che ne hanno bisogno, salvo uscire quando si sono risanate. Si è fatto spesso storicamente, nei momenti di crisi finanziaria. Lo hanno fatto in abbondanza americani e inglesi. La Germania ha stabilito regole europee per tutelarsi in tempo.»

Di Maio ha sul cellulare un'applicazione che gli consente di controllare lo spread in tempo reale. Gli chiedo se il governo ha intenzione di trovare una soluzione per rendere meno duro il conflitto con l'Europa. «Cento punti di spread dipendono esclusivamente dalla paura che noi possiamo uscire dall'euro. Ce lo hanno spiegato tutti, anche alla Banca centrale europea. Questi timori filtrano ogni giorno dalle newsletter dei grandi investitori. Noi ripetiamo ogni giorno che non usciremo mai dall'Europa e dall'euro, ma dobbiamo fare un grande lavoro per convincere gli investitori internazionali e tutti i grandi player del mercato. Il nostro obiettivo è cambiare le politiche europee dall'interno dell'Europa.»

Il paradosso della situazione italiana consiste nel fatto che si assiste ai movimenti di Lega e 5 Stelle come a quelli di un corpo politico autosufficiente, in cui vengono rappresentati maggioranza e opposizione. I partiti che fino al 4 marzo molti prevedevano al governo con una Grande Coalizione sono in crisi. Il Partito democratico – dopo le dimissioni presentate dal segretario Maurizio Martina il 31 ottobre 2018 – si prepara a una lunga battaglia divisiva per eleggere il nuovo segretario. Forza Italia è riuscita a tenere insieme il centrodestra nell'alleanza per le elezioni regionali, ma la severa sconfitta in Trentino e in Alto Adige – dove la sinistra, da sempre al potere, è stata sconfitta dalla Lega – ha aumentato qualche spinta centrifuga.

Nel nostro colloquio Giorgetti nega di essere stato il becchino della coalizione quando il 13 ottobre ha detto: «Non si può pensare di riproporre tale e quale la tradizionale alleanza di centrodestra nel futuro prossimo». «Quelle mie parole hanno suscitato una reazione scomposta» puntualizza. «È di un'evidenza solare che non esiste più il centrodestra costruito da Bossi con la leadership di Berlusconi. Oggi c'è un nuovo centrodestra, con la leadership riconosciuta di Salvini. I partiti sono ormai personali. E non mi pare che per ora ci siano in giro altri leader per poter competere.»

II

La notte e i giorni della Rivoluzione

I sondaggi raccontavano un altro film

Mercoledì 28 febbraio 2018, alle 11 del mattino, nello studio del direttore generale della Rai Mario Orfeo si riunì lo staff che, quattro giorni dopo, avrebbe gestito i programmi dedicati alle elezioni politiche. La gara per aggiudicarsi proiezioni ed exit-poll era stata vinta dal consorzio Opinio Italia, costituito da tre importanti società demoscopiche. La legge (un'assurdità solo italiana) vieta la pubblicazione dei sondaggi nelle due settimane precedenti le elezioni, ma le rilevazioni avvengono regolarmente, e partiti e addetti ai lavori vi hanno accesso in via riservata. Quella mattina, a dominare il tavolo erano gli occhietti mobilissimi dell'ottantenne Nicola Piepoli, decano dei sondaggisti italiani, il quale più che ai numeri crede al suo naso. E quel giorno il naso gli suggeriva i seguenti risultati: Movimento 5 Stelle, 29 per cento, in salita; Partito democratico, 23, in discesa; Forza Italia, 17; Lega, 12, in salita; Liberi e Uguali, 6; Fratelli d'Italia, 4,5; Noi con l'Italia - Udc, 2,5; +Europa, la lista di Emma Bonino, 3.

Accanto a Piepoli sedeva Antonio Noto, uno stimato sondaggista napoletano, che sfoderò le sue previsioni: il Movimento 5 Stelle svettava fra il 30 e il 32 per cento, il Pd oscillava tra il 19 e il 21, Lega e Forza Italia erano inchiodate alla pari tra il 14 e il 16, Fratelli d'Italia fluttuava tra il 4 e il 5, mentre si annunciava il crollo di Liberi e Uguali, il partito nato dalla scissione a sinistra del Pd e guidato da Pietro Grasso, e di tutte le altre formazioni minori di centrodestra e di centrosinistra.

Collegato telefonicamente (o in «conference call», come usa dire adesso), Fabrizio Masia, accreditato sondaggista di Emg Acqua, comunicò le sue stime: il Movimento 5 Stelle era in testa con il 28,4 per cento; il Pd valeva il 22,2 e l'intero centrosinistra il 27,4; il centrodestra il 36,9, con Forza Italia e la Lega quasi appaiate (Berlusconi, 14,9; Salvini, 14,7), Fratelli d'Italia al 4,7 e Noi con l'Italia-Udc al 2,6; Liberi e Uguali non superava il 5,3 (in video, Grasso non sfondava e i sogni di un risultato a due cifre erano svaniti per sempre).

Domenica 4 marzo si andò alle urne con tre domande. Pur vincendo le elezioni, il M5S sarebbe rimasto sotto la soglia «psicologica» del 30 per cento, valicata nella storia dell'Italia repubblicana soltanto da Dc e Pci? Dove si sarebbe fermata la discesa del Pd? Dopo il 41 per cento conquistato alle europee del 2014, l'obiettivo iniziale di Matteo Renzi era di non scendere sotto il 25,4, il risultato ottenuto da Pierluigi Bersani alle politiche del 2013, quelle della «non vittoria». Ma c'era stata la scissione di Liberi e Uguali, e bisognava capire quanto avrebbe pesato. (Lunedì 19 febbraio, sul volo per Bruxelles dove avremmo commemorato il bicentenario della nascita di Francesco De Sanctis, Maria Elena Boschi mi confidò che il 23 per cento sarebbe stato un risultato perfettamente difendibile. Era più una speranza che una previsione, visto che da mesi la flessione era lenta ma costante...)

La terza domanda riguardava il centrodestra. Silvio Berlusconi considerava sacrilega la sola idea che la Lega prendesse più voti di Forza Italia. Benché Alessandra Ghisleri, la bravissima sondaggista di sua fiducia, lo avesse avvertito che stava pagando la lunga assenza dal territorio, era impensabile che il mondo si fosse capovolto fino a questo punto. Alle elezioni politiche del 2013 la Lega si era fermata al 4 per cento, era risalita al 6 alle europee del 2014, era cresciuta negli anni successivi, ma insomma... Quando il 4 marzo andò a votare, il Cavaliere era comunque convinto che Forza Italia sarebbe stata almeno quattro punti sopra la Lega.

Come Dio volle, arrivò il pomeriggio di passione. Renzi raggiunse presto il suo ufficio al terzo piano del Nazareno e per tutto il tempo non si schiodò dalla scrivania. La porta era aperta, ed entravano e uscivano i più vicini e i più lontani: da Luca Lotti a Maurizio Martina, da Dario Franceschini a Gianni Cuperlo. (Questo non significa che Renzi rinunciasse a comunicazioni riservate: per dire, inviava continui sms al suo portavoce Marco Agnoletti, pur essendo entrambi nella stessa stanza, ma alla presenza di altre persone.) Assenti Maria Elena Boschi, che aveva votato nel suo collegio in Trentino, irrituale ma salvifico; Paolo Gentiloni, rimasto a palazzo Chigi con l'espressione fatalista che non si scuote mai dal viso né nella buona né nella cattiva sorte, e Marco Minniti, blindato al Viminale come d'uso per il ministro dell'Interno. (Un solo ministro nella storia repubblicana osò abbandonare quella trincea prima che lo spoglio fosse concluso. Nel 2006 Beppe Pisanu andò a palazzo Grazioli per comunicare a Berlusconi una vittoria che poi non arrivò. Mangiava un gelato mentre nei seggi della Campania accadevano cose strane...) I dirigenti democratici consideravano il 20 per cento come la soglia della dignità ed erano fiduciosi, visto che nessun sondaggio aveva osato collocarli sotto quella soglia.

4 marzo 2018: la notte elettorale, tra entusiasmi e tragedie

Per consentire alle reti televisive di trasmettere gli exit-poll alle 23, ora di chiusura dei seggi, fin dalla mattina centinaia di rilevatori interrogano gli elettori all'uscita dalle sezioni, e i partiti, come abbiamo detto, ne vengono informati riservatamente. Il primo tuono che annunciava il drammatico temporale era arrivato da Alessandra Ghisleri che, pur non facendo exit-poll, disponeva di un aggiornatissimo dossier, con il Pd a un profetico 18,8 per cento. Provocò, come si può immaginare, un forte allarme, ma si sperò in una sottovalutazione. Alle 17.30 il consorzio Opinio dava il Pd al 20-22 per cento e Lega e Forza Italia appaiate. Alle 18.30, per la prima volta il valore più basso della forchetta Rai pose il Pd sotto il 20 per cento: 19-21. Il Movimento 5 Stelle oscillava tra il 29 e il 33 per cento, Lega e Forza Italia alla pari tra il 13 e il 15, Fratelli d'Italia era al 4-6. Di scarso conforto per i dirigenti del Pd fu il crollo di Liberi e Uguali. Ma il punto che emergeva con drammatica evidenza, sia al Nazareno sia ad Arcore, era un altro: la prospettiva di un patto Pd-FI per governare il paese, dato per scontato fino a pochi giorni prima, era clamorosamente fallita. Gli exit-poll comunicati alle 23 da «Porta a porta» erano sostanzialmente gli stessi: il M5S trionfava senza discussione, il derby Lega - Forza Italia sembrava giocarsi all'ultimo voto, il Pd poteva illudersi di mantenersi sopra la soglia rovinosa del 20 per cento.

Agnoletti consultò il suo iPhone e vide che i giornalisti che seguono il Partito democratico sollecitavano un commento, ma Renzi, pur riconoscendo il segnale negativo, gli disse di voler attendere dati certi per dare un giudizio più impegnativo. Poi, a mezzanotte, lo chiamò nel suo ufficio per fare il punto e, prima dell'una, gli comunicò la sua intenzione di dimettersi da segretario del partito. I dirigenti più vicini a Renzi (Matteo Orfini, Luca Lotti, Lorenzo Guerini) gli suggerirono di aspettare, e la stessa indicazione arrivò anche da uomini della minoranza. Quella notte Renzi e Gentiloni non si sentirono e non si sarebbero sentiti per mesi.

Nelle stesse ore la febbre saliva anche al Parco dei Principi, il grande albergo romano chiamato nel 1994 a celebrare la prima vittoria di Berlusconi e ora – per i grandi rivolgimenti della storia politica italiana – scelto dai 5 Stelle per celebrare la loro (i dirigenti grillini si aspettavano un risultato non superiore al 29 per cento). Quando La7 – la rete tradizionalmente più vicina al Movimento – annunciò che al Senato il M5S oscillava tra il 32 e il 33 per cento, esplose una gioia incontenibile. Tutti abbracciavano tutti e tutti abbracciavano Di Maio. Sapevano di essere più forti presso l'elettorato giovanile, mentre al Senato votano gli ultraventicinquenni. «Se prendiamo il 32 per cento al Senato,» si dicevano nell'ebbrezza del trionfo «che cosa accadrà alla Camera?» La Camera, invece, confermò un risultato (32,47) che per i vincitori era comunque superiore a ogni aspettativa e per gli sconfitti peggiore di ogni prevedibile catastrofe.

I travolgenti abbracci di Di Maio a Di Battista, a Bonafede, a Fraccaro, a Casalino e a chiunque altro gli capitasse a tiro avevano due motivazioni. La prima, politica. Al di là dei numeri generali, quella notte emergeva la dimensione territoriale del successo: i consensi schizzati in certe zone del Mezzogiorno tra il 60 e il 70 per cento; la conquista di intere regioni come la Puglia; l'attesa di un voto intorno al 20 per cento nel Nord, lievitato invece al 25-26.

La seconda motivazione era personale. Alle elezioni del 4 marzo Di Maio si giocava tutto. Dopo la campagna elettorale del giugno 2017 in Sicilia, dove il M5S aveva perso di misura, il capo politico del Movimento non aveva mai staccato la spina, facendo la trottola dal Nord al Sud Italia. Le elezioni del 2013 erano state di Beppe Grillo, quelle del 2018 sarebbero state le sue. Nella vittoria e nella sconfitta. Di Maio sapeva che la sua designazione alla guida del M5S aveva lasciato una robusta schiera di insoddisfatti. Aveva impresse nella memoria una scena e una data: Rimini, 22 settembre 2017. Grillo si faceva da parte («Sono anziano, largo ai giovani»), ma nella convention di designazione del nuovo leader – «Italia a 5 Stelle» – il capo della minoranza, Roberto Fico, si rifiutava di salire sul palco del vincitore. E lo stesso fratello-coltello Alessandro Di Battista, il Che Guevara del Movimento, amatissimo dalla base, non aveva voluto candidarsi alle elezioni formalmente per andarsene negli Stati Uniti, ma in realtà per essere richiamato come un Cincinnato in caso di bisogno. Un insuccesso – o un successo inferiore alle attese – sarebbe stato quindi pagato a caro prezzo da Di Maio.

Quanto a Berlusconi, chiuso nella villa di Arcore, restò impietrito dinanzi ai risultati. Aveva impostato l'intera campagna elettorale sul rischio mortale di una vittoria del M5S. Eppure – adesso che il trionfo di Di Maio andava al di là di ogni più pessimistica previsione – era l'inatteso sorpasso da parte della Lega a tormentarlo di più: 17,37 contro il 14,01 di Forza Italia. Nessun sondaggio era stato nemmeno lontanamente così negativo. E il punticino e mezzo raccolto da Noi con l'Italia-Udc di Maurizio Lupi e Lorenzo Cesa seppelliva definitivamente ogni ipotesi di leadership moderata nel centrodestra. La notte del 4 marzo il Cavaliere andò a letto presto, senza nemmeno aspettare le tendenze definitive. Era oppresso dalla delusione.

Ben altro clima c'era a Milano, nella storica sede della Lega in via Bellerio. Matteo Salvini aspettava i risultati con il suo braccio destro Giancarlo Giorgetti, la portavoce Iva Garibaldi e lo staff guidato da Alessandro Pansa, capo della macchina elettorale leghista. («Ci aspettavamo un risultato intorno al 15 per cento,» mi racconta mesi dopo Giorgetti «anche se negli ultimi giorni si percepiva un entusiasmo che lasciava ben sperare. Non si capiva in quelle ore se eravamo o no sopra Forza Italia. Pessimista per carattere, in quel caso non lo ero. Vedevo il calore della gente sul territorio.») L'unico sondaggio rivelatosi esatto era arrivato cinque giorni prima delle elezioni da un istituto demoscopico israeliano: Lega al 17, Forza Italia al 15 o anche più sotto.

Quando, con l'avanzare della notte, maturarono i tre punti di distacco tra il partito di Salvini e quello di Berlusconi, ai primi entusiasmi («Abbiamo vinto, è incredibile!») seguirono l'incertezza sul valore complessivo del centrodestra e la speranza che la coalizione potesse conquistare la maggioranza al Senato. Ma la soglia fatale non fu raggiunta.

Lega o Pd? Le prime incertezze del M5S

La mattina di lunedì 5 marzo Matteo Renzi trovò sul cellulare un mio invito per lo speciale di «Porta a porta» sulle elezioni che sarebbe andato in onda in prima serata e chiamò Agnoletti per discutere i dettagli. Aveva infatti deciso di dimettersi, ma di non darne subito notizia, tant'è che fece smentire il flash dell'Ansa che a mezzogiorno annunciava l'abbandono. Poi, però, scelse di anticipare i tempi della comunicazione e indisse per le 18 una conferenza stampa per spiegare le ragioni del suo addio. Il 18,72 per cento del Partito democratico, il peggior risultato elettorale nella storia della sinistra italiana, lo aveva convinto definitivamente. Anche perché non poteva certo consolarlo il clamoroso flop di Massimo D'Alema, rimasto fuori dal Parlamento a causa del modestissimo 3,38 di Liberi e Uguali, un terzo dell'atteso risultato a due cifre. L'intero centrosinistra non arrivava al 23 per cento, una soglia a lungo considerata insoddisfacente per il solo Pd. La lista della Bonino (2,55) non conquistava un seggio, la somma dei voti ottenuti dai partiti di Beatrice Lorenzin e Riccardo Nencini superava a stento l'1 per cento. Insomma, un disastro.

Fin dalla conferenza stampa del 5 marzo, Renzi mantenne sempre una linea di netta chiusura verso qualsiasi ipotesi di governo «impuro», pur con qualche forte oscillazione che vedremo tra poco.

Nelle stesse ore Salvini andava ad Arcore per rassicurare Berlusconi che non lo avrebbe tradito. Il colloquio fu breve e caloroso. Il Cavaliere, signorilmente, si congratulò con l'alleato e gli espresse la propria ammirazione per aver raggiunto un risultato impensabile, nascondendo la propria amarezza: fino al giorno prima era convinto che sarebbe stato ancora lui a dare le carte e magari a convincere Salvini ad accettare un qualche ipotetico e surrettizio contributo dal Pd. Uno scenario ormai svanito, sostituito però dalla speranza di poter far nascere comunque un governo di centrodestra.

Di Maio si trovava nella condizione di chi ha vinto un patrimonio alla lotteria e non sa come spenderlo. L'unica cosa di cui era convinto era di dover fare un governo e di dover essere lui a dirigerlo. Il 4 marzo fu raggiunto a notte inoltrata al Parco dei Principi da Vincenzo Spadafora, diventato il suo principale consigliere politico dopo esperienze trasversali che lo avevano portato, tra il 2006 e il 2008, a fare il capo della segreteria tecnica di Francesco Rutelli – vicepresidente del Consiglio e ministro della Cultura nel secondo governo Prodi – e poi a guidare la sezione italiana dell'Unicef e a ricoprire il ruolo di garante per l'Infanzia. Quando la presidente della Camera Laura Boldrini non lo confermò nell'incarico, il capo politico del M5S gli propose di lavorare con lui e infine lo ha portato in Parlamento.

Quella notte Di Maio chiese a Spadafora di prendere contatti con il Quirinale per essere ricevuto immediatamente dal presidente della Repubblica: si trattava di una richiesta irrituale, ma lui insistette perché la trasmettesse a Simone Guerrini, consigliere politico del presidente Sergio Mattarella, oltre che capo della sua segreteria. L'indomani Spadafora salì al Quirinale e si sentì dire da Guerrini quel che già sapeva perfettamente: siete proprio dei ragazzini, ma come vi salta in mente una cosa del genere? Occorrono procedure complesse...

Per Di Maio era realmente indifferente fare il governo con la Lega o con il Pd. La sola cosa che gli premeva era farlo ed essere lui a presiederlo. Subito dopo il voto, nel Movimento 5 Stelle era considerata più realistica un'alleanza con i democratici. «Abbiamo conquistato tutto il Sud,» era la riflessione di quelle ore «se facciamo il governo con il partito del Nord, la gran parte degli elettori ci ammazza.» Si aggiunga che, in favore di questa ipotesi, si mosse subito la minoranza del Movimento: Roberto Fico, Paola Nugnes, Luigi Gallo, Dalila Nesci. Lo stesso Di Battista era decisamente ben disposto a una soluzione del genere, che si sapeva molto gradita dal Quirinale. Ed era noto che anche nel Pd c'era una sponda favorevole all'alleanza con i 5 Stelle: il ministro della Giustizia Andrea Orlando, il capo dei senatori Luigi Zanda e lo stesso ministro della Cultura Dario Franceschini, che sognava di diventare finalmente presidente della Camera per vendicare l'incauto sgarbo subìto nel 2013 da Pierluigi Bersani, il quale nel giro di una notte gli aveva preferito Laura Boldrini (identico il trattamento riservato ad Anna Finocchiaro, che aveva dovuto cedere a Pietro Grasso la poltrona di presidente del Senato).

A muoversi in quelle ore era stato anche un renziano ortodosso come Ettore Rosato, capogruppo dei trecento deputati democratici nella legislatura precedente (ridottisi dopo il 4 marzo a 112...). Oltre che con i suoi interlocutori istituzionali (i capigruppo del M5S Danilo Toninelli e Giulia Grillo), Rosato aveva parlato con Di Maio, con Fico e con l'instancabile Spadafora. Tutti si mostrarono interessati, ma molto scettici. Fico era troppo debole per condurre da solo la trattativa. Toninelli era nettamente favorevole al governo con la Lega. E Di Maio spiegò a Rosato che la coalizione di centrodestra sarebbe scesa in piazza e che il Movimento non avrebbe retto alla forza d'urto della protesta contro un esecutivo fatto con gli acerrimi nemici di ieri. A toglierlo dall'imbarazzo fu la durezza della dichiarazione con cui Renzi annunciò – insieme alle proprie dimissioni da segretario del Pd – la sua ferma opposizione a qualunque ipotesi di governo con i grillini.

A favore di un'alleanza con la Lega fin dal primo momento, insieme a Toninelli, fu tutta l'ala nordista del Movimento, a cominciare da Davide Casaleggio. E si scoprì presto che questa linea era condivisa anche da molti militanti del Centro-Sud. Ne ebbe una prova Emilio Carelli, definito da Di Maio il volto moderato del M5S. Subito dopo le elezioni, l'ex direttore di Sky Tg24 invitò a cena una cinquantina di militanti che avevano contribuito a farlo eleggere nel collegio di Ostia-Fiumicino e, girando fra i tavoli, chiese quale sarebbe stato l'alleato preferibile. Si sentì rispondere all'unanimità: la Lega. E il Pd? Mai, per carità.

Comunque fosse, i 5 Stelle non mollavano sulla tesi che il governo dovesse nascere a ogni costo e che fosse Di Maio a presiederlo. Invano, nei nostri incontri a «Porta a porta», ricordavo al capo politico del Movimento che la storia repubblicana è piena di compromessi. Giovanni Spadolini, tra il 1981 e il 1982, fu per un anno e mezzo presidente del Consiglio pur avendo un decimo dei voti democristiani, e dal 1983 Bettino Craxi lo fu per quasi quattro anni avendo un terzo dei voti della Dc. Ma Di Maio ribatteva: sono il leader del primo partito, tocca a me guidare il governo.

Di Maio incontrò Salvini nella periferia romana

Sembra incredibile, ma Matteo Salvini e Luigi Di Maio non si conoscevano. Il primo, eurodeputato, quando non era tra Bruxelles e Strasburgo, gravitava su Milano. Il secondo, vicepresidente della Camera, faceva base a Roma. Entrambi giravano l'Italia in lungo e in largo per le campagne elettorali, ma, essendo avversari politici, non avevano alcuna ragione per incontrarsi.

Subito dopo le elezioni, Salvini inviò a Di Maio un sms di congratulazioni, mentre i rispettivi portavoce, Iva Garibaldi e Rocco Casalino, cominciavano ad annusarsi (avrebbero poi stabilito un ottimo rapporto, come si vide quando il secondo si trovò in difficoltà). Il capo politico dei 5 Stelle rispose e fu stabilito un contatto. La prima volta i due si videro in un'abitazione della Casilina, brutta periferia romana. Di Maio arrivò con Spadafora, Salvini con Giorgetti. «Ma dove mi avete portato?» sbottò il capo leghista, che, pur non essendo un dandy, si meravigliò di una location così modesta. Il fatto è che i grillini erano terrorizzati dall'idea che l'incontro diventasse di dominio pubblico e riuscirono così a mantenere su di esso la riservatezza più assoluta.

Tra i due leader scattò subito una simpatia a pelle. All'inizio ci fu una sorta di «imbarazzo creativo», per dirla con Giorgetti. Entrambi volevano fare un «governo di cambiamento», ma un po' di diffidenza reciproca in quel momento era naturale. In fondo, era la prima notte di nozze di una coppia sposata per procura. «Riesci a liberarti di Berlusconi?» chiedeva Di Maio a Salvini. Ribatteva l'altro: «E tu mi assicuri che non mi freghi per fare un governo con il Pd?». Il segretario leghista manteneva dritta la barra sul Cavaliere, perché non voleva in alcun modo essere accusato di tradimento. E l'avrebbe tenuta dritta fino a quando Berlusconi, sfinito, non lo autorizzò a spostarla verso il M5S.

Il primo accordo da raggiungere riguardava la presidenza delle Camere. Di Maio chiese e ottenne quella della Camera dei deputati, Salvini cedette a Forza Italia quella del Senato per dimostrare al Cavaliere che l'alleanza di centrodestra resisteva. Ma il giro per arrivare al traguardo fu molto tortuoso. All'inizio, infatti, la presidenza della Camera fu offerta alla Lega per Giorgetti, il quale però rifiutò e suggerì a Salvini di proporre invece a Forza Italia la presidenza del Senato. A questo punto accadde qualcosa di surreale.

Il candidato naturale forzista era il capo dei senatori, Paolo Romani, ma tutti dicevano sottovoce che il suo nome non sarebbe mai passato perché i grillini non volevano votare persone condannate o indagate, come lo era stato lui nel 2011 per peculato (aveva dato in uso alla figlia un cellulare del comune di Monza di cui era assessore). Per la stessa ragione era fuori gioco Roberto Calderoli, storico dirigente leghista e formidabile conduttore d'aula come vicepresidente del Senato, impedito da un vecchio procedimento giudiziario ancora in corso per aver offeso nel 2013 con un epiteto razzista il ministro del governo Letta Cécile Kyenge. A Salvini il veto su Calderoli facilitava il compito e, in verità, Berlusconi non si stracciava le vesti per l'opposizione alla candidatura del suo capogruppo al Senato, poiché aveva fatto una mezza promessa ad Anna Maria Bernini, la vice di Romani, nel caso quest'ultimo non fosse passato. Il Cavaliere decise, comunque, di tenere il punto sul nome del capo dei senatori azzurri. Salvini, da parte sua, aveva promesso a Di Maio che non avrebbe sostenuto a oltranza la candidatura di Romani.

In una riunione del vertice leghista (con Salvini c'erano Giorgetti, i due capigruppo Gian Marco Centinaio e Massimiliano Fedriga, oltre a Calderoli), preso atto che Romani non sarebbe passato per il veto dei 5 Stelle e anche per i prevedibilmente numerosi franchi tiratori di Forza Italia, si decise quindi di puntare su Anna Maria Bernini e Maria Elisabetta Alberti Casellati. Quest'ultima stava concludendo il suo mandato al Consiglio superiore della magistratura dove, con molta abilità, era riuscita a stringere accordi con la sinistra giudiziaria alle spalle dell'Unicost, la corrente maggioritaria di centrosinistra, ottenendo la nomina di qualche magistrato di orientamento moderato alla guida di uffici importanti.

Quando Brunetta strappò il foglio
dalle mani di Berlusconi

Prima delle elezioni, la Casellati era andata da Berlusconi incerta se candidarsi per paura di una bocciatura, ma lui l'aveva rassicurata sul collegio e le aveva promesso che, in caso di vittoria del centrodestra, sarebbe diventata ministro della Giustizia. E se non vengo eletta?, aveva chiesto. In quel caso le si era prospettata la possibilità di essere ministro tecnico in un governo di larghe intese. Ma, si sa, queste cose sono sempre nel grembo di Giove.

Il 23 marzo, alla prima votazione per la presidenza del Senato, la Lega decise per la scheda bianca. Nel tardo pomeriggio, all'inizio della seconda, Salvini mandò un sms a Berlusconi dicendogli che la Lega stava votando Anna Maria Bernini: 57 voti su 58. Soltanto Umberto Bossi, vecchio amico del Cavaliere, annullò la scheda. L'idea di votare la Bernini era stata di Giorgetti, formatosi alla grande scuola politica del Senatùr. «Facciamo come avrebbe fatto Bossi» disse a Salvini. «Votiamo uno dei candidati che stanno bene a Berlusconi.» La Bernini aveva fatto la sua campagna elettorale, sapeva che il Cavaliere la stimava e che all'occorrenza l'avrebbe sostenuta. Perciò, quando si era deciso che la presidenza del Senato sarebbe andata a Forza Italia e che Romani non aveva speranze, aveva tessuto il filo delle alleanze con la Lega e anche con i 5 Stelle. Confidava in un percorso negoziato, non in un voto a sorpresa.

Dinanzi alla sgradevole novità, il Cavaliere rimase di sale e Forza Italia si ribellò. In effetti, non era mai accaduto che un partito votasse un candidato dell'alleato senza prima concordarlo. Quando seppe l'esito della votazione, la Bernini aggredì il collega Centinaio, capogruppo leghista al Senato: «Come vi permettete di usare il mio nome senza avvertirmi? Dovrei essere onorata per questa attenzione, ma mi mettete in grossa difficoltà. L'educazione istituzionale esigerebbe almeno una comunicazione all'interessata...». Centinaio, sapendo che la Bernini non aveva tutti i torti, bofonchiò che era a conoscenza di un dibattito all'interno di Forza Italia e che, insomma... Da palazzo Grazioli uscì un gelido comunicato che denunciava l'«atto di ostilità a freddo della Lega che da un lato rompe l'unità della coalizione di centrodestra e dall'altro smaschera il progetto di un governo Lega-M5S».

A peggiorare le cose arrivò una dichiarazione di Di Maio: «Siamo disponibili a sostenere Anna Maria Bernini o un profilo simile». E, un istante dopo, una di Salvini: «Vista la disponibilità del M5S a sostenere un candidato del Centrodestra alla presidenza del Senato, noi ne appoggeremo uno loro alla presidenza della Camera». Insomma, tutti decidevano tutto alle spalle dell'ignaro Cavaliere.

In tarda serata, i maggiorenti di Forza Italia decisero di tenere ferma la candidatura di Romani e si riconvocarono per l'indomani mattina alle 9, un'ora e mezzo prima della terza votazione per la presidenza del Senato. Nel frattempo Berlusconi aveva chiamato Salvini e i due avevano deciso di incontrarsi alle 8 per trovare una soluzione. In quelle ore decisive, la senatrice leghista Anna Cinzia Bonfrisco, che aveva militato in Forza Italia e aveva maturato negli anni un rapporto di amicizia e di reciproca stima con la Casellati, le telefonò e le chiese di candidarsi. La Casellati ringraziò, ma si rimise alle decisioni di Berlusconi, e quando la Bonfrisco le propose un incontro con il suo capogruppo Centinaio, lei rifiutò per correttezza nei confronti del proprio partito. Centinaio, comunque, riferì la cosa a Salvini, il quale, fatta una verifica con Di Maio, scoprì che il M5S non aveva alcun problema a votarla.

Nelle prime ore del mattino di sabato 24 marzo, palazzo Grazioli fu teatro di una scena surreale. Alla riunione delle 9 arrivò alla spicciolata nello studio del Cavaliere l'intero Stato maggiore di Forza Italia: i capigruppo Paolo Romani e Renato Brunetta, Gianni Letta, Niccolò Ghedini, lo storico consigliere di Berlusconi Sestino Giacomoni e la nuova potente assistente Licia Ronzulli. Ma in un salotto vicino sedevano fin dalle 8 Salvini e Giorgetti, che avevano concordato con il Cavaliere di rinunciare alla Bernini in favore della Casellati. Quando Berlusconi si presentò ai suoi con in mano un comunicato già stampato in cui Forza Italia rinunciava alle candidature di Romani e della Bernini per promuovere quella della senatrice veneta, l'austero salone fu scosso da un terremoto che mise in pericolo la tenuta dei lampadari. Tutti protestarono dinanzi alla capitolazione, con intensità proporzionale al grado gerarchico. Perfino il cautissimo Gianni Letta manifestò perplessità. I più scatenati erano Romani e Brunetta. Già contrariati per aver dovuto lasciare il ruolo di capigruppo, sbottarono all'unisono: «Me ne vado e mi dimetto!». Al che Berlusconi chiosò gelido: «Arrivederci!». Poi Brunetta osò l'inosabile: strappò il comunicato dalle mani del Cavaliere, lo ridusse in francobolli e li gettò a terra. Nel salotto vicino Salvini e Giorgetti, che venivano aggiornati da Ghedini sull'andamento della battaglia, sentendo le grida capirono che la soluzione proposta non era indolore.

Alla fine prevalse, com'era ovvio, la decisione di Berlusconi. L'onta fu coperta da una dignitosa foglia di fico: «Se noi abbiamo dovuto cambiare il nostro candidato al Senato, i 5 Stelle cambino il loro alla Camera». Così Riccardo Fraccaro dovette cedere il posto a Roberto Fico. Ma non ci fu nessun trauma, perché Fraccaro, un trevigiano molto legato a Di Maio, sapeva benissimo di essere un candidato di bandiera e che il capo politico aveva assoluto bisogno di trovare una collocazione di prestigio per il leader della minoranza, garantendo la pacificazione interna.

Quando l'indomani i 5 Stelle lessero che tutti i quotidiani – in una singolare unanimità – definivano la Casellati «berlusconiana di ferro», ebbero qualche perplessità, ma ormai era troppo tardi per riaprire la partita. Il nuovo presidente del Senato (al maschile, come vuole lei, secondo la vecchia tradizione) seppe di essere designata alla seconda carica dello Stato alle 10.10 di sabato 24 marzo, venti minuti prima dell'apertura della seduta. Le telefonò Gianni Letta e lei – ovviamente felicissima – entrò nel panico perché non aveva tempo di preparare il discorso d'insediamento.

Mattarella disse al Cavaliere: «Voglio contarli uno per uno»

Le consultazioni più lunghe della storia repubblicana iniziarono giovedì 5 aprile: un mese dopo le elezioni, due prima del giuramento del governo Conte. Le posizioni iniziali dei partiti erano chiare: il Movimento 5 Stelle pronto a fare il governo con Lega o Pd purché fosse presieduto da Di Maio, il Pd deciso a «non fare patti», il centrodestra desideroso di provare a formare un governo autonomo. «Come farete» chiedeva il presidente Mattarella «visto che alla Camera vi mancano una cinquantina di deputati?» Berlusconi, esperto in fatto di «responsabili», rispondeva sicuro che il terrore di elezioni anticipate e della mancata ricandidatura avrebbe indotto una folla di parlamentari (grillini e non solo) a passare nelle file del nemico. Sapeva, inoltre, del forte scontento di una fascia di eletti nella lista 5 Stelle – soprattutto quelli che avevano dovuto lasciare un lavoro discretamente retribuito – per dover rendicontare le spese e versare 300 euro al mese alla Casaleggio Associati (per complessivi 60 milioni in cinque anni). «Non mancano argomenti di persuasione» disse il Cavaliere con un sorriso malizioso. Ma Mattarella si irrigidì: «Voglio contarli prima, vederli formare nuovi gruppi parlamentari. E allora ne riparleremo».

Probabilmente, il Cavaliere avrebbe trovato una cinquantina di «responsabili», ma aveva sottovalutato il fatto che il presidente della Repubblica deve muoversi come la Ragioneria generale dello Stato: fino a quando manca la sua «bollinatura», qualunque spesa è bloccata perché non si è trovata la copertura. E per «bollinare» la nuova maggioranza, Mattarella ne voleva la «copertura» politica. Allora Salvini disse che avrebbe provato a convincere i 5 Stelle a fare un governo che comprendesse Forza Italia, e il capo dello Stato concluse l'incontro con un laconico «Provateci». Quando uscì e si presentò davanti alle telecamere, Berlusconi era scurissimo in volto.

Invece il 12 aprile, dopo il primo giro di consultazioni, il Cavaliere era di buonumore. Faceva una certa impressione vederlo per la prima volta dal 1994 non alla guida della delegazione del centrodestra. Prima di entrare nello Studio alla Vetrata del Quirinale, Salvini aveva detto: «Parlerò al presidente come leader del centrodestra», ma il Cavaliere gli aveva subito obiettato: «No. Tu sei il candidato premier del centrodestra perché hai preso più voti. Ma nelle trattative ciascuno dei tre partiti [*Forza Italia, Lega e Fratelli d'Italia*] esporrà le proprie posizioni. E tu, Matteo, parlerai a nome nostro se affiancato e autorizzato da noi».

Così accadde. La prima volta, poi, Berlusconi riuscì a prendersi ugualmente la scena, introducendo Salvini, scandendo con le dita di una mano i punti del programma di governo del centrodestra appena illustrati a Mattarella e riferiti al microfono dal leader leghista e riprendendo il microfono, a delegazione già uscita, per ammonire i giornalisti: «Sappiate distinguere i democratici da chi non conosce nemmeno l'abc della democrazia... Sarebbe ora di dirlo a tutti gli italiani». Giusto per facilitare il compito di Salvini.

Berlusconi aveva autorizzato il capo della Lega a trattare con i 5 Stelle, senza mai credere davvero in un esito positivo della vicenda. Salvini, che era molto scrupoloso nell'esporre a Di Maio le posizioni comuni degli alleati di centrodestra, poi riferiva puntualmente al Cavaliere e alla Meloni negli incontri a tre, e mai si comportò in modo che qualcuno potesse dirgli di aver tradito. Si sentiva forte del 37 per cento ottenuto dalla coalizione (contro il 32 del M5S) e fiducioso di poter convincere in qualche modo Di Maio ad accettare Berlusconi come partner del gioco.

In realtà i 5 Stelle, che mantenevano i contatti con Gianni Letta attraverso Emilio Carelli e un altro parlamentare vicinissimo a Di Maio, scoprirono un Berlusconi diverso dal «male assoluto» che avevano immaginato e che i loro militanti continuano a immaginare. (Giorgia Meloni riferì al leader del M5S che il Cavaliere esprimeva parole di apprezzamento nei suoi confronti anche con Salvini.) Pensavano che avrebbe fatto richieste inconfessabili, anche attraverso la Lega, ma queste non sono mai arrivate, nemmeno nei primi mesi di governo, se si esclude la scontata aspettativa di non dover assistere alla distruzione del patrimonio storico di un'azienda strategica nelle comunicazioni come Mediaset, minacciata ogni tanto dai grillini.

All'inizio i 5 Stelle sottovalutarono la solidità del rapporto tra Berlusconi e Salvini. Secondo Di Maio e i suoi, il centrodestra era un'alleanza fittizia, destinata a rompersi subito dopo le elezioni. Scoprirono, invece, che così non era e che, attaccando con violenza il Cavaliere (e venendone perciò ricambiati), finivano per cementarne ogni giorno di più il rapporto con Salvini. Dopo tre mesi di trattative a tutto campo, si convinsero che il vero blocco inscalfibile di potere era nel Pd e non in Forza Italia.

Dopo due inutili giri di consultazioni, il 18 aprile il capo dello Stato incaricò il presidente del Senato Casellati di verificare nel giro di 36 ore la possibilità di formare un governo costituito da centrodestra e 5 Stelle. Mattarella chiarì che il mandato era limitato nell'arco di tempo concesso e nelle forze politiche da consultare. Salvini, che con Mattarella ha sempre avuto un pessimo rapporto, la prese male. Temeva che, forzando la situazione, il capo dello Stato volesse arrivare alla soluzione – secondo i leghisti – a lui più gradita: un governo tra M5S e Pd. E infatti, approfittando della campagna elettorale in Sicilia, non si presentò al primo giro di consultazioni indette dal presidente del Senato, che vide soltanto Berlusconi, Meloni e i capigruppo leghisti. Incontro inutile, perché poco prima Di Maio aveva escluso qualunque trattativa con l'intero centrodestra.

L'indomani, però, sembrò esserci una schiarita. La Casellati ricevette nel suo ufficio la delegazione del centrodestra al completo e Salvini le disse che c'era uno spiraglio sulla possibilità di un accordo con i 5 Stelle. Berlusconi assistette muto. Ai giornalisti che lo attendevano all'uscita, il leader leghista ribadì che all'incontro con il M5S avrebbe dovuto partecipare l'intero centrodestra, invitando Di Maio a rinunciare a palazzo Chigi. «È il secondo arrivato,» disse «visto che la nostra coalizione rappresenta il 37 per cento dei voti e lui il 32.»

Subito dopo era previsto l'incontro con Di Maio e i capigruppo Toninelli e Grillo, ma il presidente chiese il rinvio di un'ora per dare un po' di tempo in più ai suoi interlocutori e per offrire bevande e pasticcini ai giornalisti in attesa. Quando si trovò di fronte la delegazione pentastellata, la Casellati riferì il cauto ottimismo di Salvini e chiese a Di Maio se avrebbe accettato di discutere la formazione del governo con l'intero centrodestra. Ma lui la gelò: «Io, al tavolo con Berlusconi e la Meloni, non posso sedermi. Loro staranno sullo sfondo». «Che cosa vuol dire stare sullo sfondo?» chiese il presidente. «Vuol dire essere presenti con ministri di area» rispose lui. «Faccia un esempio» lo incalzò la Casellati. «Persone come Anna Maria Bernini, Mara Carfagna, o chi non ha mai fatto il ministro come Lucio Malan, non potrebbero entrare nel governo?» Di Maio scosse la testa: «Non farò un governo con ministri espressione diretta di Forza Italia e Fratelli d'Italia, o a essi chiaramente riconducibili».

La Casellati cercò di capire fino a che punto potesse trattarsi di tecnici di area, di personalità indipendenti, professori universitari. E ottenne che, per incamerare l'astensione dei due alleati di Salvini, Di Maio – sua l'indicazione di «professori universitari» – sarebbe stato disposto a inserire nella compagine governativa personalità del genere. Lo scenario era cambiato. Salvini aveva parlato di «apertura», lasciando immaginare che la trattativa sarebbe stata fatta con l'intero centrodestra. Di Maio, invece, chiarì con il presidente del Senato che avrebbe trattato soltanto con la Lega. «La Lega come rappresentante dell'intero centrodestra?» domandò la Casellati. «No» fu la risposta. «La Lega come rappresentante della Lega.» Al momento del congedo, il presidente del Senato invitò Di Maio a fargli sapere se l'apertura di Salvini necessitasse di un ulteriore approfondimento. In questo caso avrebbe chiesto a Mattarella un po' di tempo in più.

L'udienza al Quirinale era prevista per mezzogiorno di venerdì 20 aprile. La Casellati aveva quindi bisogno di una risposta chiara. Tra la tarda sera del 19 aprile e la mattina del 20, il presidente del Senato cercò di contattare sia Salvini sia Di Maio per avere una risposta definitiva. I cellulari dei due restarono a lungo inaccessibili (Salvini era in aereo), gli sms senza risposta. Alle 10 si fece vivo il leader leghista, dicendo che stava ancora dialogando con Di Maio e avrebbe dato una risposta in tempo utile. Alle 11.30 richiamò, informando il presidente che il dialogo sarebbe continuato e invitandola ad accennare, nella dichiarazione successiva all'incontro con Mattarella, a un colloquio ancora in corso, che avrebbe richiesto molto tempo.

Di Maio avrebbe probabilmente ceduto su figure autonome vagamente riconducibili al centrodestra, chiedendo in cambio l'appoggio esterno. Ma questa mascheratura ferì l'orgoglio del Cavaliere, che negò il suo assenso. «Se Luigi avesse fatto una telefonata a Berlusconi,» mi avrebbe raccontato mesi dopo uno dei più stretti collaboratori di Di Maio «oggi sarebbe presidente del Consiglio.»

«Me lo dicono in tanti» replica Di Maio quando gli giro l'obiezione. «Nei giorni della formazione del governo, vennero diversi esponenti di Forza Italia a dirmi che, se avessi chiamato Berlusconi, lui avrebbe deciso di venire in maggioranza con noi. Ho rifiutato per una questione di coerenza di cui non mi pento assolutamente. Dalle elezioni politiche era venuto un messaggio chiaro. Non ho nulla di personale contro Berlusconi, ma lui rappresenta un modello di politica che non abbiamo mai condiviso. Per la stessa ragione è fallita l'interlocuzione con il Partito democratico. C'è stata l'ennesima promessa non mantenuta da Renzi che lui si sarebbe fatto da parte. Il Pd non rinnovato restava quello del passato, che abbiamo tutti combattuto. Aver mantenuto la coerenza è più importante della rinuncia alla presidenza del Consiglio. C'è un governo rivoluzionario e la scelta di due ministeri come lo Sviluppo economico e il Lavoro mi rende orgoglioso.»

Berlusconi, da parte sua, esclude che ci siano state offerte di entrare nel governo anche a personalità non politiche in qualche modo riconducibili all'area di Forza Italia. «C'è stata una posizione molto ferma e decisa da parte nostra, che non volevamo in nessun modo entrare in un governo con i 5 Stelle.»

Salvini: «Non posso lasciare Berlusconi»

Venerdì 20 aprile Maria Elisabetta Casellati riferì al presidente Mattarella che un governo che coinvolgesse Berlusconi non era possibile e il capo dello Stato si prese il weekend per riflettere. Salvini comunicò a Di Maio la sentenza in un nuovo luogo d'incontro. Lasciata la brutta periferia romana del Casilino, i due si vedevano ora – sempre in segreto – in un'abitazione del centro. Tra loro, nonostante la simpatia e la fiducia reciproche, non era mai stato risolto un equivoco di fondo. Salvini trattava come leader di una coalizione forte del 37 per cento dei voti, mentre Di Maio lo considerava il capo di un partito che aveva ottenuto soltanto il 17 per cento. Si aggiunga che l'alleanza di centrodestra era al governo di regioni, province e centinaia di comuni.

Il capo del M5S la prese malissimo. E cominciò a giocare controvoglia la carta del Pd, anche se Salvini lo aveva sfidato: «Fa' pure il governo con loro. Noi ci sediamo sulla sponda del fiume e aspettiamo...». (Di Maio giocava controvoglia perché non si fidava, vedeva il Pd troppo legato a quelle che giudicava vecchie logiche di potere. Dopo i primi mesi di nomine del governo Conte, il Pd avrebbe ricambiato il complimento.)

I risultati elettorali avevano portato in Parlamento centinaia di nuovi parlamentari di 5 Stelle e Lega. Ebbene, i neoeletti del Carroccio – pur provenendo da storie molto diverse – non avevano trovato difficoltà a stabilire rapporti personali, a parlare un linguaggio comune: si consideravano «persone normali». Quelli del M5S provavano invece un certo disagio a trattare con i democratici. Si sentivano inadeguati, ne avevano timore, perché li consideravano i veri «detentori della macchina del potere». Sebbene oltre la metà dei parlamentari pentastellati abbia una vocazione di sinistra, Di Maio temeva la reazione dei militanti, contrari a qualunque contaminazione con il partito di Renzi.

Lunedì 23 aprile Mattarella affidò al presidente della Camera Roberto Fico un incarico molto più ampio (tre giorni invece di 36 ore) di quello dato alla Casellati per verificare la possibilità di fare un governo M5S-Pd. Forza Italia interpretò questa maggiore lunghezza temporale come il desiderio di favorire la nascita di un governo di sinistra. In realtà, i rapporti di Matteo Renzi con lo Stato maggiore del Movimento 5 Stelle erano pessimi. Al di là della scarica di insulti ricevuti negli ultimi quattro anni, era rimasto scottato da un piccolo incidente verificatosi quando era presidente del Consiglio. Un giorno, in aula, mandò un biglietto a Di Maio e se lo vide pubblicato su Facebook. Renzi era al massimo del potere e Di Maio non voleva contaminazioni. Ma lui ci restò male.

Le trattative proseguirono per tre settimane e furono facilitate dal fatto che Renzi e Spadafora si conoscevano fin da quando il segretario del Pd era presidente della provincia di Firenze. Questi trascorsi trasversali pesavano sul giudizio che la sinistra grillina dava del consigliere politico di Di Maio. E adesso che gli uomini di Fico festeggiavano l'interruzione delle trattative con la Lega, Spadafora veniva rivalutato per i suoi buoni rapporti con Renzi. Nei colloqui sotterranei di marzo, paralleli a quelli con la Lega, gli emissari di Di Maio avevano posto come condizione per qualunque trattativa che il Pd facesse fuori Renzi: «Fuori lui e si fa l'accordo». Poi, però, si resero conto che la cosa non stava in piedi e il 27 marzo «la Repubblica» parlò di sondaggi di Di Maio con il segretario reggente Maurizio Martina: «Renzi non è più un problema».

Quando nelle settimane successive ripresero le trattative, furono subito chiari alcuni punti. Renzi era disponibile a far presiedere il governo a Di Maio. Non voleva nel gabinetto nessuno dei suoi che avesse fatto il ministro, tagliando la testa a buona parte della prima e della seconda fila. Anche lui, naturalmente, sarebbe rimasto fuori. Ai 5 Stelle sembrò molto più interessato alle nomine di competenza del governo che al governo stesso. Pochi ministri di secondo piano per apparire di basso profilo, ma un ruolo determinante nella scelta dei nuovi assetti di potere.

Di Maio non parlò mai direttamente con Renzi, che invece sentiva spesso Salvini: due buone teste politiche che, sebbene provenienti da mondi molto diversi, si sono sempre scambiate raffiche di whatsapp. Tanto che i 5 Stelle si sarebbero convinti che il leader leghista aveva sempre saputo che l'accordo con il Pd non sarebbe mai andato in porto. In effetti, Renzi ha sempre rassicurato il capo della Lega su questo. Salvini, però, non si fidava troppo...

Nel momento più delicato della trattativa, un interlocutore con i 5 Stelle, autorevole e riservato, è stato Marco Minniti, molto sostenuto dagli ambienti del Quirinale che, come si è detto, erano decisamente favorevoli al successo dell'operazione. Di Maio gli aveva dato un segnale di attenzione nella puntata del 3 aprile della trasmissione di Giovanni Floris «DiMartedì»: «Il primo interlocutore del M5S è sicuramente il Pd con l'attuale segretario [*il reggente Martina*] e con le persone che in questi anni hanno lavorato bene. Noi non abbiamo mai detto che sono tutti uguali: molti di noi hanno espresso apprezzamento per l'operato all'Agricoltura di Martina e per Minniti e Franceschini», guarda caso le tre personalità del Pd più favorevoli all'accordo. Ma quando Renzi prese in mano il timone della trattativa, non si parlò mai della conferma dei suoi tre ex ministri, né tantomeno di Luca Lotti e di Maria Elena Boschi, peraltro contrarissimi all'accordo. L'ex segretario del Pd voleva in qualche modo essere lo stratega del governo, ma senza comparire. Il suo messaggio subliminale a Di Maio era: siete una banda di incapaci, e tu devi solo ringraziare me se sarai presidente del Consiglio. I 5 Stelle erano convinti che Renzi volesse arrivare a ogni costo all'intesa, mentre lui era sempre più consapevole della difficoltà di raggiungerla.

E Renzi chiuse la porta a Di Maio

L'errore dei 5 Stelle fu di trattare contemporaneamente con Martina e con Renzi. Il giorno chiave fu giovedì 26 aprile. Uscendo dall'incontro con Fico, il segretario reggente del Pd disse: «Passi in avanti importanti, ma restano differenze. Decideremo in direzione». Di Maio sembrò fargli sponda parlando di un «accordo di governo al rialzo» con il Pd ma poi inopinatamente – toccando il tema del conflitto d'interessi – disse: «Le Tv di Berlusconi lanciano velate minacce a Salvini nell'ipotesi che si stacchi da Berlusconi». Ettore Rosato, il vicepresidente della Camera che pure si era speso nella trattativa con lo stesso Di Maio, balzò sulla sedia: «Ma come, Martina ha appena parlato di passi in avanti importanti e Di Maio offre un assist a Salvini?». Interpretò, insomma, le parole del capo dei 5 Stelle come una metafora di quei *ménages à trois* in cui una fidanzata bacia il fidanzato mentre fa piedino all'amante. I leghisti sapevano che Di Maio non credeva all'intesa con i democratici e aspettavano sornioni. «Era come minacciare una talpa di metterla sotto terra» scherzava Giorgetti con gli amici.

Fu allora che Renzi decise di rompere. A Martina fece in sostanza questo discorso: mentre io cerco di sfiancare i 5 Stelle attraverso un percorso tortuoso e difficile, tu ti dici pronto a discutere e mi togli spazio. Quello stesso giorno chiese al suo portavoce Agnoletti di sollecitare un intervento nella trasmissione di Fabio Fazio «Che tempo che fa» di domenica 29 aprile. La mattina di venerdì 27, la presenza da Fazio fu confermata. I 5 Stelle immaginavano di sapere che cosa avrebbe detto Renzi, ma fino all'ultimo sperarono che facesse un discorso interlocutorio, per tenere aperta la trattativa. Avevano i loro referenti privilegiati al Quirinale ed ebbero la sensazione che il Pd fosse pronto a continuare il dialogo. Ma nulla di più, perché le comunicazioni tra Renzi e la presidenza della Repubblica erano interrotte da tempo e Mattarella non aveva alcuna informazione privilegiata.

Renzi gelò tutti: «Siamo seri» disse da Fazio. «Chi ha perso le elezioni non può andare al governo. Non può passare il messaggio che il 4 marzo è stato uno scherzo. Noi non possiamo per un gioco di palazzo rientrare dalla finestra dopo essere usciti dalla porta.» E giù un attacco al presidente della Camera «dialogante» con il Pd citando il caso della colf che la compagna di Fico avrebbe pagato in nero. Immediata la replica di Di Maio: «Non riescono a liberarsi di lui. I dem dicono di no ai temi, la pagheranno». Così, con un tratto di penna, Renzi rese inutile la direzione del partito già convocata sull'argomento della trattativa per il giovedì successivo.

Il gruppo dirigente del Pd, ovviamente, si spaccò. I trattativisti (Martina, Franceschini, Minniti, Zanda, lo stesso Gentiloni) restarono male sia per il merito della decisione sia per le modalità della comunicazione. Ma la base parlamentare era largamente favorevole alla rottura. «Non conosco un solo senatore su 52 pronto a votare per un governo M5S-Pd» aveva dichiarato Renzi in televisione. Molti deputati dicevano che, in caso di accordo, non avrebbero avuto il coraggio di tornare nel loro collegio. Secondo alcuni dirigenti grillini, Renzi non si aspettava la sollevazione delle persone a lui più vicine (Lotti e Boschi) e Spadafora era al corrente di un sondaggio che dava l'80 per cento dell'elettorato democratico contrario all'accordo.

Il 29 aprile 2018 Renzi era convinto che la rottura della trattativa avrebbe portato alle elezioni. Un «governo di tutti» per cambiare la legge elettorale e riscrivere alcune regole era utopistico. E lui non temeva le elezioni. «Peggio del 4 marzo non potremo andare» diceva. «Se siamo bravini, prenderemo anche un paio di punti in più…» Insomma, quella domenica sera da Fazio era convinto di aprire la campagna elettorale.

La mattina di lunedì 30 Di Maio si svegliò di pessimo umore, oscillante tra la furia e la depressione. La furia per la porta in faccia ricevuta da Renzi. È vero, come si affrettò a scrivere su Facebook, che il governo col Pd era l'ultima cosa che voleva (in cima ai suoi pensieri c'era sempre la Lega), ma il modo, lo sprezzo, lo strappo lacerante alla tela che mezzo gruppo dirigente del Pd stava tessendo giorno dopo giorno, ora dopo ora… Alla furia si aggiunse un momento di depressione. La fortuna è una bella donna con la coda di cavallo che ti galoppa davanti. E quella mattina la coda di cavallo sembrava impossibile da afferrare. Di Maio sapeva benissimo che, invocando elezioni anticipate (come le invocava Salvini), chissà se sarebbe stato di nuovo candidato premier. Così come sapeva benissimo che Roberto

Fico era in agguato e, soprattutto, che Alessandro Di Battista
– ufficialmente nelle Americhe per un grande reportage –
teneva d'occhio l'aeroporto John Fitzgerald Kennedy di
New York, pronto a saltare sul primo aereo per l'Italia per
rimettersi in gioco.

Si aggiunga il risultato – disastroso per il M5S – delle elezioni regionali in Friuli: Pd deposto, Lega trionfante al potere. Fu su quell'onda che Salvini chiese al Quirinale l'incarico di formare il nuovo governo. Naturalmente, Mattarella
rifiutò. I cinquanta voti promessi da Berlusconi non si erano
materializzati e le regole costituzionali prevedono che un
governo battuto alle Camere – ipotesi prevedibile – avrebbe portato il paese alle elezioni anticipate. E andare alle elezioni con Salvini premier era l'ultimo degli auspici del presidente della Repubblica.

III

Storia di un governo morto e sepolto

L'ultimo elicottero da Saigon

Il 30 aprile 1975 Luigi Di Maio non era ancora nato. Eppure, nei primi giorni di maggio 2018 inconsapevolmente rivisse gli istanti convulsi e decisivi che lo salvarono dal napalm delle elezioni anticipate e dal possibile frantumarsi dei suoi sogni di leadership. Quel 30 aprile 1975, mentre l'avanguardia dei vietcong entrava a Saigon – capitale di quello che era ancora il Vietnam del Sud – l'ambasciatore americano Graham Anderson Martin, che fino a due anni prima aveva servito in Italia, saliva sull'ultimo elicottero disponibile stringendo sotto il braccio la bandiera a stelle e strisce arrotolata. Come lui, 43 anni dopo, il capo politico del Movimento 5 Stelle salì sull'ultimo elicottero pilotato da Matteo Salvini un attimo prima che il presidente Mattarella, furioso e frustrato per due mesi di trattative inutili, si risolvesse a sciogliere le Camere. Con i sondaggi che già vedevano il centrodestra unito sfiorare la maggioranza assoluta.

La situazione precipita, si dissero i due. Una staffetta tra noi a palazzo Chigi è complicata e ha anche pessimi precedenti, spiegò Salvini (come quello tra Ciriaco De Mita e Bettino Craxi, che andò a palazzo Chigi nel 1983 e impiegò quattro anni prima di rispettare l'impegno con l'alleato). Ma i tempi sono cambiati: come possiamo ipotizzare un patto di legislatura in cui ognuno di noi è il capo del governo per due anni e mezzo? E come possiamo controbilanciare la presidenza del Consiglio con un mercato dei ministeri che rischia di creare altri sconquassi? Fu così che Salvini convinse Di Maio a rinunciare alla premiership: «Ci guardammo in faccia e concordammo di individuare una figura terza che avesse le caratteristiche per svolgere bene il ruolo di presidente del Consigli». E precisa: «La staffetta non ha mai funzionato. Chi parte per primo parte, il secondo deve affidarsi alla buona volontà del primo. E allora...».

Mi dice Di Maio: «Non l'abbiamo fatta perché nessuno dei due voleva che cominciasse l'altro. Ricorda la battuta di Andreotti al Bagaglino? Craxi dovrebbe stare attento quando fa sport: nella staffetta non passa mai il testimone...». E aggiunge: «In quel momento c'era il rischio che Forza Italia e il Pd facessero il governo insieme con pezzi di altre forze politiche o che si andasse a un governo tecnico. Poiché il nostro obiettivo era di cambiare il paese, ho deciso di fare un passo indietro. Salvini? Lo seppe quando, domenica 7 maggio, lo annunciai in televisione.»

«Fin da quando ci siamo seduti al tavolo con Di Maio» mi racconta Salvini «era chiaro che nessuno di noi due avrebbe fatto il presidente del Consiglio. Poi i 5 Stelle hanno provato con il Pd, hanno rifiutato di fare il governo con il centrodestra. No, no, no, no, alla fine ci siamo seduti di nuovo e abbiamo trovato per palazzo Chigi una figura neutra che garantisse entrambi.»

Perciò, il 5 maggio il leader del M5S avvertì il Quirinale che era pronto a rinunciare e a riprendere, su queste basi, le trattative con la Lega. Convocando per il lunedì successivo, 7 maggio, l'ultimo giro di consultazioni, Mattarella sapeva che il suo ammonimento («Stavolta non potrete dirmi soltanto dei no») sarebbe stato felicemente raccolto. Cominciarono allora due partite parallele. La prima per convincere Silvio Berlusconi ad accettare il diktat di Di Maio, la seconda per individuare il candidato premier.

Il Cavaliere capitolò mercoledì 9 maggio. Le spinte arrivavano da ogni parte. Il neodeputato pentastellato Emilio Carelli parlava con Gianni Letta, Fedele Confalonieri, Sestino Giacomoni, Adriano Galliani. Il consigliere di Di Maio,

Vincenzo Spadafora, si muoveva a tutto campo. Dentro Forza Italia era in atto da giorni una discussione continua. Molti volevano cedere, illudendosi che, alla fine, alcune personalità del partito sarebbero entrate nel governo. «Il veto riguarda Berlusconi, non noi» dicevano. Ma Letta li invitava a non farsi illusioni: non sarebbero mai stati accettati.

Quando si concretizzò il rischio di elezioni anticipate e di un ulteriore indebolimento di Forza Italia (i sondaggi minacciavano il crollo all'8 per cento), lo stesso Letta disse a Berlusconi: «Se non vuoi rompere con Salvini, ricordagli che la Lega votò contro i governi Monti e Letta, entrambi appoggiati da Forza Italia, che nel secondo ebbe all'inizio anche cinque ministri. L'alleanza non si ruppe allora e non si romperebbe oggi: faccia pure Salvini l'alleanza con i 5 Stelle e Forza Italia farà un'opposizione dura e intransigente, come la fece a suo tempo la Lega». Su queste basi fu trovato l'accordo.

Perché ha consentito a Salvini di formare un governo con Di Maio?, chiedo a Berlusconi. «Per senso di responsabilità nei confronti del paese. L'unica alternativa al governo era andare di nuovo alle elezioni il 29 luglio, con l'Italia in vacanza e quindi con un'oggettiva difficoltà per i cittadini di esprimere il loro voto.»

«Quando sembrava che nessun accordo fosse possibile,» mi racconta Salvini «andai da Berlusconi e gli dissi che eravamo pronti ad andare al voto. Le elezioni non ci hanno mai spaventato, buone o cattive che fossero le previsioni. Fu allora che lui mi disse di provare a mettere in piedi una maggioranza con i 5 Stelle.»

Quale fu l'accordo con Salvini? Quale mandato ebbe la Lega?, chiedo al Cavaliere. «Introdurre in quello che loro hanno chiamato "contratto di governo" il maggior numero possibile di punti del programma di centrodestra.»

L'incontro segreto in un hotel milanese

Per Lega e 5 Stelle fu allora possibile mettersi alla ricerca di un premier. Quando Di Maio propose a Salvini di fare un nome tra i parlamentari eletti nel M5S, questi portò il «facciario» per visionare con Giancarlo Giorgetti, Roberto Calderoli e Gian Marco Centinaio uno per uno le donne e gli uomini pentastellati e individuare chi avrebbe potuto avere il profilo adatto. Arrivati alla lettera C, Centinaio esclamò: «Eccolo, Emilio Carelli. È l'uomo ideale. Non è un giustizialista, cosa che ci aiuta anche con i nostri alleati di Forza Italia, ed è un volto televisivo noto anche a mia mamma. Perché no?».

Di Maio informò immediatamente Carelli della sua candidatura (la stessa comunicazione gli arrivò dalla Lega), ma un paio d'ore dopo il capo politico del M5S lo richiamò per dirgli che la cosa non era andata a buon fine. Aveva parlato con Grillo, con Casaleggio, con Fico, ed erano giunti alla conclusione che il nome di Carelli avrebbe spaccato il Movimento. «E la mia esigenza, caro Emilio, è quella di tenerlo unito» chiarì Di Maio, promettendogli, comunque, che nel nuovo esecutivo gli avrebbe affidato il portafoglio della Cultura o il ruolo di sottosegretario con delega all'editoria. Intanto Rocco Casalino raggiunse Calderoli e Centinaio, proponendo nomi diversi. Dai leghisti fu fatto perfino quello di Gianluigi Paragone, giornalista televisivo assai noto, che aveva diretto anche «la Padania», ma nemmeno il suo fu ritenuto il profilo giusto.

A Giorgetti fu allora consegnata una terna di nomi, due uomini e una donna. Su due – un uomo e la donna – il vicesegretario leghista ritenne di non dover nemmeno approfondire la discussione con Salvini. L'uomo, in particolare, non aveva un profilo accettabile da parte dell'elettorato leghista. Era un prefetto e si sa che la Lega non ama la categoria: anzi, voleva perfino abolirli, cedendone il potere ai sindaci (e Roberto Maroni ci provò nel breve periodo in cui fu ministro dell'Interno del primo governo Berlusconi). La donna, invece, era un alto funzionario dello Stato e neanche il suo profilo fu ritenuto idoneo. L'unico sul quale si trovò l'accordo senza difficoltà fu Giuseppe Conte. Pugliese di Volturara Appula (Foggia), 54 anni, separato con un figlio, professore ordinario di diritto privato a Firenze e collaboratore dell'importante studio legale romano di Guido Alpa, faceva parte del Consiglio di presidenza della giustizia amministrativa su designazione del Movimento 5 Stelle che, alla vigilia delle elezioni, lo aveva indicato come candidato ministro della Pubblica amministrazione. Ma, come vedremo tra poco, la Lega aveva un proprio, illustre candidato di riserva.

Sponsor di Conte fu Alfonso Bonafede (dal 2013 deputato del M5S, poi, dal 1° giugno 2018, ministro della Giustizia nel governo gialloverde). Si era laureato nel 2002 all'università di Firenze con il professor Giorgio Collura, ordinario di diritto privato, con una tesi sul «danno esistenziale», frutto – si dice – dell'innamoramento per l'ultimo «Discorso all'umanità» che Beppe Grillo aveva pronunciato in una televisione privata il 31 dicembre 2001. Collura ha raccontato al «Corriere Fiorentino» che Bonafede voleva diventare assistente volontario di Conte, molto amato dai giovani.

«Quando Bonafede mi propose l'incarico» mi racconta in autunno il presidente del Consiglio nel suo studio di palazzo Chigi «gli dissi che non avevo votato per il Movimento alle elezioni del 2013.» Per chi aveva votato?, gli chiedo. «Di solito a sinistra, una volta per i radicali. Non sono mai stato militante di una forza politica. Anche con i 5 Stelle, pur dopo la nomina al Consiglio di presidenza della giustizia amministrativa, non ho mai avuto un rapporto organico, in parte per tutelare la mia autonomia e indipendenza di giudizio. Bonafede e Di Maio, però, sin dall'inizio mi dissero che il fatto che non li avessi votati non era importante e che non avrebbero interferito sulla mia autonomia. Anche per questo offrii la mia disponibilità.»

Successivamente, Bonafede invitò il professore a partecipare a una giornata sulla giustizia in cui era relatore e, sullo stesso tema, Conte ebbe scambi di idee con lui e con Di Maio a ridosso delle elezioni. «È nata così la mia designazione a candidato ministro della Pubblica amministrazione in un eventuale governo con i 5 Stelle. Una disponibilità che allora si presentò come meramente "virtuale", perché era improbabile che si sarebbe formato un governo monocolore, e quindi ogni candidatura era incerta. Poi, un giorno, Di Maio mi chiamò e disse che voleva incontrarmi con Salvini per un incarico istituzionale. Allora intuii che volevano chiedermi un impegno maggiore.»

L'incontro, ovviamente, doveva svolgersi nel più assoluto riserbo. Fu prenotata una stanza nell'hotel NH di largo Augusto, a Milano, con un nome diverso da quello di Conte e, quando il professore ne ebbe preso possesso, il 13 maggio arrivarono Di Maio, Salvini, Giorgetti e Spadafora. «Non mi fecero domande specifiche» ricorda il presidente del Consiglio. «Fu una conversazione ad ampio respiro nell'ipotesi che potessi essere indicato come candidato premier. Parlammo naturalmente del contratto che si stava formando e ne approfittai per offrire alcuni arricchimenti e modifiche. Ci confrontammo sull'indirizzo politico generale, sul reddito di cittadinanza e sulla flat tax.» Dissi che sarebbe stato preferibile che un governo politico avesse un premier politico. Nel caso la scelta fosse caduta su di me, dichiarai subito che avrei potuto accettare solo a condizione che sia Di Maio sia Salvini avessero fatto parte del governo con incarichi significativi. Mi fu detto per correttezza che avrebbero dovuto incontrare anche un altro candidato indicato dalla Lega, e io stesso mi offrii di mettere a disposizione la mia stanza per l'incontro, dopo essermi accertato che nella hall vi fosse uno schermo in cui trasmettevano la partita della Roma.»

La parentesi Sapelli (che capì subito tutto)

Il candidato leghista era Giulio Sapelli, torinese, 71 anni, economista e accademico illustre, con un curriculum di forte connotazione internazionale. «Conosco Salvini dai tempi dell'università» mi racconta nell'autunno Sapelli nella sua «grotta» milanese, stipata di carte e di libri, alla Fondazione Eni intitolata a Enrico Mattei. «Negli anni Venti il genio di Giovanni Gentile stabilì che dovunque si insegnasse geografia ci fossero cattedre di carattere economico. Rientrato da Parigi e da Trieste, insegnavo alla Statale di Milano sia nella facoltà di giurisprudenza sia in quella di lettere e filosofia: frequentata, quest'ultima, anche da Matteo Salvini. Era un ragazzo educato, con i capelli lunghi. Doveva laurearsi con me con una tesi su Adriano Olivetti. Un giorno mi disse: "Prof, lascio. Mi ha preso il demone della politica". Obiettai che un politico laureato è meglio di uno che non lo è. Da allora non lo vidi più. Ogni tanto Matteo mi telefonava per chiedermi suggerimenti su libri da leggere... Invece Giorgetti lo conosco dal 2012, quando presiedette le Commissioni riunite Finanze di Camera e Senato per l'inserimento del pareggio di bilancio in Costituzione. Fui ascoltato per otto ore e diedi parere negativo.» (Il «fiscal compact» entrò ugualmente in Costituzione nel maggio 2012, nel clima di fortissima pressione psicologica esercitata sul governo Monti. La Lega votò a favore.)

Poi, giovedì 10 maggio... «Mi telefonò Salvini e l'indomani venne a trovarmi all'hotel d'Inghilterra a Roma, dove alloggiavo perché avevo la casa inagibile. Prof, mi disse, noi della Lega vorremmo che tu facessi il presidente del Consiglio. Mi prese in contropiede: sapeva che Riccardo Fraccaro [*poi ministro per i Rapporti con il Parlamento per il Movimento 5 Stelle*] mi aveva chiesto insieme ad altri di fare il candidato ministro dell'Economia o del Lavoro. E io avevo detto di no, come dissi di no a Salvini.»

I due si risentirono al telefono e si incontrarono domenica 13 maggio. «Ero a colazione in casa del giornalista Lodovico Festa con Claudia Sonnino, insegnante di tedesco a Pavia e mia donna del cuore. Ci raggiunsero Salvini e Giorgetti e non andarono via finché non mi ebbero strappato la promessa di parlare con i dirigenti del M5S. Entrambi sapevano che – se fossi andato al governo – avrei eliminato sia il Jobs Act sia lo Statuto dei lavoratori, perché non sono ordinamenti intersindacali ma vengono regolati dai magistrati. Sono inoltre favorevole a rinegoziare i trattati europei e ad abolire alcuni regolamenti, a cominciare dal "fiscal compact". Ho, insomma, le stesse idee di Paolo Savona, di cui sono grande amico. Posi come condizione di avere come ministro dell'Economia Domenico Siniscalco, il miglior ministro che abbiamo avuto [*governo*

Berlusconi, 2004-05] e grandissimo direttore generale del Tesoro, oggi vicepresidente di Morgan Stanley.» Alla domanda se ne aveva parlato con Siniscalco, mi risponde: «Sì, e avrebbe accettato».

Fu così che in tarda serata Sapelli varcò la soglia dell'hotel di largo Augusto e salì nella suite affittata da Giuseppe Conte, che nel frattempo da tifoso romanista stava vedendo al piano terra Roma-Juventus, finita con un pareggio.

«La cosa cominciò subito male» mi confida Sapelli. «Non si poté nemmeno iniziare una discussione politica, perché Di Maio mi disse: ci illustri il suo modello di sviluppo. Gli risposi: legga i miei libri. Salvini e Giorgetti intervennero: sai, Luigi, il professore ha un carattere un po' difficile... Allora dissi: so che avete un contratto; la cosa mi pare folle, perché la politica si fa con accordi, non con contratti. Comunque, datemelo almeno da leggere. Così, mi misi in un angolo della stanza a leggere il contratto per un quarto d'ora. Mi piacque l'idea di impostare la Cassa depositi e prestiti secondo il sistema tedesco.» Cioè? «Non una banca pubblica, ma una banca d'investimenti come la vecchia Banca nazionale del lavoro, che assisteva gli enti locali e si concentrava sui grandi investimenti. Con la riforma Bassanini è stata invece trasformata in un veicolo di mance alle imprese. Mi piaceva l'idea di farla tornare a darsi grandi obiettivi, come il potenziamento della rete digitale. Mi piacque molto l'idea di un reddito di cittadinanza, un reddito universale gestito dai centri per l'impiego. Dissi che occorrevano 5-6 anni, se non addirittura due legislature, per renderlo efficiente. Lamentai l'assenza di misure sulla politica del lavoro, almeno per come io la intendevo, e soprattutto nulla sul Mezzogiorno. Giorgetti e Spadafora non aprirono bocca, e intanto eravamo arrivati a mezzanotte. Poi ci fu un mio peccato di ingenuità...»

Quale? «I ministeri. Dissi: la Costituzione prevede che voi indichiate me come presidente del Consiglio e io scelgo i ministri. Feci il nome di Siniscalco, e Di Maio disse: lui no, è stato con Berlusconi. Obiettai che una persona vale per quello che è, non per quello che è stata. Di Maio propose che metà dei ministri li avrei scelti io e metà loro. Risposi che per gli Interni e anche un po' sul resto avrebbero potuto scegliere loro, ma su Economia ed Esteri non avrei mollato. Il clima era ormai deteriorato. Mi dispiaceva per Matteo e Giancarlo, che avevano veramente fatto di tutto ed erano stati molto gentili nei miei confronti. Me ne andai a casa con l'autista di Giorgetti. Avevo respirato un'aria esoterica, l'unica discussione politica la feci con gli amici della Lega. Gli altri avevano accettato di vedermi soltanto per l'insistenza dei leghisti.»

Mai più sentiti? «Ci siamo sentiti ripetutamente. Quando cadde l'ipotesi Savona, Salvini mi sondò a proposito del ministero dell'Economia. Rifiutai, soprattutto per rispetto nei confronti di Savona.»

Si capì subito che una persona caratterialmente indipendente non avrebbe potuto gestire da palazzo Chigi le infinite mediazioni alle quali deve ricorrere chi ha accettato di dirigere un ristorante in cui bisogna mettere d'accordo due chef che hanno ricette opposte. E infatti la scelta cadde su Conte che avrebbe dato prova di grande equilibrio e infinita pazienza come nelle crisi di metà ottobre sul decreto fiscale.

Incontrandolo, Salvini e Giorgetti ebbero l'impressione di una persona positiva, molto affabile, attenta a mantenere un basso profilo. («Quel che poi ha confermato di essere» mi dice il vicesegretario leghista.) Quando fecero il nome di Conte, il presidente Mattarella restò alquanto perplesso: la sua totale mancanza di esperienza politica e amministrativa poneva alcuni problemi. Poteva un tecnico guidare un governo politico? Sarebbe stato in grado di indirizzare l'azione politica del governo, come previsto dalla Costituzione? Non c'era il rischio che fosse un semplice esecutore degli ordini di Salvini e Di Maio? «Anch'io» mi racconta Conte «dissi al presidente che sarebbe stato preferibile un premier politico, ma le forze della coalizione avevano deciso diversamente. Il primo incontro con Mattarella fu ampio e disteso. Non ci conoscevamo e parlammo a lungo con molta cordialità.»

Savona in riva al mare quando Giorgetti...

La designazione di Conte e la nascita del governo sovranista allarmarono i mercati, rimasti sorprendentemente tranquilli anche dopo le elezioni del 4 marzo, il cui esito lasciava intuire una forte instabilità. Dai 113,6 punti del 24 aprile, lo spread salì a 150 il 16 maggio, dopo la pubblicazione della bozza di «contratto di governo», e il 21 maggio s'impennò fino a 185. Il «Financial Times» attribuì la vendita di titoli italiani all'«imminente presa di potere dei partiti populisti e a un candidato primo ministro poco conosciuto a livello internazionale». Conte rimase per un paio di giorni sulla graticola per alcuni deficit riscontrati nel suo curriculum: l'università di New York e la Sorbona di Parigi, fra le altre, smentirono i suoi presunti soggiorni accademici. Sconvolto dalla raffica di accuse in Italia e all'estero, lui confermò di essere stato in totale almeno un mese, in cinque anni diversi, a New York per perfezionare e aggiornare i suoi studi. Non si trattava verosimilmente di corsi regolari registrati, ma insomma a studiare nella Grande Mela c'era stato davvero. Ammise qualche svista, un po' di fretta nella stesura del curriculum, però nessuna falsità.

Poi, come Dio volle, il 23 maggio Conte ricevette da Mattarella l'incarico di formare il governo e si cominciò a discutere sulla composizione dell'esecutivo. I «dioscuri» Salvini e Di Maio si attribuirono il ruolo di vicepresidenti del Consiglio e di ministri nei dicasteri ai quali si sentivano più vocati: Interno per il segretario della Lega, Sviluppo economico e Lavoro per il capo politico dei 5 Stelle. Si obiettò subito che fondere questi due ministeri era tecnicamente complicato, anche perché il ministro dello Sviluppo deve viaggiare molto, mentre quello del Lavoro non deve muoversi. Ma Di Maio fu irremovibile. «I due uffici sono l'uno di fronte all'altro in via Veneto» mi avrebbe detto tempo dopo. «Mi basta attraversare la strada. In uno ho il capo di gabinetto, nell'altro il suo vice...»

Il Quirinale si era riservato un parere vincolante sulla scelta dei tre ministri più sensibili per il rispetto degli impegni internazionali assunti dall'Italia in campo economico e politico: Esteri, Economia, Affari europei. Così il quartetto Di Maio-Salvini-Spadafora-Giorgetti pensò subito che, per tranquillizzare l'Europa sul fatto che non si stesse costituendo un governo rivoluzionario, il nome giusto per il dicastero degli Affari europei fosse quello di Enzo Moavero Milanesi. Sessantaquattrenne, discendente da un'antica famiglia lombarda, giudice della Corte di giustizia europea, dirigente della Commissione, professore universitario, aveva ricoperto lo stesso incarico nei governi Monti e Letta. Un *civil servant* europeista fin nel midollo.

Agli Esteri il designato era Giampiero Massolo. Anche per lui, curriculum ineccepibile: lasciata la carica di segretario generale della Farnesina, era presidente dell'Istituto per gli studi di politica internazionale e di Fincantieri, il colosso statale della cantieristica. Per l'Economia, il nome deciso era quello di Paolo Savona, economista e accademico illustre, già dirigente della Banca d'Italia e ministro dell'Industria nel governo Ciampi (1993-94).

Quando Salvini e Giorgetti lo proposero, il consenso degli alleati fu immediato. «Mi piace. Ho letto i suoi libri» chiosò Di Maio. A favore di Savona giocava anche l'età (81 anni), che lo metteva al riparo dalla tentazione di far dipendere il suo futuro professionale dai mercati. «Se chiamiamo uno più giovane,» osservò Centinaio «magari poco dopo ce lo troviamo in chissà quale Fondo d'investimento.» Naturalmente, la ragione decisiva della scelta fu il progressivo scetticismo di Savona sull'Europa e sull'euro. Europeista pentito, riteneva infatti che la gestione della moneta unica si fosse trasformata per l'Italia in una gabbia. Proprio in quei giorni l'editore calabrese Rubbettino mandava in libreria un suo ponderoso libro di memorie, *Come un incubo e come un sogno*, che cavalca la storia finanziaria dell'Italia del dopoguerra, dal «miracolo economico» alla Grande Recessione dell'ultimo decennio.

Nella stessa giornata del 23 maggio gli uomini del quartetto chiamarono Moavero Milanesi, Massolo e Savona informandoli che avrebbero portato i loro nomi al capo dello Stato.

La telefonata di Giorgetti sorprese Savona in Sardegna, dove era tornato a risiedere in maniera che presumeva definitiva, nella casa al mare di San Giovanni in Sinis, in provincia di Cagliari, ricavata in una struttura protocristiana. Il professore protestò debolmente che non aveva più l'età per un incarico così impegnativo, ma nel primo pomeriggio era già a Roma per incontrare Di Maio, Salvini, Giorgetti e Spadafora in un'abitazione privata a un passo da via del Corso.

E Mattarella bocciò il professore

«Chiarii subito che non sono un sovranista, ma un trattativista» mi racconta in autunno Paolo Savona nel suo studio di largo Chigi. «Se mi si offrisse la possibilità di trattare nuove condizioni in Europa, il mio disegno sarebbe questo. 1) Volete un'Europa unita? Si istituisca una scuola europea di ogni ordine e grado. 2) Occorre estendere i poteri della Banca centrale europea adeguandoli a quelli della Federal Reserve americana. È necessario equilibrare gli obiettivi. Lo sviluppo va incentivato in condizioni di stabilità. Ma la Bce pensa solo alla stabilità e non ha lo sviluppo tra i suoi obiettivi. Non può intervenire sul cambio se influenzato dall'esterno, e nemmeno quando c'è un attacco speculativo sui debiti sovrani, nonostante questi siano denominati in euro. Mario Draghi è intervenuto sul mercato secondario. Il suo "whatever it takes" ha funzionato. [*Il 26 luglio 2012, nel momento più buio della crisi, Draghi disse che avrebbe fatto "tutto il necessario" per ridare stabilità ai mercati. Si è calcolato che, nei cinque anni successivi, la politica espansiva della Bce abbia rivalutato di 5000 miliardi di euro gli asset azionari e obbligazionari.*] Ma si tratta di una politica transitoria. La Bce è pronta ad affiancarci nelle nostre richieste oppure no? 3) In Europa si fa una politica dell'offerta. Noi abbiamo bisogno di una politica della domanda divisa in due parti. Per stimolare la domanda hai bisogno di un impulso esogeno, cioè di una maggiore spesa. Da dove possono arrivare questi soldi? O dagli eurobond [*ai quali la Germania si è sempre opposta*] o da tasse esterne rispetto a quelle che vengono incassate nel paese, come la web-tax [*la tassazione sulle multinazionali che operano in rete per garantire equità fiscale e, quindi, una concorrenza leale. Impresa anch'essa assai complessa*]. 4) Occorre, infine, una politica specifica per rimuovere i divari di produttività tra aree diverse. Servono forti investimenti in infrastrutture. Il piano messo a punto dal presidente della Commissione Juncker aveva troppi vincoli per funzionare.

«A quel punto» prosegue Savona «mi consegnarono il contratto di governo e Di Maio mi disse: "Riscrivi la parte che riguarda l'Europa e noi la accetteremo". Riscrissi il paragrafo 29 sull'Unione europea [*che contiene le tesi appena esposte*] e ritoccai qualcosina qui e là. Se siamo d'accordo su questo, conclusi, vi do la mia disponibilità.» (Giorgetti mi ha poi confermato che Savona chiarì immediatamente la sua posizione, ferma e cauta al tempo stesso: non ventilò mai l'ipotesi di uscire dall'euro. «Usò parole di grande responsabilità.»)

Mentre Savona se ne tornava in Sardegna in attesa di una risposta, a Roma si scatenava l'inferno. Giorgetti e Spadafora salirono al Quirinale e misero il nome del professore nelle mani di Daniele Cabras, direttore della segreteria generale della presidenza della Repubblica, il quale disse subito che quella candidatura costituiva un problema e lo confermò in seguito. I due negoziatori non si arresero e andarono da Ugo Zampetti, segretario generale del Quirinale, dopo esserlo stato della Camera dei deputati. Anche qui, però, trovarono un muro. Allora sospettarono che il veto su Savona fosse più dei consiglieri del capo dello Stato che di quest'ultimo. Ma quando Di Maio e Salvini andarono da Mattarella, scoprirono – contrariati – che il veto permaneva.

Il presidente della Repubblica era rimasto colpito dalle anticipazioni del libro di Savona, pubblicate dalla «Stampa» il 22 maggio, che si aprivano con questa frase: «La Germania non ha cambiato la visione del suo ruolo in Europa dopo la fine del nazismo, pur avendo abbandonato l'idea di imporla militarmente». L'economista ricorda che l'Italia ha subìto il fascino della cultura tedesca con la Triplice alleanza (1882), il «patto d'acciaio» (1939) e l'Unione europea (1992): «Possibile che non impariamo mai dagli errori?». Immagine molto forte, senz'altro, ma che l'Unione europea sia nata e sopravviva sotto la leadership tedesca è un fatto. Il passaggio più critico era, tuttavia, un altro: «Battere i pugni sul tavolo non serve a niente. Bisogna preparare un piano B per uscire dall'euro, se fossimo costretti, volenti o nolenti, a farlo». Inutilmente Salvini e Di Maio spiegarono a Mattarella che di uscita dall'euro non si era mai parlato con Savona e che, comunque, questa ipotesi non faceva parte del contratto di governo.

«Io stesso» mi racconta Conte nel nostro lungo colloquio a palazzo Chigi «avevo incontrato a lungo Savona durante le consultazioni. Lo vidi per un'ora e mezzo a tarda sera in maniera riservata. Date le polemiche, volevo conoscerlo di persona. Ne derivai la ferma convinzione che sarebbe stato un buon ministro dell'Economia e che, con lui, non avremmo vissuto un'esperienza di governo finalizzata a discutere la collocazione dell'Italia in Europa e l'adesione all'Unione monetaria.» Naturalmente, Conte espresse questa sua convinzione al presidente della Repubblica («Avevo avuto personalmente assicurazioni concrete sul suo progetto di politica economica e non ne avevo ricavato alcun timore») e, dinanzi alle sue resistenze, osservò che, dopo un confronto approfondito con i leader delle due forze della coalizione, la figura di Savona era quella che «ne garantiva meglio le esigenze, senza reali alternative».

«Non avevamo soluzioni di ricambio» mi dice oggi il presidente del Consiglio. «D'altra parte, se io stesso fossi un macroeconomista, nei miei studi mi chiederei che cosa potrebbe accadere se l'Italia uscisse dall'euro. Ma un conto sono gli studi, altro è la politica. E Savona interpretava perfettamente il nostro programma di governo.» E aggiunge: «Sarebbe una sciocchezza sposare la favola di un sistema europeo più bello del mondo. Presenta debolezze sul piano monetario, bancario, giuridico. Non abbiamo bisogno di un europeismo grossolano. Proprio perché sono europeista, credo che bisogna affrontare senza ipocrisie le debolezze del sistema e contribuire a risolverle». Con un'Europa fatta di 28 Stati, obietto, non è facile. «Non è facile,» conviene «visto che questi 28 Stati devono decidere all'unanimità. Sarei molto prudente sulle proposte di ulteriori allargamenti, perché un edificio troppo articolato diventa fragile.»

Alle ore 19 di domenica 27 maggio Conte salì al Quirinale con la lista dei ministri e la casella dell'Economia era occupata dal nome di Paolo Savona, ma il capo dello Stato ritenne che quella scelta non avrebbe giovato al paese e non firmò. E poiché non aveva soluzioni alternative, rimise il mandato. «Tornai subito al mio lavoro universitario» ricorda Conte. «Ero molto sereno. Perfettamente consapevole delle ragioni che avevano impedito la nascita di una nuova esperienza, non ero affatto pentito che si fosse chiusa in quei termini. Ma se ero sereno sul piano personale, ero preoccupato come cittadino perché stava montando il rischio di un conflitto istituzionale e sociale che vedeva al centro il presidente della Repubblica.»

Di Maio gridò: «*Impeachment!*»

Quando, nella serata di quella domenica 27 maggio, si presentò davanti alle telecamere per annunciare che il presidente incaricato aveva rimesso il mandato, il fisico legnoso del capo dello Stato si era ancor più irrigidito. Mattarella parlò della pazienza con cui per due mesi aveva atteso e assecondato le decisioni dei partiti, accettando suo malgrado anche la designazione di un tecnico alla guida di un governo politico. E spiegò che si era rifiutato di firmare la lista dei ministri che recava il nome di Savona «per una linea più volte manifestata che potrebbe provocare probabilmente, o addirittura inevitabilmente, l'uscita dell'Italia fuori dall'euro». Ma può il presidente della Repubblica impedire la nascita di un governo?

Talvolta in passato il capo dello Stato ha chiesto al presidente incaricato di cambiare un ministro. Spesso si trattava di quello della Giustizia. Oscar Luigi Scalfaro non volle Cesare Previti nel primo governo Berlusconi in quanto era l'avvocato del Cavaliere. (Andò alla Difesa.) Nel 2001 Carlo Azeglio Ciampi non volle Roberto Maroni come Guardasigilli nel secondo governo Berlusconi (fu dirottato al Welfare) in quanto era indagato per essersi opposto alla perquisizione della sede della Lega disposta dalla Procura di Verona. E Giorgio Napolitano sconsigliò a Matteo Renzi l'allora procuratore di Reggio Calabria Nicola Gratteri per l'inopportunità di avere un magistrato come ministro della Giustizia. Meno motivato fu il veto posto da Sandro Pertini all'ex sindaco di Roma Clelio Darida come titolare del dicastero della Difesa nel governo Cossiga del 1979. La sola pesante interferenza del capo dello Stato nella formazione di un governo politico fu quella di Giovanni Gronchi nei confronti dell'esecutivo presieduto dal democristiano Adone Zoli (1957). Ma Gronchi, come del resto Giuseppe Saragat, faceva politica a tempo pieno anche al Quirinale. In tutti questi casi, comunque, il presidente del Consiglio aveva accettato il parere del capo dello Stato, ma non era mai avvenuto che un governo non potesse formarsi per il veto del presidente della Repubblica sul nome di un ministro.

Nei giorni seguenti la gran parte dei costituzionalisti si schierò sui giornali con Mattarella, ma su questo punto i testi di diritto costituzionale sono molto divisi. La seconda edizione del *Commentario breve alla Costituzione* di Vezio Crisafulli e Livio Paladin, curata da Sergio Bartole e Roberto Bin, riporta il parere dello stesso Paladin e di altri costituzionalisti secondo cui il capo dello Stato «non potrebbe rifiutare alcuna nomina, salvo il caso estremo di palese mancanza di requisiti giuridici richiesti per l'ufficio». Evidentemente, però, nella sua scelta Mattarella fu confortato da autorevoli pareri di segno contrario.

Salvini e Di Maio erano sconcertati. «Se avessimo voluto uscire dall'euro,» sibilavano i grillini «lo avremmo fatto con qualunque ministro.» Il segretario leghista difendeva il suo diritto di scelta politica, e il leader del M5S lo sosteneva sia perché riteneva la decisione del capo dello Stato «ingiusta e inaccettabile», sia perché voleva ricambiare una grande cortesia. La storia del curriculum «gonfiato» di Conte aveva messo seriamente in pericolo la nascita del governo e la Lega era stata corretta nel sostenere l'alleato. Adesso, a parti invertite...

Salvini s'infuriò: è noto che i suoi rapporti con il Quirinale sono pessimi, per usare un eufemismo. Ma chi fece un gesto clamoroso (e sbagliato) fu Di Maio: chiese per il capo dello Stato l'impeachment, che in Italia vuol dire messa in stato d'accusa per alto tradimento e attentato alla Costituzione.

I retroscena dello scontro con il Quirinale

Per capire la genesi di un passo così avventato (di cui presto Di Maio si sarebbe scusato) bisogna entrare nello stato d'animo un po' naïf dei 5 Stelle. Poco avvezzi nel bene e nel male ai percorsi costituzionali, lessero nel veto di Mattarella su Savona una manovra dei Poteri Forti. Non si sa bene quali, ma dovevano pur esserci per spiegare qualcosa di inspiegabile. Chi si è mosso dietro le quinte? Chi ha messo nelle autorevoli mani del capo dello Stato il pugnale assassino? Fatto sta che quella domenica 27 maggio il capo politico del M5S chiese subito conforto a Beppe Grillo e ad Alessandro Di Battista, che trovarono entrambi inaccettabile la decisione di Mattarella, promossero immediatamente una manifestazione, mobilitarono i militanti sempre armi al piede, immaginarono assalti al Quirinale e quant'altro.

Un piccolo inciso. In questa occasione e in altri momenti decisivi, l'uomo chiave nel sostenere la linea dura nel Movimento 5 Stelle fu Pietro Dettori. Sardo, 32 anni, laureato in scienze delle comunicazioni, assunto nel 2012 dalla Casaleggio Associati per la sua riconosciuta capacità di gestire i social, autore di post e interventi di Grillo, uomo di fiducia di Davide Casaleggio che, dopo la morte del padre Gianroberto, lo chiama a diventare socio della Piattaforma Rousseau insieme a Enrica Sabatini, 36 anni, capogruppo del M5S al consiglio comunale di Pescara, vicinissima a Di Maio. Dettori è il motore dell'Associazione Rousseau, la piattaforma che gestisce candidature, decisioni politiche, dati degli iscritti, leggi condivise con i cittadini e quant'altro. Subito dopo le elezioni politiche del 2018 si è trasferito a Roma da dove gestisce il Blog delle Stelle e – soprattutto – è diventato uno degli assistenti più ascoltati del premier Conte.

Con la prospettiva sempre più imminente di un ritorno al voto, Di Maio vedeva cadere i suoi sogni di gloria alimentati dal 32 per cento degli elettori. Aveva fatto una campagna elettorale lunga quasi un anno, aveva vinto, non era riuscito a fare il primo ministro e adesso gli veniva impedito perfino di formare un governo?

Si può morire per Danzica?, si chiese nel '39 il deputato francese Marcel Déat, socialista e filohitleriano, quando il destino di una città polacca di lingua tedesca sembrava poter scatenare la seconda guerra mondiale. Si può mandare tutto all'aria per Paolo Savona?, si chiesero ora Salvini e Di Maio dinanzi al veto di Mattarella. E risposero sì. Per un atto di giustizia nei confronti di un galantuomo che aveva favorevolmente impressionato i due leader e «perché così ha deciso il Popolo». Nel credo pentastellato, il Popolo prevale infatti sullo stesso capo dello Stato. («Mattarella aveva maturato le sue convinzioni sulla base di quanto Savona aveva detto e scritto tempo prima,» mi ha raccontato uno dei protagonisti di quei giorni «non tenendo presente quello che il professore aveva precisato nei nostri colloqui. Probabilmente il presidente non pensava che Salvini e Di Maio avrebbero tenuto il punto.»)

La sera del 27 maggio, appena Di Maio chiese l'impeachment del capo dello Stato, il Quirinale fu investito da centinaia di tweet con l'hashtag #Mattarelladimettiti. Ma, quella stessa notte, furiose telefonate di protesta partirono dal Quirinale in direzione dei più stretti collaboratori del capo del M5S che tenevano le fila della trattativa. Cabras, numero due dei consiglieri di Mattarella dopo il segretario generale Zampetti, e Simone Guerrini, direttore della segreteria del presidente, erano indignati e si sentirono rispondere che il Movimento (anzi il MoVimento, come amava definirsi) era andato fuori controllo.

Il 3 agosto 2018 Federico Fubini rivelò sul «Corriere della Sera» che circa 400 profili Twitter che lanciavano messaggi contro Mattarella erano riconducibili a un'unica fonte, probabilmente russa, e che alcuni di questi profili erano stati utilizzati in precedenza dalla Internet Research Agency di San Pietroburgo, già sotto analisi negli Stati Uniti con il sospetto di essere intervenuta nel 2016 nella campagna elettorale americana in favore di Donald Trump contro Hillary Clinton. Questa rivelazione riaprì la polemica sul presunto sostegno russo a Lega e 5 Stelle durante la campagna elettorale del 2018, sostegno risolutamente smentito da Salvini e Di Maio.

Paradossalmente, Mattarella era imbufalito quanto Di Maio e Salvini, e non solo per la rabbiosa reazione al suo rifiuto di formare un governo. Erano trascorsi quasi tre mesi dalle elezioni, la crisi più lunga nella storia della Repubblica italiana: era possibile che, dopo così tanto tempo, non si fosse ancora concluso nulla? Perciò, quella domenica sera, alla fine della lunga dichiarazione in cui spiegava le ragioni del suo veto su Savona, il capo dello Stato annunciò che – dinanzi alla richiesta di elezioni anticipate – avrebbe assunto un'iniziativa. Poco dopo, il Quirinale comunicava ufficialmente per l'indomani mattina «la convocazione del dottor Carlo Cottarelli».

IV

Resurrezione

Cottarelli e il rasoio dimenticato

Il primo a fare il nome di Carlo Cottarelli come presidente del Consiglio fu Marco Galluzzo, che segue palazzo Chigi per il «Corriere della Sera». Sabato 10 marzo, sei giorni dopo le elezioni, la nascita di un gabinetto politico sembrava molto difficile. Così, citando fonti del Quirinale, Galluzzo parlò di «modello Cottarelli» per un governo di transizione. «Era un'idea del giornalista» si schermisce l'economista oggi. «Non ne avevo mai sentito parlare.» Lunedì 12 la notizia fu ripresa dalla «Stampa», ma con Myrta Merlino, che gli chiedeva a «L'aria che tira» su La7 quanto ci fosse di vero, l'interessato tagliò corto: «È più facile che mi chiedano di giocare come centravanti dell'Inter al posto di Icardi...».

Cremonese, 64 anni, una moglie economista che lavora alla Banca mondiale di Washington e due figli sparsi per il mondo, Cottarelli ha ricoperto per vent'anni incarichi importanti al Fondo monetario internazionale, prima di andare in pensione nel 2013, e dall'autunno del 2017 dirige l'Osservatorio sui conti pubblici italiani dell'Università Cattolica di Milano. A cavallo tra il 2013 e il 2014, è stato commissario del governo italiano per la revisione della spesa pubblica. Aveva la fiducia di Enrico Letta, che lo nominò. Non quella di Matteo Renzi, che lo rimosse il 30 ottobre 2014 mandandolo a dirigere il board del Fondo monetario.

«Avemmo un forte contrasto sulle pensioni» mi dice Cottarelli. «Proposi di ricalcolarle sulla base del sistema contributivo e di tagliare al massimo del 10 per cento quelle superiori ai 50.000 euro lordi annui, fino a colmare la metà della differenza tra sistema contributivo e retributivo. Si sarebbero risparmiati tra i 2 e i 3 miliardi all'anno. Il mio progetto non fu mai pubblicato. Renzi capì che i media non avrebbero gradito e non se ne fece più nulla. Avemmo poi discussioni vivaci anche sulla copertura degli 80 euro. Lui pensava a come coprire l'anno in corso [*2014*], io gli dissi che si doveva pensare anche ai successivi. All'inizio non se n'era reso conto. Poi sono stati costretti ad agire sulle clausole di salvaguardia per non aumentare l'Iva e ad aggravare il deficit. E c'era anche dell'altro...»

Sarebbe? «Questione di chimica. Era stato Enrico Letta su proposta del ministro [*Fabrizio*] Saccomanni a farmi rientrare dagli Stati Uniti. Fui uno dei pochi nominati da Letta a restare con Renzi. Ma lui voleva mettere al mio posto uno dei suoi [*lo avrebbe sostituito con Yoram Gutgeld e con l'economista della Bocconi Roberto Perotti, anche lui dimessosi dopo un anno*]. D'altra parte, un allenatore ha diritto di far giocare quelli di cui si fida e non i calciatori scelti dall'allenatore precedente...»

Da almeno un paio di mesi prima delle elezioni del 2018, Cottarelli veniva annusato dai Nuovi Poteri Probabili. «Incontrai Giuseppe Conte in casa di conoscenti comuni, a Roma» mi racconta. «Parlammo per un'ora. Non mi disse che sarebbe stato candidato ministro in un possibile governo dei 5 Stelle. Ebbi la sensazione che volesse testare il mio orientamento nei confronti del Movimento. Io mi tenni coperto. Come direttore dell'Osservatorio sui conti pubblici devo mantenermi neutrale.»

Ebbe altri contatti politici?, gli chiedo. «Il 1° maggio avevo incontrato Di Maio alla festa del lavoro di Milano. Abbracci e cordialità. Nessun altro incontro né con lui, né con altri.» Berlusconi? «Disse pubblicamente che mi avrebbe voluto come ministro per la Revisione della spesa pubblica in un eventuale governo di centrodestra, ma non c'è stata un'offerta concreta.»

Dopodiché Cottarelli sostiene di non aver avuto alcuna avvisaglia di possibili incarichi. «Quando si parlava di governi tecnici, i nomi erano quelli di Elisabetta Belloni [*segretario generale della Farnesina*] come presidente del Consiglio e di Salvatore Rossi [*direttore generale della Banca d'Italia*] all'Economia.»

Finché la sera di domenica 27 maggio... «Ero a Milano e stavo guardando su Rai News 24 le ultime notizie su un possibile governo tecnico Belloni-Rossi. Poco dopo le 21 squillò il cellulare e vidi un numero di quattro cifre. Era il Quirinale. Una signora mi passò il presidente. Mattarella mi chiese di formare un governo tecnico che portasse il paese alle elezioni a gennaio 2019, dopo l'approvazione della legge di bilancio, oppure – se fosse mancata la fiducia – dopo l'estate 2018.» Qualche istante dopo il Quirinale comunicava la convocazione di Cottarelli per l'indomani mattina. «Preparando la valigia, mi accorsi di aver dimenticato il rasoio elettrico a Cremona. A mezzanotte andai a un Carrefour e comprai un rasoio usa e getta.»

Tredici ministri: otto donne, cinque uomini

La mattina di lunedì 28 maggio Cottarelli salì sul Frecciarossa Milano-Roma delle 8, alle 11.20 scese da un taxi ed entrò nel palazzo del Quirinale a piedi, trascinando il trolley e con uno zainetto sulle spalle.

«Riprendemmo i temi accennati nella telefonata di domenica. Il presidente mi spiegò la procedura: per chiedere la fiducia, mi sarei presentato prima alla Camera e poi al Senato.» Durante il viaggio, Cottarelli aveva naturalmente ipotizzato qualche nome per la squadra di governo. «Lessi a Mattarella una prima lista di cinque nomi. Lui ne aggiunse qualcuno, intervenne anche il segretario generale Zampetti...» Azzardo: il presidente dell'Anticorruzione Raffaele Cantone, l'ex commissario di Roma Capitale

Francesco Paolo Tronca, l'economista della Bocconi Guido Tabellini, il presidente del Consiglio di Stato Alessandro Pajno, l'ex presidente Istat Enrico Giovannini, il segretario generale della Farnesina Elisabetta Belloni. Le profonde pieghe che solcano il viso di Cottarelli e lo fanno assomigliare a un agente dell'Fbi si addolciscono in un grande sorriso: «Un nome solo è giusto...». Scommetto Tabellini, incalzo. Altro sorriso.

Ai cronisti in attesa nell'ampio corridoio alla Vetrata del Quirinale, Cottarelli si limitò a dire che ci sarebbe stata «cautela sui conti». Subito dopo si trasferì alla Camera dove gli riservarono uno studio nella Sala dei Busti. Una trentina di figure di ex presidenti della Camera e di parlamentari illustri dei tempi andati scolpite nel marmo e nel bronzo vigilarono silenti sul lavoro del presidente incaricato. «Mi assegnarono un'assistente, Veronica,» mi racconta Cottarelli «e il lavoro più complicato fu la ricerca dei numeri di telefono delle persone che avevo deciso di contattare per proporgli un ministero. Pensavo che la famosa "batteria" [*il centralino riservato del governo*] avesse i numeri di tutta Italia. Scoprii che non era così. Cercavo persone estranee al normale circuito politico e istituzionale. Ero certo che non avrei avuto la fiducia delle Camere. Dovevo perciò costruirmi uno scenario il più imparziale possibile.»

I mercati, in allarme alla fine della settimana precedente per un possibile governo Lega-M5S, all'inizio della giornata sembravano tornare al bello, ma poi il fuoco di sbarramento sul governo tecnico e l'incertezza per le imminenti elezioni li inquietò di nuovo. La borsa di Milano perse due punti secchi, l'indice delle banche quasi cinque e lo spread salì fino a 230 punti base rispetto ai bund tedeschi. Non accadeva dal 2013. «Non mi aspettavo che il giorno del mio arrivo a Roma sarebbe cominciata una campagna elettorale così forte di Salvini contro l'euro. Mi resi conto immediatamente che un governo tecnico non avrebbe potuto gestire una campagna elettorale sull'euro senza avere la fiducia. Se la crisi si fosse approfondita e lo spread fosse salito a 500 punti, avremmo dovuto chiedere aiuto alla

Banca centrale europea. Ma la Bce non può dare aiuti senza un programma, e un governo senza fiducia non può avere alcun programma credibile. Di questo mi accorsi martedì 29 maggio, giorno successivo all'incarico. Lo spread salì di 100 punti: così rapidamente non accadeva dal 1992.» Già: governo Amato, crisi finanziaria con la Germania che smise di comprare i nostri titoli di Stato, grande svalutazione della lira.

Il governo tecnico ucciso dallo spread

Quel martedì 29 maggio, al mattino Cottarelli continuò a lavorare sulla lista dei ministri. «Me ne mancano tre... Me ne mancano due... Nel pomeriggio salgo al Quirinale con l'elenco completo. Tredici ministri, tutti con portafoglio, cioè con un budget di spesa assegnato. Otto donne, cinque uomini. Rifiuti? Dalle donne nessuno. Dagli uomini qualcuno: difficoltà di viaggiare, altri impegni... Come sarebbe stato formato il mio governo? Un terzo docenti universitari, un terzo funzionari dello Stato, un terzo professionisti. Un bel governo, tutte persone capaci. Con nessuno ebbi modo e tempo di approfondire i problemi. Per dire: con quello che sarebbe stato il mio ministro dell'Interno non parlammo nemmeno dei migranti.»

Quando, nel pomeriggio, salì al Quirinale per sciogliere la riserva, i corazzieri vennero schierati ai due lati della porta che introduce nell'anticamera dello studio presidenziale. Ma poi furono ritirati, lasciando intuire ai cronisti che erano sorti problemi e il presidente incaricato non sarebbe uscito per leggere la lista dei ministri. «Con Mattarella ci siamo chiesti se, visto l'andamento dello spread, non sarebbe stato più utile verificare un'ultima possibilità di arrivare a un governo politico. Lo disse il presidente, ma lo dissi anch'io.»

Mercoledì 30 maggio il solo partito favorevole al governo tecnico era il Pd. «Ma se tutti si astengono,» osserva Cottarelli «un governo non può avere la fiducia. Cercai, perciò, di capire se M5S e Lega si lasciavano convincere a non vo-

Riprendiamo le fila di una normale dialettica parlamentare, noi siamo disposti a dare una mano.»

Durante la crisi, la Meloni si era tenuta in stretto contatto con Salvini e aveva parlato a fondo anche con Di Maio: il capo del Movimento le disse che una partecipazione di FdI avrebbe spostato visibilmente a destra l'asse del governo, l'ala sinistra dei 5 Stelle non l'avrebbe presa bene e a quel punto sarebbe stato indispensabile che il presidente del Consiglio fosse lui. «In quella occasione» mi racconta la Meloni «Di Maio mi disse anche che avremmo dovuto considerare l'ingresso nel governo non direttamente, ma con un tecnico d'area.» Lei gli rispose come aveva fatto all'inizio della crisi: voi avete avuto il 32 per cento dei voti, il centrodestra il 37, quindi palazzo Chigi tocca a noi. Quando, con la rinuncia di Cottarelli, la situazione precipitò, Salvini tornò da lei e andò al sodo.

«Mi disse che avrebbe fatto il governo soltanto con l'ingresso di Fratelli d'Italia» ricorda la Meloni. «Ebbi la sensazione che volesse un rafforzamento a destra, altrimenti avrebbe preferito il voto. Risposi che non ero sicura che avrei potuto condividere le battaglie del M5S, ma ero disposta a dare una mano, e avvertii che l'operazione andava fatta in trasparenza: o stiamo tutti insieme oppure lasciamo perdere. E chiesi a Salvini di non fare il nome di Fratelli d'Italia, se non se la sentiva di andare fino in fondo. Capii da Matteo che Di Maio voleva fare il governo e che lui avrebbe accettato di farne parte soltanto alle sue condizioni.»

Naturalmente, Fratelli d'Italia non avrebbe dato gratis l'appoggio al nuovo governo: si parlò di un ministero pesante come la Difesa per la stessa Meloni o per l'influente parlamentare Guido Crosetto, grande esperto del settore. Da notare che gli uomini di FdI erano molto attratti dall'ipotesi di entrare a palazzo Chigi e che la più prudente era proprio la loro presidente.

Un riscontro indiretto dell'interesse del Movimento 5 Stelle a un rafforzamento del governo (la maggioranza al Senato sarebbe stata blindata) venne dal deputato grillino Carlo

Sibilia (fedele a Di Maio, poi sottosegretario all'Interno), il quale dichiarò ai cronisti: «Se si sta al contratto, la discussione è aperta a tutti e nel governo può stare anche Fratelli d'Italia». Poco dopo la sua osservazione fu retrocessa a «posizione personale» e la Meloni ne ebbe un sollecito riscontro da Salvini: «Mi disse che c'era un veto insormontabile, e che per ora il nostro ingresso non era possibile, semmai di lì a qualche mese...».

Che cos'era accaduto? «Due cose» mi spiega la Meloni. «Da un lato Di Maio, pressato dalla sinistra del suo partito, oppose in via definitiva resistenza al nostro ingresso al governo. Dall'altro, il problema Berlusconi. Se fossimo entrati al governo, lui sarebbe rimasto da solo a fare l'opposizione di centrodestra. Avrebbe vissuto male l'esclusione, e Salvini ne ha tenuto conto.»

«Paolo, sei agli Affari europei...»

Quello che non fu fatto in tre mesi accadde in ventiquattr'ore. Mattarella non poteva perdere la faccia, e Salvini, Di Maio e Savona nemmeno. Intanto i «dioscuri» erano molto provati. Mentre franava il tentativo di Cottarelli, il segretario della Lega e Giorgetti non sarebbero stati contrari a un governo tecnico gialloverde, per arrivare alle elezioni in settembre e formare poi un governo politico di lunga durata. Salvini era convinto che le urne avrebbero premiato il suo partito e il nuovo governo avrebbe dovuto tenerne conto.

Di Maio, invece, temeva le incognite elettorali e chiese di formare il governo Conte, «nato per sfinimento», come mi ha detto uno degli artefici della trattativa.

Giampiero Massolo perse il ministero degli Esteri perché figura tra i membri italiani della Commissione Trilaterale, lobby dei potenti della Terra da sempre criminalizzata dai 5 Stelle. Per qualche ora il candidato prescelto fu Luca Giansanti, dimessosi con gran rumore dalla Farnesina in marzo. Direttore generale degli Affari politici, eccellente diplomatico dal carattere difficile, aspirava al ruolo di rappresentante permanente alle Nazioni Unite, ma Paolo Gentiloni, a elezioni avvenute, vi aveva mandato il suo consigliere diplomatico Mariangela Zappia. Ora, poiché in queste nomine un ruolo significativo viene svolto dal segretario generale della Farnesina, Giansanti aveva attribuito a Elisabetta Belloni, titolare della carica, un rilevante concorso di colpa nella designazione della Zappia. Così, quando la Belloni seppe che il diplomatico dimissionario rischiava di tornare da ministro degli Esteri, quasi si sentì mancare. La scelta sarebbe stata in effetti molto forte, perciò alla fine si optò per Enzo Moavero Milanesi, destinato agli Affari europei. E agli Affari europei?

Quando Mattarella respinse il suo nome come ministro dell'Economia, Paolo Savona non diede interviste, ma il 29 maggio firmò un articolo per «Milano Finanza», il quotidiano diretto dal suo amico Paolo Panerai, con il quale aveva anche scritto un pamphlet su Guido Carli e il trattato di Maastricht. «Ho subìto un grave torto dalla massima istituzione del Paese sulla base di un paradossale processo alle intenzioni di voler uscire dall'euro e non a quelle che professo e che ho ripetuto nel mio comunicato...» (Alle 13.20 del 27 maggio, prima che Conte rinunciasse all'incarico, Savona aveva diffuso un comunicato per smentire la sua intenzione di pilotare l'uscita dell'Italia dall'euro e precisare i punti comunicati a Salvini e Di Maio e riportati qui nelle pagine precedenti.) Tra gli attestati di solidarietà ricevuti, Savona citava quello di Wolfgang Münchau, una delle firme più autorevoli del «Financial Times», secondo il quale «la moneta europea è stata mal costruita per colpa della miopia dei tedeschi, e la Germania impedisce che l'euro diventi come il dollaro una parte essenziale della politica estera».

Visto che lo spread minacciava di affossare il tentativo di Cottarelli, quello stesso giorno Giorgetti chiamò Savona, che si era di nuovo blindato nella sua casa in Sardegna e stava scrivendo un articolo in inglese su euro ed Europa per una rivista di Singapore: la Lega voleva trovare una soluzione che salvasse la faccia a tutti. Gli chiese, quindi, se era disposto ad andare agli Affari europei e a indicare per l'Economia una persona di sua fiducia. («Per me fu un invito a nozze» mi racconta il professore. «Io desideravo soprattutto trattare con l'Europa...») E a lui vennero in mente tre nomi, di pari livello accademico e di opinioni economiche non dissimili. Due, però, in quel momento erano all'estero (uno in Cina, l'altro a Sarajevo), entrambi impossibilitati a incontrare subito Salvini e Di Maio.

A Sarajevo si trovava Gustavo Piga. Nato a Bolzano, 54 anni, ordinario di Economia politica a Roma Tor Vergata, ha conseguito un PhD alla Columbia University di New York, dove ha poi insegnato. È di scuola keynesiana, come Savona, favorevole a superare le crisi con forti investimenti pubblici. «Vuoi fare il ministro dell'Economia?» gli chiese Savona. Lui rispose che ci avrebbe pensato, ma – ha raccontato agli amici – avrebbe chiesto una dichiarazione congiunta che l'euro non sarebbe stato in discussione e che non ci sarebbe stato nessun piano B. «Ci penso» gli avrebbe detto Savona. Quando Piga lo richiamò, Savona non fu rintracciabile. Nel frattempo, infatti, aveva maturato una decisione diversa. E non per la storia dell'euro e del piano B, perché sappiamo che su questo ero stato chiarissimo, ma per l'impossibilità di Piga a un confronto politico immediato. Piga, peraltro, unisce a una capacità scientifica ineccepibile un carattere poco accomodante. Ha le sue idee, spesso controcorrente, e le porta avanti con decisione. Qualcuno pensa con troppa.

La scelta (ma certo non per esclusione) cadde su Giovanni Tria, romano, 69 anni, docente di Economia politica e preside della facoltà di economia all'università romana di Tor Vergata, uno dei pochi autorevoli economisti a nutrire motivate riserve sulla gestione dell'euro, anche se non si era mai esposto come Savona. Tria raggiunse subito l'accordo con i leader di Lega e 5 Stelle, e non incontrò difficoltà presso Mattarella.

Adesso il problema era far accettare al capo dello Stato la presenza di Savona nella squadra di governo. Quando Giorgetti e Spadafora parlarono con i consiglieri del Quirinale dello spostamento del professore, li trovarono molto riluttanti, ma i due insistettero: Savona agli Affari europei era una posizione perfettamente difendibile, che avrebbe tratto d'impaccio sia il presidente della Repubblica sia Lega e M5S. Per chiudere la partita, Salvini e Di Maio dovettero parlare con Mattarella in assenza del segretario generale Zampetti. Circostanza irrituale, ma, a quanto pare, a loro giudizio necessaria per uscire dallo stallo.

Nel frattempo, però, Savona – felice per aver indicato Tria – aveva ripensato al suo ingresso nel governo. «Parlai con mia moglie e decisi di rinunciare» mi racconta. «Sto benissimo, ma ho 81 anni e gli attacchi mi avevano davvero amareggiato. Appena mi dissero che Tria aveva accettato, staccai i contatti, smisi di leggere i giornali e di ascoltare la televisione, e tornai al mio articolo per la rivista di Singapore. Poco dopo le 21 del 31 maggio, mia moglie stava guardando la tv e mi chiamò: "Vieni, Paolo. Conte sta uscendo con la lista dei ministri". "Non mi interessa" risposi, e rimasi nel mio studio. Poco dopo mi chiamò di nuovo: "Paolo, sei agli Affari europei". Restai di sale. Se rinuncio, pensai, metto in crisi il governo. Chiamai Giorgetti, che mi disse sorpreso: "Paolo, ma non ti avevano avvertito?".»

Il professore doveva correre a Roma per il giuramento dell'indomani mattina, 1° giugno. Siccome sul volo dell'Alitalia non c'era posto, Giorgetti gli disse che l'avrebbe mandato a prendere con un aereo di Stato, ma lui rifiutò: «Gli altri vanno in taxi e io con l'aereo di Stato? Mai». Allora fu chiamato Luigi Gubitosi, uno dei tre commissari straordinari dell'Alitalia, il posto venne trovato e Savona, come Dio volle, si presentò puntuale al giuramento. Mattarella gli disse: «Mi attendo da lei un impegno totale». E lui: «Presidente, ho giurato e mi comporterò lealmente».

(Al pranzo per il vertice europeo del 28-29 giugno, Savona e Mattarella si rividero. «Esposi al presidente il mio programma» mi racconta il ministro degli Affari europei. «Riuscirà a realizzarlo?, mi chiese. Ci proveremo, risposi. Pace fatta.»)

Confermati Di Maio e Salvini negli incarichi previsti, la trattativa sugli altri ministeri fu agevole. La Lega ottenne per Giancarlo Giorgetti il ruolo decisivo di sottosegretario alla presidenza del Consiglio, che vale da solo qualche ministero di buon livello. La Salute rimbalzò dall'una e dall'altra parte, per finire poi ai 5 Stelle. Agricoltura e Turismo, invece, non sono mai stati in discussione e andarono al leghista Gian Marco Centinaio. La Lega ebbe anche la Famiglia (fonte di molte polemiche) per il cattolico tradizionalista Lorenzo Fontana e le Autonomie per Erika Stefani. Provò ad aggiudicarsi anche le Infrastrutture, ma poi dovette cederle a Danilo Toninelli. («Potevamo rompere sulle Infrastrutture?» mi spiega un ministro leghista. «In fondo, come partito, eravamo poco più che metà di loro...»)

Una grossa grana nel centrodestra fu la decisione di Di Maio di mantenere la delega per le Telecomunicazioni. Il 24 maggio Berlusconi aveva incontrato Conte alla Camera per dirgli che Forza Italia non avrebbe votato la fiducia al governo (che poi sarebbe morto e risorto). Uscito dal colloquio, attese in una saletta Salvini e la delegazione leghista. «Conte mi è sembrato una persona valida» disse il Cavaliere. «Ma tutelateci dai 5 Stelle...» E aveva ottenuto dalla Lega l'impegno a prendere la delega per le Telecomunicazioni, vitale per un'azienda come Mediaset. Salvini ci provò in ogni modo, ma il capo politico del M5S fu irremovibile. E il Cavaliere ci restò malissimo. Per usare un eufemismo.

Quirinale, giugno 2018: incrocio di epoche

2 giugno, festa della Repubblica. Allo sbatter di tacchi dei corazzieri, mi fermo sul limitare del cortile d'onore del Maderno, in questo istante curiosamente deserto. Lo sguardo sale sul torrino dove verso la fine del Cinquecento Gregorio XIII e Sisto V prendevano il fresco del Ponentino. Non era nato, d'altra parte, il Quirinale perché i papi salissero sul più alto dei sette colli per sfuggire alla calura

del Vaticano? Il mosaico della *Madonna col Bambino* di Carlo Maratta. L'orologio con il quadrante alla romana fatto di sei ore, che ogni giorno viene percorso quattro volte dalla paziente lancia segnatempo. Tutto è rimasto uguale da allora. Allora quando?

1972. Il primo anno in cui la direzione del telegiornale mi affidò il Quirinale di Giovanni Leone. Il primo anno in cui entrai in questo palazzo. Attraversavo di buon passo i saloni deserti della reggia imbarazzato per il saluto dei corazzieri a un ragazzo di 28 anni. Nel 1973 entrai troppo velocemente con la mia Cinquecento nell'ingresso dei Giardini, rischiando di tamponare la Fiat 130 della signora Leone che stava uscendo. «Non si entra così in un palazzo!» mi strigliò il monumentale guardaportone. Avevo avuto un ruvido scambio epistolare con il capo della segreteria e dell'ufficio stampa del presidente ed ero stato invitato a palazzo per fare la pace. Il mio primo 2 giugno (allora i giardini non venivano aperti al pubblico). Presidente del Consiglio era Giulio Andreotti. Ma l'anno dopo era già Mariano Rumor. E il successivo Aldo Moro, che avrebbe poi ceduto il passo all'Andreotti dello storico compromesso. Li rivedo tutti in bianco e nero. La Prima Repubblica nel suo fulgore.

Passarono vent'anni, ed ecco questo cortile festeggiare l'irrompere della Seconda Repubblica. Berlusconi con pochi capelli, ma al naturale. I suoi ministri coccolati da chi si era già ricollocato al servizio dei nuovi potenti. I superstiti della Prima Repubblica decimata da Mani pulite. Cercai con lo sguardo Umberto Bossi. Invano. Figuriamoci. Già stava pensando alla secessione. Per lui il Quirinale era un palazzo d'Inverno da espugnare. E poi Prodi, che questo palazzo lo conosceva bene prima di tornarci da presidente del Consiglio. E Massimo D'Alema, il primo comunista a palazzo Chigi. E Giuliano Amato, che veniva già ai tempi di Craxi e vi tornava come premier d'emergenza in un paio d'occasioni.

Volano via altri vent'anni, ed ecco Matteo Renzi, il ragazzo di Firenze che conquistò il potere in un boccone. Rivedo al Quirinale tutti a guardare gli occhi e gli abiti di Maria

Elena Boschi. E a pressare i nuovi potenti del «giglio magi-co», salvo schivarli in favore di spumante e tartine già nella transizione di Paolo Gentiloni, che si è sempre salvato per aver finto di essere capitato a palazzo Chigi per caso.

Infine, la Rivoluzione del 2018. Renzi non c'è. Gentiloni viene, ma scappa presto per cenare con i crudi di pesce ad Anzio. Roberta Pinotti è silenziosamente delusa, perché il nuovo governo ha giurato appena in tempo per non farle accompagnare il presidente della Repubblica nella rassegna militare del 2 giugno.

Ma gli sguardi, anzi la ressa è per i nuovi. Luigi Di Maio viene trattato come un vecchio amico da persone che fino all'anno scorso lo avrebbero a malapena salutato. Lino Banfi si vanta perché il capo dei 5 Stelle conosce a memoria tutti i suoi film e gode quando Matteo Salvini gli ricorda il 5-5-5 di Oronzo Canà, sfigatissimo allenatore pugliese. Barbara Lezzi è raggiante per il nuovo ministero per il Sud e spiega l'inutilità del Tap, il gasdotto pugliese da bloccare e che, invece, non potrà bloccare. (Nel 2013 la tenni a battesimo: la prima 5 Stelle a farsi intervistare per un libro, la prima a partecipare a un confronto televisivo. Oggi l'avverto: «Occhio ai soldi. Senza, il ministero per il Sud è un boomerang…».)

Corteggiatissimo è Giancarlo Giorgetti, uomo macchina di palazzo Chigi, leghista di lungo corso, l'unico dei «nuovi» che conosce bene tutti i vecchi e mi sussurra: «Occhio a Macron. Ha detto ai suoi ministri di prendere contatto con i nostri omologhi. Vuole fare un asse con noi per tenere a bada la Germania…». (E poco dopo il presidente francese sarebbe stato invece il nemico giurato di Matteo Salvini.) Rocco Casalino, che pure sarebbe un timidone, si muove come un topo nel formaggio con il suo compagno cubano: trattato con grande sufficienza all'inizio della storia per un suo lontano debutto nel primo «Grande Fratello», costretto a ricordare sempre una laurea in ingegneria elettronica, riceve i complimenti per la strategia di comunicazione del Movimento 5 Stelle, ammirata dallo stesso Berlusconi.

Ed ecco Giovanni Tria, il ministro dell'Economia la cui nomina ha salvato il governo. La folla del Quirinale non lo conosce. È solo ed elegantemente smarrito. I 2300 miliardi del debito pubblico già gli pesano sulla schiena, e i complimenti gli suonano come condoglianze. Cerca il suo predecessore Pier Carlo Padoan, che lo cerca a sua volta. Ma c'è troppa gente perché possano incontrarsi. Festeggiato è Paolo Savona, la cui tiepidezza nei confronti dell'euro gli è costata il posto andato poi a Tria. Le senatrici a 5 Stelle Paola Taverna e Laura Bottici passeggiano insieme: la prima in pantalone-palazzo, la seconda in tailleur-pantalone. Il ministro leghista Erika Stefani (Affari regionali e Autonomie) entra in abito azzurro e scarpe a tacco medio: ineccepibile.

Mario Monti, con l'inseparabile signora Elsa, è venuto qui in tante stagioni della sua esistenza: da professore insigne, da premier salva Italia, da senatore a vita accusato di aver ecceduto nell'austerity. Anche Fausto Bertinotti, felicemente scortato dalla signora Lella, è passato al Quirinale in molte stagioni: accusato per decenni di essere stato l'assassino politico di Prodi, oggi celebra la vittoria della destra addebitandola alla scomparsa della sinistra. Alla vigilia degli ottant'anni, Giorgio La Malfa guarda questo nuovo mondo con la rassegnata perplessità di chi ne ha viste tante: tira fuori di tasca e mi regala un libriccino di scritti con Franco Modigliani per fare la pace dopo una memorabile lite televisiva del 1992, caduta in prescrizione. Ciriaco De Mita indossa in modo impeccabile i suoi 90 anni. «La grande lezione di Moro è che i programmi non sono elenchi aridi di cose da fare. Non si può pensare che una scuola siano i muri e non i professori.» (Quando vado a trovarlo nella sua bella casa di piazza Barberini spiega così la Rivoluzione: «La politica ha concesso agli italiani molti diritti, ma non gli strumenti per esercitarli».) Sergio Lepri si avvia al compimento del secolo di vita con la schiena ritta e il passo di un cinquantenne. Lui sì – nato nel 1919 – che ha vissuto in pieno la storia dell'Italia moderna.

Mi guardo intorno. A questo ricevimento, nel 1972, c'erano forse solo quattro delle centinaia di persone oggi presenti: De Mita, vicesegretario della prima Dc di Arnaldo Forlani; La Malfa, fresco deputato repubblicano; Lepri, già autorevolissimo direttore dell'Ansa, e chi scrive, giovane cronista accreditato al Quirinale. Quanti secoli sono passati da allora?

V

Il nuovo Regno delle Due Sicilie

L'occupazione dei 5 Stelle

Se ne accorse per primo «il Giornale». Affiancò la cartina d'Italia disegnata dal Congresso di Vienna del 1815 a quella disegnata dalle elezioni politiche del 2018. Il Regno delle Due Sicilie risultava completamente occupato dal Movimento 5 Stelle. Che, anzi, rubava la Sardegna al regno dei Savoia e le Marche allo Stato pontificio, in condominio con la Lega, ormai dilagante nell'intero Nord. L'unico frammento rimasto intatto è il Granducato di Toscana, ieri di Pietro Leopoldo, principe riformatore di Asburgo-Lorena, oggi di Matteo Renzi, senatore di Firenze, riformatore borghese di Scandicci.

Un terremoto. I grillini superano il 50 per cento nella prima circoscrizione della Campania e conquistano nell'intera regione il 49,4 per cento dei voti. Prendono il 48,7 per cento in Sicilia, quasi il 45 in Puglia e Molise, il 42 in Sardegna. L'8 marzo, quattro giorni dopo il voto, la «Gazzetta del Mezzogiorno» pubblicava la notizia di un contenuto assalto di una cinquantina di cittadini ai Centri di assistenza fiscale pugliesi per chiedere i moduli di domanda del «reddito di cittadinanza», promesso dal M5S in campagna elettorale. A Giovinazzo (comune di 20.000 abitanti in provincia di Bari) gli impiegati del Caf avevano pensato a uno scherzo, ma dovettero ricredersi. Nel capoluogo pugliese tagliarono corto esponendo un cartello: «Qui non si distribuisco-no moduli per il reddito di cittadinanza».

Se il 47,3 per cento conquistato dal Movimento nel Sud è il doppio del risultato elettorale del Nord, la risposta è semplice: povertà e delusione, delusione e povertà. Si ria-pre così in modo clamoroso la «questione meridionale», la drammatica divisione in due dell'Italia che prosegue inin-terrotta dal 1861.

Quando re Vittorio Emanuele II baciò san Gennaro

L'unità d'Italia cominciò male. Vittorio Emanuele II giunse a Napoli alle 10 del mattino del 7 novembre 1860. Invece del celebrato clima che nel 1898 avrebbe suggerito a Giovanni Capurro di scrivere *'O sole mio*, il re trovò una pioggia tor-renziale. Come racconta Michele Ruggiero in *Cavour e l'altra Italia*, il sovrano aveva deciso di partire un'ora prima del previsto. Testardo e umorale com'era, non avvertì nessuno. Il corteo ufficiale formato per l'accoglienza sbagliò strada e stazione. Sicché Vittorio Emanuele scese dal treno e tro-vò soltanto la pioggia. Il sindaco e un gruppo di consiglieri zuppi, trafelati e mortificati lo trascinarono sul palco predi-sposto per i discorsi. Purtroppo era all'aperto, perciò abiti e divise da zuppi diventarono fradici, mentre l'umore del so-vrano mutò progressivamente da grigio a nero, come il cie-lo borbonico. Arrivò (tardi) la carrozza reale, anch'essa scia-guratamente scoperta. Il re vi salì così in fretta che l'aiutante di campo, il generale Paolo Solaroli di Briona, restò a pie-di. Chiese allora ai carabinieri di fermarne una di piazza, vi montò e ordinò al reticente vetturino di lanciarsi all'insegui-mento del sovrano che, mentre la sua carrozza procedeva al galoppo verso il duomo, incrociò la Guardia nazionale diret-ta verso la stazione per rendere gli onori a un sovrano che se n'era già andato. (Prima di far carriera a corte, Solaroli era stato un avventuriero in Egitto e in India, tornandone con una fortuna smisurata frutto del lascito della *begum*, la regi-na, di un piccolo Stato indiano convertitasi al cattolicesimo. Il suo patrimonio ne aveva moltiplicato gli onori.)

Di fronte al re, sulla carrozza, aveva preso posto Giuseppe Garibaldi, con un mantello grigio appesantito dalla pioggia e il cappello floscio calato sulla testa. Don Peppino, come lo chiamavano i napoletani, era festeggiato dalla folla assai più dello sconosciuto sovrano. Vittorio Emanuele, che già soffriva il complesso di Cavour (rimasto prudentemente a Torino), trattenne a stento l'irritazione, mentre inutilmente l'Eroe dei Due Mondi si sbracciava per indicare alla calca plaudente che l'ospite d'onore era il signore seduto davanti a lui con baffi e pizzetto. Quando finalmente quel che restava del corteo arrivò in cattedrale (primo luogo coperto del percorso), nella ressa di frati e preti con la candela in mano, due dei cerimonieri che reggevano il baldacchino vescovile rovinarono in terra, avvolgendo nel telo re e cardinale che non riuscivano a venirne fuori.

Nel duomo di Napoli sono custodite le reliquie di san Gennaro e ogni ospite di riguardo deve baciarle (l'avrebbe fatto con devozione anche il nuovo sovrano del Regno, Gigino Di Maio, dopo la vittoria elettorale del 2018). Vittorio Emanuele era un mangiapreti, tanto che nel 1867 il suo governo avrebbe confiscato tutti i beni ecclesiastici, dopo aver decretato lo scioglimento degli ordini religiosi. Figuriamoci il bacio a san Gennaro. Enrico Morozzo della Rocca, che aveva guidato i piemontesi alla conquista del Regno delle Due Sicilie ed era uomo d'arme e non di diplomazia, gli aveva suggerito di pronunciare questa frase: «Vorrei inaugurare l'era novella rispettando bensì la religione e la Chiesa, ma abolendo le superstizioni». Ma fu spiegato al sovrano che una frase simile avrebbe provocato un'autentica guerra civile e lui dovette piegarsi. (C'era stato anche il precedente di Garibaldi, che aveva baciato la reliquia senza batter ciglio.) Il cardinale, non si sa se per uso o per vendetta, gli porse l'ampolla cinque volte. Per cinque volte Vittorio Emanuele la baciò e per cinque volte il sangue si sciolse, anche se Solaroli – che pure aguzzò lo sguardo – non si sentì di confermare.

L'indomani, 8 novembre 1860, il re si era ormai insediato nel palazzo reale che fino a poco tempo prima era stato la residenza del Borbone. Gli portarono i risultati del plebiscito sull'unione del Regno delle Due Sicilie al Regno d'Italia nel corso di una cerimonia che unì ufficiali piemontesi e garibaldini. Ruggiero ricorda che tra i due gruppi scese il gelo, poiché i sabaudi consideravano gli uomini di Garibaldi gentaglia da forca alla quale era andato tutto troppo bene. Alexandre Dumas, che era presente all'incontro e ai garibaldini ha dedicato un libro, se ne andò indignato perché c'erano troppe divise gallonate e poche camicie rosse. Al console francese disse che, quando in un romanzo s'imbatteva in figure ingombranti, le sopprimeva. Avrebbe fatto volentieri la stessa cosa con Vittorio Emanuele e Cavour.

Il lungo soggiorno napoletano del sovrano fu penoso. Le sue passioni erano le armi, la caccia e le donne. Non sappiamo se anche a Napoli, come a Torino, i suoi attendenti dovettero provvedere a prostitute d'emergenza per soddisfarne le improvvise voglie, è certo invece che si recò spesso a caccia. Vittorio Emanuele giudicava tutti i napoletani «canaglie», offese aristocrazia e popolo, e non perse occasione pubblica per essere sgradevole. Abbandonò una serata di gala prima che l'orchestra suonasse un inno composto in suo onore. Annullò la parata in una strada addobbata di fiori e festoni, lasciando di sale i proprietari dei balconi che ne avevano affittato l'affaccio. Quel giorno la folla si vendicò del suo atteggiamento inneggiando a Garibaldi – che pure non c'era – e in alcuni quartieri si invocò apertamente il ritorno di «Franceschiello», il giovane Francesco II di Borbone che era stato appena sfrattato.

Finalmente il re d'Italia se ne andò in Sicilia, che trovò più progredita della «sua» Sardegna e assai migliore di Napoli. Quando però, secondo un vecchio uso servile, alcuni palermitani staccarono la carrozza reale dai cavalli per trascinarla a braccia, considerandola una pagliacciata offensiva scese e proseguì a piedi per palazzo dei Normanni, con il volto imbronciato e seminando il gelo intorno a sé.

Ritornato a Napoli, dopo un Natale trascorso a caccia Vittorio Emanuele partì in treno per Torino (il viaggio durò tre giorni) facendo il giro dell'Abruzzo, perché gli era interdetto il passaggio nello Stato pontificio. Aveva una gran voglia di rientrare a corte, ma si narra che il ritorno fu accelerato da pettegolezzi sulla dubbia fedeltà della «bella Rosina». In ogni caso, il 29 dicembre 1860 fu acclamato re d'Italia dalla «sua» folla in piazza Castello, a Torino.

La casta prima notte di nozze di Franceschiello

«Franceschiello» avrebbe potuto salvare il regno, o perderlo più tardi a condizioni migliori, se non avesse avuto che 23 anni e non avesse promesso al padre, sul letto di morte, di non impicciarsi di quanto succedeva fuori del reame. Re Ferdinando II era di tutt'altra tempra, ma negli ultimi dieci anni di regno aveva svolto una politica miope e contraddittoria, indebolendo dinastia e corona. Per rispondere a una rivoluzione liberale in Sicilia, il 29 gennaio 1848 aveva concesso la prima Costituzione italiana, precedendo di poco più di un mese lo stesso Statuto albertino, ma poiché i fermenti libertari continuavano, la revocò pochi mesi dopo. Per riconquistare Messina, non esitò a bombardarla e a distruggerla guadagnandosi il nomignolo di «Re Bomba». Mandò Guglielmo Pepe e 25.000 uomini a sostenere Carlo Alberto nella prima guerra d'indipendenza, ma lo richiamò meno di due mesi dopo, ottenendone peraltro l'ammutinamento e il passaggio con i Savoia. Nonostante numerosi avvertimenti e l'evidenza dei fatti, non capì lo spirito del tempo e lasciò in eredità al figlio il ruolo di commissario liquidatore.

Nel gennaio 1859 la famiglia Borbone si trasferì a Bari per accogliere Maria Sofia, figlia del duca di Baviera, che Francesco aveva sposato per procura. Durante il viaggio re Ferdinando si procurò un malanno mal curato e fece appena in tempo a tornare a Napoli per morire nel suo letto. Nell'*Italia del Risorgimento*, Indro Montanelli colorisce com'è suo costume la figura del giovane erede. I fratellastri lo chiamano «lasagna» per il suo aspetto cadaverico, ma per il popolo – quello che conta – era «il figlio della Santa». Sua madre

Maria Cristina di Savoia, figlia di Vittorio Emanuele I, era davvero una donna di specchiatissime virtù, che condusse una vita caritatevole e ottenne dal marito Ferdinando perfino la grazia per chi tentò di ucciderlo. Morì partorendo Francesco, che visse nel suo mito. Quando assistette all'esumazione della salma materna per l'avvio del processo di beatificazione (chiuso soltanto nel 2014!), sentì che il cadavere profumava. Da allora schivò i contatti con le donne, mantenendosi casto e sognatore. Restò perciò assai turbato quando arrivò la bellissima Maria Sofia, sorella dell'imperatrice Sissi, romantica e piena di attese. La quale, dal canto suo, non dovette entusiasmarsi troppo per l'aria da seminarista del coniuge, se è vero anche quel che scrive lo storico e senatore del Regno Raffaele De Cesare: quando i due sposi si chiusero in camera per la prima notte di nozze, Francesco, spaventatissimo, si raccolse nelle preghiere e continuò a biascicarne fino a quando Maria Sofia non si addormentò. Soltanto allora s'infilò nel letto, accucciandosi nell'angolo più lontano dalla consorte.

Francesco nominò primo ministro Carlo Filangieri, il conquistatore di Messina, un uomo forte ma capace di qualche apertura, come quella di far rientrare centinaia di esuli che al momento opportuno certo non mostrarono gratitudine alla corona. Filangieri suggerì un regime costituzionale, ma il re sul momento non volle saperne, e il suo scarso fiuto politico gli sconsigliò di stringere l'alleanza con i Savoia propostagli da suo zio Leopoldo (amico di Cavour) e dallo stesso Vittorio Emanuele II, suo cugino. (Il piano del Savoia era sensato: mettiamoci d'accordo, prendiamoci lo Stato pontificio lasciando al papa soltanto Roma e dintorni e concordiamo una politica comune.) Nella sua lettera del 15 aprile 1860, il sovrano piemontese concludeva con un'esplicita, seppur garbata, minaccia: «Se permetterà a qualche mese di passare senza porre in atto il mio amichevole suggerimento, Vostra Maestà sperimenterà forse l'amarezza delle terribili parole: troppo tardi». E così fu.

Si è molto discusso sulle ragioni che portarono alla sconfitta militare del Borbone dinanzi alle modestissime risorse di Garibaldi. Francesco poteva contare, infatti, su 143.000 uomini (90.000 effettivi e 53.000 della riserva) e su una delle primissime flotte militari europee: 128 navi e 900 bocche da fuoco.

Meno di un mese dopo la lettera di Vittorio Emanuele a Francesco II, l'11 maggio 1860 Garibaldi sbarcava a Marsala con due piroscafi, 1088 uomini e una donna, Rosalia Montmasson, moglie di Francesco Crispi. Le imbarcazioni sarebbero state sicuramente affondate dai cannoni borbonici, se alcune navi inglesi non si fossero frapposte nella linea di fuoco.

Gigi Di Fiore, uno dei più accesi sostenitori delle violenze subite dal Sud durante l'unificazione, sul numero speciale della rivista «Storia in Rete» dal titolo *Savoia vs Borbone* (giugno 2018) sostiene che Ferdinando II ha pagato la volontà di arginare l'interferenza degli inglesi nel Regno delle Due Sicilie e azzarda che Garibaldi – un idolo in Gran Bretagna, dove aveva conquistato le folle e anche qualche signora – per iniziare la sua avventura scelse non a caso il porto di Marsala, quartier generale degli affari di Sua Maestà britannica, che ne finanziò la costruzione.

I rapporti tra i governi inglese e borbonico si erano incrinati fino alle soglie di una crisi militare a causa dell'esportazione dello zolfo. L'Inghilterra godeva dei vantaggi della «nazione più favorita», si direbbe oggi, comprando a quattro soldi lo zolfo siciliano e rivendendolo con profitti enormi. In *La conquista del Sud* Carlo Alianello racconta che, quando Ferdinando II nel 1836 si permise di appaltare le forniture alla Francia, che le pagava meglio, il segretario di Stato per gli Affari esteri britannico, lord Palmerston, inviò la flotta nel golfo di Napoli, minacciando di bombardare la città. I francesi mediarono, ma alla fine chi ci rimise furono gli italiani.

Il trionfo di Garibaldi, da Palermo a Napoli

I Mille si sarebbero fermati a Calatafimi, dove i borbonici avevano 4000 uomini bene armati. Ma quando le cose volgevano al peggio, Garibaldi si accorse che i nemici stavano finendo le munizioni e ordinò un assalto alla baionetta, di cui i suoi erano specialisti, costringendo il nemico alla fuga.

Il 16 maggio 1860, all'indomani della vittoria di Garibaldi a Calatafimi, Francesco II cedette la corona a san Gennaro, nominandolo re delle Due Sicilie. Il santo, però, non dovette esserne particolarmente commosso, perché il sangue dell'ampolla non si liquefece. Un brutto segno, tanto brutto che Garibaldi giunse alle porte di Palermo. Qui l'impresa era proibitiva, perché – se è vero che i Mille erano nel frattempo diventati diverse migliaia – i borbonici erano 20.000. L'Eroe dei Due Mondi ordinò di accendere falò sulle colline che si affacciano sul capoluogo siciliano per dare l'impressione di una forza consistente, poi – grazie alla mappa procuratagli dall'inviato del «Times» di Londra, l'ungherese Nándor Éber – sfondò l'unica porta che non era presidiata.

Francesco II aveva affidato la difesa di Palermo a un siciliano, il generale Ferdinando Lanza, ma questi ebbe la malaugurata idea di bombardare la città, occupata in parte dai garibaldini, cosa che spostò di colpo le simpatie dei cittadini in favore di Garibaldi. Fatto sta che, malgrado l'enorme vantaggio di uomini e armamenti, fu Lanza a dover chiedere l'armistizio e l'onore delle armi. Quando cavalcò alla testa del suo smisurato esercito, arresosi senza combattere, un soldato ebbe l'ardire di chiedergli: «Eccelle', guardate quanti siamo!... E dobbiamo scappare accussì?». Il generale non trovò di meglio che rispondere: «Statti zitto, 'mbriacone!».

Saputo della presa di Palermo, il 25 giugno Francesco II concesse inutilmente la Costituzione e adottò il tricolore come bandiera, mettendo lo stemma borbonico al posto di quello sabaudo. L'impresa di Garibaldi contrariò – se possibile – Cavour e re Vittorio Emanuele più di Franceschiello. Se non lo fermiamo, dissero i due, quello si prende Roma e, magari, anche Venezia. E lo diffidarono dal passare lo Stretto.

Prima di superarlo con uno stratagemma, Garibaldi dovette però sistemare la questione di Bronte, che a lungo ha pesato (e tuttora pesa) nei rapporti Nord-Sud. Il suo arrivo in Sicilia illuse i contadini che sarebbe cominciata la rivoluzione e, per i contadini, la rivoluzione aveva un solo significato: prendersi i campi che lavoravano in condizioni di sfruttamento. Con un proclama del 2 giugno 1860, Garibaldi aveva promesso la distribuzione delle terre. Promessa non mantenuta. Così a Bronte, in provincia di Catania, i contadini fecero sul serio la rivoluzione e ammazzarono sedici tra nobili e notabili, che già si erano ingraziati il nuovo potere. Ma i rivoltosi cascarono male, perché Bronte era un luogo speciale: c'erano ancora gli eredi di Horatio Nelson, che aveva avuto in dono il feudo dai Borbone per averli aiutati a reprimere la rivoluzione napoletana del 1799. I Nelson avevano la mano pesante: i contadini dovevano restituire le sementi e consegnare il 60 per cento del raccolto.

Garibaldi, amico degli inglesi, mandò Nino Bixio a fare giustizia. Che fu sommaria (si disse che in quattro ore erano state processate 150 persone). Ma i fucilati furono cinque, mentre i notabili massacrati erano stati sedici. Tra le vittime capitò purtroppo anche «lo scemo del villaggio», ovviamente del tutto innocente, il quale invocando la Madonna scampò alla scarica del plotone d'esecuzione, ma poi Bixio ordinò di freddarlo con un colpo di pistola. La polemica sui fatti di Bronte non s'è mai sopita (Florestano Vancini vi dedicò un memorabile film). Ma la vera responsabilità di Bixio (e di Garibaldi) fu di non capire che con la «liberazione» dal Borbone i contadini erano caduti dalla padella nella brace.

La notte sull'8 agosto Garibaldi spedì in Calabria una testa di ponte di 300 uomini e ne imbarcò altri 1200 su una nave che batteva bandiera statunitense, superando indenne lo sbarramento della flotta borbonica. Come sottolinea Di Fiore in *Controstoria dell'unità d'Italia*, la vigliaccheria dei generali nemici (uno fu addirittura linciato dalla truppa) e la corruzione di ufficiali della marina borbonica lo portarono a Napoli quasi senza sparare un colpo.

Francesco II nominò prefetto di Polizia Liborio Romano, un patriota antiborbonico geniale e spregiudicato. Lo storico Nico Perrone, suo biografo, l'avrebbe definito l'«inventore del trasformismo», perché Romano giocò la sua partita su due tavoli, mostrandosi fedele al re che l'aveva nominato ma, al tempo stesso, favorendo l'ingresso di Garibaldi a Napoli. Non sappiamo se l'abbia fatto per evitare un inutile spargimento di sangue o (più probabilmente) per ingraziarsi i favori del vincitore.

Indro Montanelli e Marco Nozza raccontano nel loro *Garibaldi* che, per tastare il polso alla città, la sera del 5 settembre Francesco II e la moglie se ne andarono a braccetto a passeggio senza scorta. Il sovrano fu salutato dalla gente con il rispetto che si deve a una brava persona che non conta più niente. Passando davanti al negozio di un farmacista più reazionario di lui, vide che stavano scalpellando dall'ingresso lo stemma borbonico. Franceschiello capì e l'indomani lasciò Napoli rifugiandosi nella fortezza di Gaeta, per evitare lutti al suo popolo. Vi sarebbe rimasto per cinque mesi guidando un'onorevole resistenza, prima di andarsene a Roma e poi a Parigi, dopo la breccia di Porta Pia del 1870.

Romano – lasciato padrone di Napoli – esagerò nell'accoglienza di Garibaldi, sedendo accanto a lui sulla carrozza e consegnandogli le chiavi della città. Il popolo, trasformista anch'esso, accolse il generale come una star, eppure se non ci furono disordini di piazza lo si deve al fatto che Romano affidò l'ordine pubblico alla camorra, liberandone capi e gregari con una colossale amnistia.

Vittorio Emanuele II: «Meglio un lebbroso di un meridionale»

L'unione del Regno delle Due Sicilie a quello d'Italia avvenne con un plebiscito il 21 ottobre 1860. Si preferì per ragioni intuibili la strada più spiccia a quella più corretta di un'Assemblea costituente che stabilisse le modalità dell'unione. Lo stesso Garibaldi, che dalle acclamazioni aveva tutto da guadagnare, non sarebbe stato contrario a seguire la via ordinaria. Si trattò invece di un'annessione, anche

se la Storia la ritiene giusta e inevitabile. I «sì» raggiunsero il 99 per cento, ma fu un voto truccato, se non nello spoglio, certo nelle modalità. Uno storico insospettabile come
Cesare Cantù scrive in *Storia degli Italiani* che «il plebiscito
giungea fino al ridicolo» non solo perché la maggior parte
dei votanti non capiva quel che stava facendo, ma perché
il voto era clamorosamente palese, essendo visibili le urne
e distinte quelle del «sì» da quelle del «no». Senza considerare le pressioni sui votanti di aristocratici e borghesi (passati subito con Garibaldi), di soldati e camorristi. Vittorio
Emanuele II incassò il risultato, pur dicendo regalmente
che avrebbe preferito dormire con un lebbroso piuttosto
che con un meridionale.

Ma non tutti i contadini festeggiarono e scoppiò una piccola, sanguinosa guerra civile. L'episodio più emblematico
e controverso avvenne tra il 7 e il 14 agosto 1861 a Pontelandolfo e Casalduni, in provincia di Benevento. Una banda
di contadini e di briganti uccise i pochi ufficiali del distac-
camento di Pontelandolfo, issando la bandiera borbonica.
Nella vicina Casalduni un drappello di 45 militari fu massacrato in modo orribile e i borbonici infierirono selvag-
giamente sui cadaveri. Il generale Enrico Cialdini fu incaricato della rappresaglia. Un reparto di bersaglieri bruciò
i due villaggi e uccise molte persone. Quante? Una ricerca
nei registri parrocchiali condotta nel 2016 parla di 13 persone, ma il dato non sembra verosimile, visto che Carlo
Margolfo, uno dei militari che parteciparono all'operazione, scrive nelle sue memorie di aver avuto l'ordine – come
i suoi commilitoni – di entrare in Pontelandolfo e di fuci-
larne gli abitanti, meno le donne e gli infermi: «Abbiamo
subito incominciato a fucilare i preti e gli uomini, quanti
ne capitava…», mentre altri saccheggiavano le case prima
d'incendiarle. E a Casalduni altri ancora incendiavano le
abitazioni per ammazzare a colpi di baionetta gli abitanti
che ne fuggivano. Il bilancio reale delle vittime è più vicino a cento morti che a mille, di cui pure si è favoleggiato.

La repressione antiborbonica si estese anche a campi
strategici del servizio pubblico, come la scuola e l'eserci-

to. Nel suo discorso del 1930 *La formazione politica della coscienza nazionale*, Giovanni Gentile ricordava che Francesco De Sanctis, «maestro dei letterati e filosofi liberali d'oggi», quando era ministro dell'Istruzione nel governo Cavour esonerò d'un tratto 34 professori nella sola università di Napoli e mandò a spasso in un sol giorno tutti i membri dell'Accademia reale borbonica «per far posto a filosofi, giuristi, archeologi, letterati e scienziati del nuovo regime». Gentile voleva dimostrare che le epurazioni culturali fasciste erano poca cosa rispetto a quelle savoiarde. E i dati, in effetti, fanno una certa impressione.

Il tesoro del Sud per pagare i debiti del Nord

Francesco II lasciò con grande signorilità. Non portò con sé l'oro del regno e nemmeno i milioni di ducati del suo patrimonio personale e di quello della moglie, non toccò le opere d'arte dei musei: se ne andò, insomma, con il bagaglio a mano, per quanto può esserlo quello di un re. Francesco Saverio Nitti, in *Nord e Sud*, contò 443 milioni di ducati d'oro. Pino Aprile, il pasdaran dei neoborbonici, nel suo fortunato *Terroni* annota che l'Italia intera ne aveva soltanto 664: due terzi, insomma, sarebbero stati custoditi nel Regno delle Due Sicilie. Aprile ha chiesto di rivalutare i ducati napoletani a uno specialista, Vincenzo Gulì, il quale arrivò a una stima di circa 200 miliardi di euro, compresi gli interessi legali. Il tesoro del regno borbonico salirebbe a 270 miliardi di euro includendo il patrimonio personale del re (33 milioni di ducati napoletani), per un valore complessivo di 500 miliardi di euro, calcolando il rendimento effettivo del denaro dell'epoca, ben superiore al tasso legale.

Vito Tanzi, che per vent'anni è stato economista del Fondo monetario internazionale, nel suo *Italica* sostiene che quei soldi sono serviti per salvare dal fallimento il regno dei Savoia, che aveva contratto debiti con le banche inglesi (mezzo miliardo di lire del tempo, un'enormità) per finanziare la partecipazione italiana alla guerra di Crimea (1853-56). In un'intervista a Stefano Lorenzetto del «Giornale» (26 ottobre 2012), Tanzi ha affermato che «nel 1861, all'atto dell'unificazione, il 57% o forse il 64% del debito pubblico totale dell'Italia era di origini sabaude, mentre l'incidenza del passivo che derivava dal Regno delle Due Sicilie era insignificante». Secondo l'economista, a differenza dei Savoia, i Borbone avevano l'avversione per i bilanci in rosso e le tasse. (Pino Aprile ricorda che per 126 anni, fino al 1860 le tasse non erano mai state aumentate e rilancia lo sfogo di Pier Carlo Boggio, braccio destro di Cavour, che nel 1859 scrisse: «O la guerra o la bancarotta».) «Il deficit italiano, oggi stratosferico, è cominciato allora» afferma Tanzi. «Dal 1861 al 1896 il Regno d'Italia già creava un milione di debito pubblico al giorno, nelle lire di quel periodo.» Si tenga presente che i buoni del Tesoro borbonici pagavano un tasso d'interesse nettamente inferiore a quello sabaudo: segno di una maggiore affidabilità. Anche se sembra paradossale per la vulgata comune, Napoli assomigliava alla Germania e Torino all'Italia.

A questo punto si apre la polemica rilanciata nel centocinquantesimo anniversario dell'unità d'Italia – e ripresa nel 2018 dopo il trionfo dei 5 Stelle al Sud – su quali fossero davvero le condizioni del Mezzogiorno al momento della proclamazione del Regno d'Italia. In verità, il Movimento neoborbonico è nato il 7 settembre 1993: l'anno è casuale, mentre il mese e il giorno sono quelli in cui nel 1860 Garibaldi entrò a Napoli sul tappeto rosso stesogli da Liborio Romano (che, come molti doppiogiochisti, finì male: il Regno d'Italia ne stroncò la carriera). L'iniziativa fu promossa da Gennaro De Crescenzo, il quale riunì alcune persone che nelle lettere al quotidiano napoletano «Il Mattino» rimpiangevano i bei tempi andati e il degrado dell'oggi. Tra i primi a rispondere fu Riccardo Pazzaglia, che organizzò una serata conviviale a Castel dell'Ovo su un tema dissacrante: parlare male di Garibaldi. Da allora i neoborbonici si sono moltiplicati, sostenuti da studiosi che non rimpiangono nulla, ma hanno speso gli ultimi anni a contestare la vulgata che le Due Sicilie abbiano fatto un affare colossale a entrare nel Regno d'Italia e che la «piemontesizzazione» sia stata un toccasana per il Sud. Sono, insomma, i nuovi revisionisti.

Gli studiosi più accreditati e documentati della corrente revisionista (che non amano essere chiamati «neoborbonici») sono Vittorio Daniele e Paolo Malanima, autori del saggio *Il divario Nord-Sud in Italia 1861-2011*. La loro tesi è che, al momento dell'unità, non c'era un vero divario economico tra Nord e Sud. Il reddito tra i due tronchi d'Italia era più o meno lo stesso, come la distribuzione della manodopera fra agricoltura, industria e servizi. In uno studio più recente, *Regional wages and the North-South disparity in Italy after the Unification* (2017), pubblicato dalla «Rivista di storia economica», i due autori annotano che nel 1861 ai primi tre posti nella classifica degli occupati risultavano Calabria, Abruzzo-Molise e Basilicata. Il tasso di occupazione oscillava qui tra il 72 e il 68 per cento, contro il 60-54 di Piemonte, Lombardia, Liguria e Toscana. Questo grazie a un massiccio impiego della manodopera femminile, soprattutto nella manifattura domestica e nei campi. Con un salario tipo nel settore edilizio si potevano acquistare in media 3,2 panieri di beni alimentari nel Mezzogiorno contro i 2,8 panieri del Centro-Nord. Nel Sud peninsulare il numero di panieri acquistabili era uguale a quello del Centro-Nord, mentre nel Mezzogiorno intero era maggiore, grazie ai più elevati salari di Sicilia e Sardegna.

Il divario in favore del Settentrione cominciò a manifestarsi soltanto alla fine dell'Ottocento, quando il Nordovest del paese iniziò a industrializzarsi, favorito dalla vicinanza con gli altri grandi paesi europei che marciavano anch'essi nella stessa direzione (pur essendo già più sviluppati di noi). In Italia, quindi, la causa immediata delle ineguaglianze tra Nord e Sud fu l'industrializzazione. Altri elementi riportati nello studio di Daniele e Malanima sfatano alcune leggende. Per esempio, ancora quindici anni dopo l'unità (intorno al 1875) il tasso di mortalità nel primo anno di vita in Emilia, Marche e Umbria era superiore a quello del Mezzogiorno. Nel 1871, in Campania, Puglia e Sicilia la mortalità infantile era inferiore a quella della Lombardia, mantenendosi tale nel decennio successivo (a esclusione della Sicilia). Su queste differenze influiva, probabilmente, anche il clima.

Nel 1871 la speranza di vita alla nascita in Abruzzo (31 anni) e Sicilia (33,4) era superiore a quella del Lazio, ultimo in classifica con soli 28 anni, mentre in Lombardia era di 33,4. Anche le condizioni nutrizionali medie erano al Sud migliori, sia pur di poco, che al Nord. Lo dimostrano le ricerche, ma lo si desume anche da altri indicatori. Per esempio, i dati raccolti dagli uffici militari mostrano come i giovani meridionali fossero di statura inferiore rispetto ai loro coetanei settentrionali ma, alle visite di leva degli anni 1866-71, la percentuale di riformati per «infermità o deformità» in Veneto e Lombardia risultava nettamente superiore a quella del Sud peninsulare.

Un altro dato clamoroso era l'assenza di un sostanziale divario nel prodotto interno lordo pro capite tra Nord e Sud ancora trent'anni dopo l'unità. Il Sud era forte in agricoltura, il Nord fortissimo nei servizi. Ma il saldo in favore del Settentrione si aggirava sul 10 per cento, azzerato dal costo più basso della vita nel Mezzogiorno.

Il forte vantaggio infrastrutturale del Centro-Nord

Lo studio di Daniele e Malanima ha creato un certo scompiglio nel mondo accademico. In particolare, Emanuele Felice, nel suo *Perché il Sud è rimasto indietro*, contesta alla radice i calcoli dei due autori, ribaltando per il 1871 i dati sul prodotto interno lordo e ponendo il Nord in netto vantaggio sul Mezzogiorno. Tuttavia, anche Felice riconosce che nel 1871 il pil per abitante della Campania era superiore a quello di Piemonte, Veneto, Emilia, Toscana, Marche e Umbria, quasi uguale a quello della Lombardia e nettamente inferiore alla sola, piccola Liguria. Il pil per abitante del Trentino era uguale a quello della Calabria; in Sicilia era superiore a quello delle Marche e prossimo a quello dell'Emilia. Ma occorre ricordare che già dieci anni dopo l'unificazione, il Mezzogiorno aveva cominciato a pagarne il conto.

Lo stesso Felice riconosce che le tariffe unitarie sul libero scambio danneggiarono pesantemente tutto il Sud, nonostante i benefici effetti delle esportazioni sull'agricoltura, e dà atto, insieme all'economista Pierluigi Ciocca, che il brigantaggio colpì per alcuni anni l'economia meridionale scatenando una sorta di guerra civile e terrorizzando la borghesia agraria, con pesantissime ricadute economiche. Dopo aver contestato i dati sull'aspettativa di vita sopra riportati e sottolineato quelli sull'analfabetismo, che nel Mezzogiorno era dilagante (con l'eccezione di L'Aquila e Teramo), Felice insiste sulle enormi differenze tra Nord e Sud sotto il profilo infrastrutturale. E qui c'è poco da discutere.

È vero che l'inaugurazione della ferrovia Napoli-Portici nel 1839 ebbe risonanza mondiale, ma al momento dell'unità d'Italia nel Regno delle Due Sicilie c'era un chilometro e mezzo di binari per mille chilometri quadrati di superficie contro i 25 del Piemonte. In Liguria c'erano 7 chilometri di strada ferrata per mille chilometri quadrati di superficie, in Umbria non c'erano ferrovie, nel Lazio i chilometri erano 8 e nelle Marche 7, sempre per mille chilometri quadrati. In Campania c'erano 15 chilometri di binari per mille chilometri quadrati di superficie, ma le altre regioni del regno borbonico ne erano prive. In sostanza, nel 1861, secondo i dati riportati nel volume *Un secolo di statistiche italiane. Nord e Sud 1861-1961*, a cura dell'Associazione per lo sviluppo dell'industria del Mezzogiorno (Svimez), nel Centro-Nord c'erano 14,5 chilometri di linee ferroviarie per mille chilometri quadrati di superficie, a fronte degli 1,5 chilometri del Mezzogiorno.

Disastrosa era anche la situazione delle strade. I neoborbonici obiettano che non c'era molto bisogno di infrastrutture terrestri, perché la gran parte dei trasporti avveniva via mare (in questo modo si evitavano attacchi da parte dei briganti). E, in effetti, prima dell'unità il commercio del Regno delle Due Sicilie con gli altri Stati italiani rappresentava poco più del 10 per cento del totale, il rimanente era con l'estero. Quanto alle strade, esistevano alcune grandi direttrici che collegavano tutti i capoluoghi, ma la rete viaria era nettamente inferiore a quella del Centro-Nord. Tra le eccellenze delle Due Sicilie, oltre alla Napoli-Portici che gli antiborbonici chiamarono «il balocco di Re Bomba», Paolo Granzotto sul «Giornale» del 2 marzo 2010 ha ricordato il primo ponte sospeso in ferro, la prima illuminazione a gas cui seguì il primo esperimento di illuminazione elettrica, il primo telegrafo elettrico, la prima locomotiva made in Italy, la prima nave a vapore del Mediterraneo, la prima nave a elica, il primo piroscafo di linea. Si aggiungano la più numerosa flotta mercantile italiana (terza nel mondo) e la più grande industria metalmeccanica. Nel «Regno degli analfabeti» vennero inoltre istituite le prime cattedre universitarie di economia e di psichiatria, venne applicato il primo piano regolatore e disposto il primo intervento di profilassi antitubercolare.

Daniele e Malanima avevano alimentato con Felice una gagliarda polemica sulle pagine della «Rivista di storia economica». Felice aveva calcolato il prodotto interno lordo per abitante ai confini attuali (comprendendovi Trentino-Alto Adige e Friuli-Venezia Giulia, che non ne facevano parte). Quando nel 2015 ha rifatto i conti con i confini storici dell'epoca in un articolo per «Scienze Regionali», ha calcolato il divario tra Centro-Nord e Mezzogiorno al 15 per cento nel 1891 e al 18 per cento nel 1871. «In sostanza» conclude Daniele «si tratta di un valore molto vicino al 10 per cento da noi calcolato e ipotizzato anche per gli anni precedenti, anche se non escludevamo che alla data dell'unità il divario potesse essere anche inferiore.»

La pace mai fatta tra nordisti e sudisti

Nel suo recente studio *La questione meridionale in breve* lo storico Guido Pescosolido ritiene realistico un divario del 10 per cento tra Nord e Sud ai tempi dell'unità. Un osservatore insospettabile quale John A. Davis, docente di Storia italiana moderna all'università del Connecticut, appassionato della nostra «questione meridionale», in *A Tale of Two Italies* ha rivalutato le riforme borboniche tra il XVII e

il XIX secolo e, in *Napoli e Napoleone*, arriva a dire che «la tesi dell'arretratezza meridionale preunitaria fu inventata dai liberali – in testa Croce – per giustificare i fallimenti dell'unificazione».

Le ragioni dell'unità vengono difese con grande energia anche da destra. Lo storico monarchico Aldo A. Mola, nel numero speciale di «Storia in Rete», sostiene che i Savoia si limitarono a liquidare «uno Stato agonizzante e incapace di assumere un ruolo nazionale nel secolo delle rivoluzioni liberali» e ricorda – qui con ragione – che, nei diciotto mesi che vanno dall'aprile 1859 al novembre 1860, «vennero abbattute frontiere tra italiani e da sette Stati nacque il Regno d'Italia. Spesso senza spargimento di sangue furono cacciati principi da secoli al potere per conto di imperatori e di re stranieri, relitti della dominazione plurisecolare degli Asburgo (d'Austria e di Spagna) e dei Borbone (di Francia e di Spagna)».

Nello stesso numero speciale della rivista, Pierluigi Romeo di Colloredo, autore di molti studi sulle camicie nere del fascismo, ricorda che Giustino Fortunato, il meridionalista più autorevole e illuminato, «dice che senza l'Unità il Mezzogiorno sarebbe diventato un paese balcanico e Rosario Romeo [*studioso del Risorgimento*] parla di Libia peninsulare». Di più: «Il malcostume borbonico in tutta l'amministrazione pubblica dopo l'Unità ha infettato tutta la nazione», e cita le lamentele di Benedetto Croce per l'invio dopo la prima guerra mondiale di funzionari meridionali al Nord, dove vigeva una certa correttezza amministrativa.

Una guerra furiosa tra storici, insomma, come forse non si era mai vista. Tuttavia, Colloredo dimentica di riferire altre posizioni di Croce e Fortunato, riprese invece proprio da un critico del revisionismo neoborbonico come Felice. Secondo quanto scrive Fortunato in *Il Mezzogiorno e lo Stato italiano*, condannavano il Sud a una condizione di «naturale» inferiorità le avverse condizioni fisiche e climatiche: montagna aspra e accidentata, incerto regime delle piogge, lunghe siccità estive, scarsità o assenza di pianure, importuosità dei litorali, carattere torrentizio dei corsi d'acqua. Si aggiungano malaria, frane, terremoti, alluvioni «sino a rendere schiacciante su ogni altra istanza l'ineludibile destino geografico». Nella sua *Storia del Regno di Napoli*, Croce plaude a Fortunato per aver demolito il mito di un Mezzogiorno ricco di risorse che solo il malgoverno borbonico prima e quello postunitario dopo avrebbero ridotto in condizioni di miseria e di abbandono. Ma Fortunato sottolinea anche la «miseria degli uomini», fatta di inettitudine e corruzione. Felice ha una visione più ottimistica delle condizioni naturali del Mezzogiorno (che Croce definiva un «paradiso», sia pur «abitato da diavoli»), ma ricorda i dati impressionanti sul sottosviluppo sociale del Sud continentale alla fine del Settecento forniti da Pasquale Villani in *Mezzogiorno tra riforme e rivoluzione*: il 70 per cento di una popolazione complessiva di 5 milioni di persone dipendeva dai baroni.

Il grande statistico Giuseppe De Meo documentò nella sua tesi di laurea pubblicata nel 1931 che, in certe aree della Puglia, alla metà del Settecento l'1 per cento della popolazione (cioè i 24 nobili più ricchi) controllava un terzo del reddito complessivo. La ricchezza dei proprietari terrieri, quasi tutti grandi latifondisti, era smisurata. Un ettaro di limoneto nella Conca d'Oro palermitana poteva fruttare dopo l'unità una rendita annua di 2500 lire, in un'epoca in cui il salario del bracciante agricolo era di una lira al giorno. Perciò, come scrive Piero Bevilacqua in *Breve storia dell'Italia meridionale*, gli agrumeti siciliani venivano considerati i terreni più redditizi d'Europa.

Le forti differenze sociali influivano anche sull'analfabetismo. Al momento dell'unità, due terzi degli italiani non sapeva leggere e scrivere, ma la percentuale saliva all'84 per cento nel Mezzogiorno.

Le cause che determinarono il progressivo distacco delle regioni del Centro-Nord da quelle del Sud sono soprattutto tre.

1) Il Regno delle Due Sicilie aveva tariffe doganali molto elevate per proteggere le proprie industrie dalla concorrenza straniera. Al momento dell'unità entrarono in vigore le tariffe piemontesi, sostanzialmente liberiste. Dalla sera

alla mattina, i dazi meridionali furono ridotti dell'80 per cento, il che provocò uno sconquasso economico e molto malessere sociale.

2) Le commesse statali, osservano Daniele e Malanima, furono assegnate quasi completamente a industrie settentrionali. E questo portò rapidamente alla chiusura di storiche fabbriche meridionali, dai lanifici alle fonderie, ai cantieri navali. La marineria napoletana (la più consistente d'Italia, come abbiamo visto) venne esclusa dal diritto di cabotaggio, concesso invece alle compagnie genovesi, alla Florio siciliana e all'inglese Adriatico-Orientale. Possiamo aggiungere che i primi Parlamenti postunitari erano dominati dalla grande borghesia agricola, soprattutto meridionale, che non aveva alcun interesse a promuovere l'industrializzazione, mentre i possidenti del Nord orientavano la politica a proprio vantaggio.

3) Dopo l'unità d'Italia, camorra e mafia mantennero e anzi accrebbero la loro influenza sulla politica meridionale. Come si è detto, a Napoli la camorra, per incarico di Liborio Romano, garantì il passaggio del potere a Garibaldi senza spargimenti di sangue e, in segno di riconoscenza, il governo nazionale la inglobò nelle forze di polizia. Un sentiero parallelo fu percorso dalla mafia in Sicilia: non un semplice gruppo criminale, ma un potentissimo virus sociale riprodottosi nei decenni. Basti dire che ancora nel 1963 il 92,7 per cento degli 8887 dipendenti della regione siciliana era stato assunto senza concorso e proveniva in gran parte da una provincia ad alta densità mafiosa. L'inquinamento clientelare nella società civile meridionale fu riscontrato fin dal 1876 da Sidney Sonnino e Leopoldo Franchetti, entrambi toscani, nella loro relazione sulla Sicilia. Nel 1911, cinquant'anni dopo l'unificazione, Franchetti scrisse: «Il fatto è che dal 1861 in poi tutti i governi d'ogni partito hanno visto nel Mezzogiorno d'Italia non un paese da governare, ma un gruppo di deputati da conciliarsi».

Eppure, per togliere ogni alibi alla tesi che è la criminalità organizzata la sola palla al piede del Sud, il 6 febbraio 2016 il presidente di Svimez, Adriano Giannola, disse alla commissione parlamentare antimafia che «anche se un giorno la mafia venisse sradicata, molti imprenditori stranieri o comunque esterni desiderosi di investire legalmente presumibilmente non investirebbero comunque nelle regioni del Sud d'Italia ... Il Mezzogiorno ha una capacità attrattiva pressoché pari a zero sia a causa della criminalità di stampo mafioso, sia perché, come è noto, il rendimento della pubblica amministrazione, della giustizia, delle infrastrutture, dei servizi pubblici qui è assai inferiore a quello delle regioni centro-settentrionali».

Un ulteriore elemento di debolezza economica nel Mezzogiorno fu il frutto delle «leggi eversive» (1866-67) del patrimonio ecclesiastico, che portarono all'esproprio di una gigantesca quantità di beni immobili in tutto l'ex regno borbonico. A beneficiarne fu un ristrettissimo gruppo di persone delle fasce sociali più alte, con un particolare occhio di riguardo per quelle che prima di altre si erano schierate con i Savoia. (Testimonianza personale. Una masseria pugliese acquistata alcuni anni fa dalla mia famiglia era appartenuta per due secoli a un ordine di suore benedettine. Nel 1867 passò a sir James Lacaita, un colto uomo d'affari anglopugliese che aveva simpatizzato presto per il nuovo regime.) La concentrazione di denaro sugli immobili del clero e la sua destinazione alla rendita lo avevano sottratto a investimenti più produttivi, indispensabili per partecipare da protagonisti alla nuova rivoluzione industriale italiana.

Come ha notato Ernesto Galli della Loggia in *L'identità italiana*, in Italia prima si è costituito uno Stato, poi si è dovuta creare una nazione e per di più contro la Chiesa. Così il nostro è stato l'unico paese europeo in cui la liberazione dallo straniero è avvenuta in feroce contrasto con la propria Chiesa nazionale. A questo proposito, nell'articolo *Le ferite del Risorgimento*, apparso sul «Corriere della Sera» dell'8 marzo 2011, Paolo Mieli ricorda il lamento lanciato dal giovane Ippolito Nievo dopo la spedizione dei Mille e poco prima di morire nel naufragio del piroscafo *Ercole*, avvenuto il 4 marzo 1861: «La grande maggioranza della nazione illetterata, il volgo campagnolo segue svogliato il progresso delle menti elevate». Sarebbe stato perciò indispensabile per gli artefici dell'unità quantomeno rivolgersi al clero delle campagne «e tirarlo dalla loro per guerreggiare l'influenza vescovile e papalina». E, invece, gli ordini religiosi furono soppressi e i loro beni confiscati.

La fiammata della Cassa per il Mezzogiorno

Dal 1861 – data dell'unità nazionale – al 2010, il reddito medio degli italiani è aumentato di 13 volte. Nel Mezzogiorno il prodotto interno lordo pro capite è cresciuto di 9 volte, risultato in assoluto notevole a livello internazionale, ma modesto se paragonato a quello del Nord italiano, aumentato di 15 volte. Daniele e Malanima collegano questo risultato all'insufficiente industrializzazione del Sud. Solo nel ventennio 1953-73 il divario non solo non si è approfondito, ma si è addirittura ridotto, perché quello è stato il periodo d'oro della Cassa per il Mezzogiorno. Nei quarant'anni precedenti (1911-51), che assorbono anche il ventennio fascista – osserva Emanuele Felice –, «il Sud Italia si è dimostrato del tutto incapace di generare un qualunque sviluppo industriale autonomo, senza cioè il supporto dei poteri pubblici». Tanto è vero che, se nel resto d'Italia la percentuale degli addetti all'industria cresceva (soprattutto nel Nordovest), nel Sud addirittura diminuiva (dal 21 al 16 per cento), mentre la popolazione agricola restava inchiodata a circa il 60 per cento del mondo produttivo. È perciò un'amara bugia quella scritta da Raffaele Ciasca nell'edizione del 1935 dell'*Enciclopedia Treccani*: «Di una "questione meridionale" non si può più, oggi, legittimamente parlare: e perché tante differenze sono scomparse e perché ormai sono in piena attuazione i provvedimenti del governo fascista che mirano, intenzionalmente, a elevare il tono dell'Italia agricola specialmente meridionale». Il Sud, come il resto d'Italia, beneficiò della politica sociale del regime, ma il differenziale di sviluppo con il Centro-Nord restò immutato.

Prima del ventennio influenzato dalla Cassa per il Mezzogiorno, soltanto il decennio precedente la prima guerra mondiale aveva accorciato le distanze tra le «due Italie». Come ricorda Davis, il primo intervento pubblico nel Mezzogiorno fu varato da Giovanni Giolitti nel 1904 e proseguito da Nitti, convinto che con la sola agricoltura il Sud non si sarebbe mai risollevato. Fu dato impulso all'energia idroelettrica, nacquero il complesso di Bagnoli, vicino Napoli, e l'Acquedotto pugliese. Ma mentre le rimesse economiche degli emigrati erano talmente cospicue da sostenere a bassi tassi d'interesse lo sviluppo economico del Nord, come ricorda Vera Zamagni in *Introduzione alla storia economica d'Italia*, Davis annota che ogni tentativo dei contadini meridionali di ottenere salari migliori attraverso i sindacati fu frustrato dagli agrari, che costituirono squadracce repressive considerate da Gaetano Salvemini l'avanguardia di quelle fasciste. Eppure, ancora nel 1903 – all'inizio di questo decennio virtuoso – il numero di stabilimenti industriali di Napoli era il 5 per cento del totale italiano: meno di Milano e Firenze, ma più di Torino e Genova.

La Cassa per il Mezzogiorno nacque nel 1950 per iniziativa di Alcide De Gasperi, mentre la riforma agraria redistribuiva ai contadini 450.000 ettari di terreno, sottratti con indennizzo a chi ne possedeva più di 300. Giulio Andreotti, che ne era il più stretto collaboratore, mi raccontò che il nome fu inventato dallo stesso presidente del Consiglio democristiano («Cassa, si deve chiamare Cassa. La gente deve percepire fin dal nome il rumore dei soldi...»). Fu il momento d'oro del meridionalismo, in cui ai cattolici Pasquale Saraceno ed Ezio Vanoni si unirono i laici Rodolfo Morandi, Francesco Compagna e altri. In effetti, di soldi ne arrivarono a palate, grazie anche all'intervento di quella che sarebbe diventata la Banca mondiale. Secondo Felice, si trattò della più imponente politica di sviluppo regionale attuata in Occidente.

Il sostegno al Mezzogiorno si realizzò imponendo alle amministrazioni statali di assicurare alle imprese meridionali il 30 per cento delle forniture necessarie e assegnando alle regioni del Sud il 40 per cento degli investimenti delle amministrazioni pubbliche e il 60 per cento di quelle del colosso delle Partecipazioni statali. Nei primi anni gli sforzi si concentrarono sulle infrastrutture necessarie all'industrializzazione: strade, acquedotti, fognature, bonifiche (un milione di ettari bonificati fino al 1968). Dal 1957 si investì massicciamente nell'industria (9000 miliardi di lire al valore del 1970) e i risultati si videro: tra il 1951 e il 1971 i lavoratori agricoli scesero dal 59 al 33 per cento, mentre gli addetti all'industria passarono dal 16 al 25 per cento, toccando un picco che non sarebbe stato più raggiunto.

Eppure, tra il 1946 e il 1976, 4 milioni di persone lasciarono il Mezzogiorno e si distribuirono tra il Nord Italia e l'Europa. Il censimento del 1971 rilevò che il 17 per cento dei residenti nell'Italia centrosettentrionale era nato nel Sud. Una perdita gigantesca di capitale umano che l'economista Manlio Rossi Doria calcolò – computando il costo per il Sud di aver allevato i futuri emigrati – tra i 20 e i 30.000 miliardi di lire, il doppio di quanto lo Stato ha speso nel Mezzogiorno dal 1950 in poi.

Nascono le «cattedrali nel deserto»

I grafici sulla produttività del lavoro italiana sono impressionanti: dal 1861 al 1921, quella meridionale fu leggermente superiore a quella del Centro-Nord. Dal sorpasso in poi, le curve crescono in parallelo, ma con quella centronordista costantemente superiore a quella sudista. Colpisce che il tasso di produttività sia cresciuto dal 1951 al 1981 a un ritmo annuo del 4,4 per cento, per poi crollare all'1,2 dell'ultimo decennio, inferiore perfino all'1,3 dei primi cinquant'anni dall'unità. Ma dal 1951 al 1971 – fatta 100 la produttività italiana – quella meridionale schizzò dal 64 all'89 per cento.

Perché il miracolo non è durato? Già quarant'anni fa un'acuta sociologa dell'economia come Vera Zamagni osservava che il «trapianto di iniziative» nel Sud finiva per scontrarsi con «l'atavica struttura del potere locale, da tempo riconosciuta nociva al costituirsi di una dinamica società moderna». Fu commesso l'errore di investire nell'industria pesante anziché nel turismo e nelle manifatture leggere. La crisi petrolifera del 1973 colpì pesantemente il Mezzogiorno, dove c'erano gli insediamenti a più forte dipendenza dal petrolio, più lontani dai grandi mercati internazionali e situati in realtà socioeconomiche più fragili. Fino alla chiusura della Cassa nel 1984, cominciarono a moltiplicarsi le «cattedrali nel deserto»: grandi stabilimenti isolati da un contesto produttivo virtuoso, incapaci di creare un indotto come quello, per esempio, della Fiat a Torino. Già nel 1958 fu Luigi Sturzo il primo a denunciare le bislacche iniziative industriali in Sicilia. Ne seguirono molte altre. I meridionali s'illusero che la grande «fabbrica» fosse un'assicurazione sulla vita. Quando questa entrò in crisi (si pensi all'Ilva di Taranto), intere città furono ridotte alla disperazione.

Un esempio luminoso della follia figlia del clientelismo politico fu il mai nato Quinto centro siderurgico italiano destinato alla piana di Gioia Tauro, coltivata ad agrumeti e oliveti. Nel 1970, con la nascita delle regioni a statuto ordinario, il capoluogo calabrese fu assegnato a Catanzaro. Reggio Calabria, capoluogo storico tradizionale, si sentì defraudato e fu sede di una gravissima rivolta, all'inizio politicamente trasversale (con l'esclusione del Pci), poi egemonizzata dal Msi e dalla Cisnal, guidata da Ciccio Franco. Per compensare Reggio (che rimase comunque sede del Consiglio regionale) nacque l'idea del centro siderurgico, che illuse i calabresi per lunghi anni: stroncato dalla crisi del settore insieme ad altre iniziative, fu poi riconvertito in importante scalo marittimo commerciale.

Un altro colossale centro chimico finanziato dalla Cassa per il Mezzogiorno e mai entrato in funzione fu quello di Ottana, in Sardegna, programmato dalla Sir di Nino Rovelli. Nel 1963 Indro Montanelli realizzò per il «Corriere della Sera» un'inchiesta sulla Cassa. «Tutte le province» scrisse «vogliono essere riconosciute zona industriale perché ciò le qualifica a intraprendere con i soldi della Cassa una serie di opere pubbliche che danno lavoro e stipendi alla gente, ma che spesso non servono affatto a una industrializzazione che in quella zona è impossibile.» E faceva l'esempio di Avellino, controllata allora politicamente dal ministro dc Fiorentino Sullo. Ma il discorso potrebbe estendersi a gran parte delle province meridionali.

L'istituzione delle regioni mise la pietra tombale sulle aspirazioni meridionali perché, alla tradizionale inefficienza della burocrazia nazionale, si è sommata quella delle burocrazie locali. Tra il 1989 e il 1993 fu speso soltanto il 71 per cento dei soldi assegnati dall'Europa al Mezzogiorno. Nei due cicli 2000-06 e 2007-13 l'Italia risulta ultima nell'utilizzo delle risorse assegnate dall'Unione europea, la quale, per il periodo 2014-20, ha messo a disposizione delle cinque regioni meridionali 42 miliardi di euro. Una cifra gigantesca, in grado da sola di far decollare il prodotto interno lordo del Sud fino al 2 per cento. Ebbene, alla fine del 2018 ne erano stati spesi una parte minoritaria, mentre le famiglie povere sono passate da 600.000 a 845.000. E questo nonostante nel 2017 la crescita del pil nel Mezzogiorno sia stata quasi uguale alla media nazionale (+ 1,4 per cento), di quattro decimi inferiore al Nord, ma migliore del Centro, crollato allo 0,9.

È un fatto che, ormai da molti anni, il Mezzogiorno attrae soltanto l'1 per cento degli investimenti stranieri in Italia. Nel loro *Se muore il Sud*, Sergio Rizzo e Gian Antonio Stella citano i risultati di un rapporto redatto nel 2009 per Confindustria dal Centro studi Luca d'Agliano secondo i quali – lasciando perdere i paesi più sviluppati – nelle nazioni del vecchio blocco comunista (appesantite da cinquant'anni di frustrazioni burocratiche) tra il 2003 e il 2007 si registravano «36,9 investimenti per milione di abitanti», diciotto volte e mezzo quelli dell'Italia meridionale. Lì il costo del lavoro è più basso del nostro, ma anche se limitiamo il confronto con le aree più povere dell'Europa occidentale – escludendo l'Est europeo – gli investimenti sono sempre quasi otto volte superiori a quelli che arrivano nel nostro Sud. La responsabilità, secondo il rapporto del Centro studi Luca d'Agliano, è da addebitare all'inefficienza della burocrazia e ai tempi della giustizia. Se nel Mezzogiorno il contenzioso su un contratto avesse gli stessi tempi che ha in Irlanda, la spinta a investire aumenterebbe del 256 per cento. Secondo dati del 2011, gli ultimi disponibili, una procedura fallimentare richiede circa otto anni a Napoli, dieci a Palermo, tredici a Catania, fino ai venticinque di Messina. E i comuni processi civili durano il 20 per cento in più che nel resto d'Italia.

Se le pratiche burocratiche fossero le stesse ovunque, l'incentivo a investire nel Mezzogiorno d'Italia aumenterebbe del 76 per cento. Ci sarà pure una ragione se un grande imprenditore meridionale come Antonio D'Amato, già presidente di Confindustria, ha aperto nel Galles e non nel Sud un importante stabilimento. La ragione? Migliori infrastrutture, personale qualificato, un anno di tempo dal progetto all'operatività della fabbrica. Nella classifica della competitività di 263 regioni europee stilata nel 2016, a parte l'Abruzzo (da molti anni escluso dalle provvidenze del Mezzogiorno), la prima fra le regioni meridionali italiane è il Molise (209esima), l'ultima la Sicilia (237esima).

Esplode la «questione settentrionale»

In un saggio pubblicato sulla rivista «Internazionale» (23 marzo 2018) Marta Fana e Giacomo Gabbuti pubblicano due cartine dell'Istituto Cattaneo di Bologna. Una è la mappa dei voti democristiani alle elezioni del 1992, le ultime con il sistema proporzionale della Prima Repubblica; l'altra è la mappa dei voti ottenuti dal Movimento 5 Stelle nel 2018. Le aree di consenso nelle regioni del Sud sono sovrapponibili in modo impressionante. Che cosa è accaduto in questi ventisei anni? C'è stato un passaggio di poteri dalla Dc al centrodestra, l'affermazione del centrosinistra in molte elezioni regionali del Sud (per una delle follie italiane, le regioni dispongono in proporzione di molti più soldi dello Stato), fino al clamoroso ribaltone del 4 marzo 2018.

Nel 1992 la caduta della Prima Repubblica provocò l'esplosione della «questione settentrionale». I risultati si videro alle elezioni del 1994, che Silvio Berlusconi vinse alleandosi con Umberto Bossi al Nord e con Gianfranco Fini nel Centro-Sud. Il Nord fu conquistato con percentuali variabili tra il 37 del Piemonte e il 43 della Lombardia, ma il potere democristiano fu soppiantato anche al Sud, controllato dai Progressisti di Achille Occhetto, con l'esclusione della Sicilia. Il centrodestra conquistò il Mezzogiorno nelle elezioni del 1996, che pure furono vinte da Romano Prodi. Bossi si era staccato da Berlusconi e aveva proclamato la secessione della Padania, convinto che il Sud fosse un'appendice cancrenosa da estirpare. (Nel 1996 lo seguii in alcuni comizi elettorali e la scarica di insulti contro i meridionali era impressionante.)

Negli anni del centrosinistra il differenziale con il Nord non migliorò. Sapendo che il centrodestra avrebbe vinto le elezioni del 2001, il centrosinistra fece approvare con tre voti di maggioranza la sciagurata riforma del Titolo V della Costituzione, che ingigantisce i poteri (e i finanziamenti) delle regioni. Poiché le regioni meridionali sono meno efficienti di quelle centrosettentrionali, la situazione peggiorò. Il centrodestra ha continuato a dominare il Nord sia nelle elezioni del 2006 sia in quelle del 2008, quando ha riconquistato il Sud.

Il 2013 fu l'anno della svolta. Il Pd perse il 28,5 per cento dei consensi in tutta Italia, ma circa il 40 nel Mezzogiorno. Il centrodestra andò ancora peggio, perdendo la metà dei voti, salvo che nel Nord-Est. L'unica lista che spalmò equamente le preferenze su tutto il territorio nazionale fu il Movimento 5 Stelle. Eppure, tranne che in Sicilia, il resto del Mezzogiorno fu diviso in prevalenza tra Popolo delle Libertà e Partito democratico.

In questi anni, non solo non si è più parlato di «questione meridionale», ma ci sono state forti rivendicazioni da parte del Nord. Se n'è fatto portavoce Luca Ricolfi in occasione dei 150 anni di unità nazionale. Nel suo *Il sacco del Nord* e in vari articoli di giornale, il sociologo ha proposto la seguente contabilità: nel 2011 l'evasione fiscale e contributiva era al Sud al 55,5 per cento contro il 27 del Centro e il 19 del

Nord; il lavoro nero prossimo al 19 per cento nel Sud contro il 10 del resto d'Italia; il tasso di occupazione, 35,4 per cento contro il 49,4 (quella femminile, 23,9 contro il 40,7; quella giovanile, 13,8 contro 40,7). Le false pensioni d'invalidità al Sud erano la metà di quelle erogate (si è a lungo sostenuto che fossero una forma di sostegno a redditi molto bassi), al Nord l'11,1 per cento. Secondo Ricolfi, il tasso medio di spreco nei servizi pubblici (scuola, burocrazia, sanità, giustizia) si aggirava attorno al 45 per cento nel Mezzogiorno contro il 16 nel resto d'Italia e meno del 10 nel Nord. I laureati erano il 9,5 per cento contro l'11,5, mentre il tasso di apprendimento dei ragazzi di 15 anni – secondo l'indice Pisa (il Programma per la valutazione internazionale dell'allievo) – era inferiore di una cinquantina di punti a quello del Centro-Nord. Eppure, conclude lo studioso, grazie all'evasione fiscale il tenore di vita nel Mezzogiorno è comparabile a quello del resto d'Italia: «Nella sostanza, il Mezzogiorno è diventato il principale beneficiario dell'immenso apparato burocratico clientelare che ha spento le energie produttive del Paese». In effetti, anche Piero Bevilacqua annota che, già alla fine degli anni Ottanta, le famiglie sarde consumavano più di quelle laziali e quasi quanto quelle toscane, le abruzzesi più delle umbre e delle valdostane.

L'inarrestabile declino del Sud

La cruda lettura di Ricolfi va rivista alla luce dei dati recenti riportati da Svimez, il più attento osservatorio sulle condizioni economiche del Mezzogiorno. Rispetto al Nord, la spesa pro capite della pubblica amministrazione nel Sud è scesa dall'84,1 per cento del 2007 all'82,6 del 2015. Il 36 per cento della popolazione meridionale appartiene al quinto più povero di italiani, contro l'11 del Centro-Nord. La percentuale dei «lavoratori poveri» ai quali il salario non è sufficiente per arrivare alla fine del mese è di 24 nel Sud contro 7 del Nord. Ma il dato più impressionante è che, tra il 2008 e il 2017, le retribuzioni sono aumentate del 2,5 per cento nel Centro-Nord, mentre nel Mezzogiorno sono diminuite del 4,5.

E se è vero che la crisi finanziaria dell'ultimo decennio non ha toccato il Sud al contrario del Centro-Nord, i dati della Banca d'Italia del 2016 sono sconcertanti. Nel 1990 il reddito medio annuo di un meridionale era di 6000 euro, contro gli 8000 di chi abitava nel Centro-Nord. Nel 2016 un cittadino del Centro-Nord guadagnava in media 21.000 euro, un meridionale 13.000. E la forbice continua ad allargarsi. Nello studio citato, Fana e Gabbuti ricordano un dato drammatico: nel 1992, nel Nord lavorava il 59 per cento delle donne, nel Sud il 46, ben 13 punti percentuali in meno. Nel 2018 l'occupazione femminile al Nord è salita al 66 per cento, nel Sud è scesa al 43. In un quarto di secolo, i 13 punti di differenza sono diventati 23.

In un articolo apparso sul «Corriere della Sera» del 9 agosto 2015, Ernesto Galli della Loggia fa risalire proprio al 1992, alla caduta della Prima Repubblica, l'aggravarsi della «questione meridionale», con la sostanziale scomparsa dello Stato. «Fino a 25 anni fa,» scrive «fin quando lo Stato italiano classico non era andato decomponendosi, la "questione meridionale" è stata la principale sfida alla sua esistenza, il massimo dei suoi problemi storici a cominciare da quelli del consenso. È stato sentito dalle classi dirigenti italiane come un ineludibile banco di prova.» Nel momento in cui lo Stato si è dissolto, «il Mezzogiorno è precipitato nell'irrilevanza, si è avviato nella decrescita, è scomparso come "questione"». Nei tre anni successivi a questo «grido di dolore» le cose non sono cambiate.

Il 19 agosto 2016, sempre dalle colonne del «Corriere della Sera», nell'articolo *Lo Stato in ritirata dal Sud* lo stesso Galli della Loggia denunciava che il Mezzogiorno paga il prezzo più alto della rinuncia all'identità nazionale in favore di quella locale, gestita a suon di sagre dagli assessorati regionali. Ed è diventato una sorta di «soffocante prigione ambientale che naturalmente, come sempre, colpisce i poveri ben più dei ricchi. I quali infatti mandano, tutti, i figli a studiare altrove, e se si ammalano si precipitano a farsi ricoverare negli ospedali del Centro e del Nord». Non a caso Davis ricorda un report del 2010 dell'Ocse

(Organizzazione per la cooperazione e lo sviluppo economico, con 35 paesi membri e sede a Parigi) da cui si evidenzia che l'Italia soffre del più ampio dualismo geografico dell'intera Unione europea. Lo stesso Mario Draghi, da governatore della Banca d'Italia, ha riconosciuto che l'Italia meridionale rimane «il territorio arretrato più esteso e più popoloso dell'area euro». La verità è che, come scrive Galli della Loggia in *Il tramonto di una nazione*, «il Mezzogiorno è sparito. Il suo posto è stato preso dalle regioni meridionali. L'ordinamento regionale, poi, è valso potentemente a diffondere l'idea che il Sud, autogovernandosi, era ormai una cosa a parte, che non aveva più alcun bisogno di aiuto da altri: "Ci sono le regioni con sempre più poteri: che se la vedano loro"».

Il 1992, *annus horribilis*. Dobbiamo forse rimpiangerlo? Ma non c'erano allora le vecchie clientele democristiane (e poi anche socialiste) che, si diceva, avevano condannato il Sud a una lunga minorità? Eppure, a conti fatti, il 1992 non solo non fu il punto più basso della depressione meridionale, ma fu addirittura l'inizio del declino economico italiano, «anche se la povertà e le disuguaglianze personali e regionali erano vicine ai minimi storici dopo decenni di forte riduzione» scrivono Fana e Gabbuti. «L'elettorato (non solo meridionale) poteva ancora votare per quella stabilità che, tra storture e corruzione, era in grado di rivendicare un innalzamento senza precedenti dei livelli di vita degli italiani. Nell'Italia del 2018, nessun blocco di potere sembra poter garantire simili certezze. Prospettive di rottura un tempo tabù – come la violazione dei vincoli europei o l'uscita dall'eurozona – paiono non spaventare più gran parte dell'elettorato.»

Possiamo, dunque, meravigliarci se il Sud si è consegnato al Movimento 5 Stelle con un voto di disperazione, prima che di protesta? In assenza di una crescita e di salari che non arrivano, si distribuisce il «reddito di cittadinanza».

VI

La società del rancore e l'ascensore bloccato

Il rancore sociale e la crisi del ceto medio

Gli inglesi, come al solito, vanno al sodo. Tre mesi dopo le elezioni del 4 marzo 2018 il «Financial Times» ha spiegato in due righe la Rivoluzione italiana: «Crescere solo del 4 per cento sul 1997 e perdere l'8 per cento sul 2007 ha fatto vincere i populisti».

«È la società del rancore» mi dice Giuseppe De Rita. «Il risultato del 4 marzo nasce dal lutto per quel che non è stato. Frustrazione, delusione. La società italiana saliva, saliva... Poi l'ascensore si è rotto e quelli che sono rimasti dentro si sono arrabbiati.» De Rita indossa benissimo i suoi 86 anni. Nell'elegante palazzina del 1929 dove a Roma ha sede il Censis, da lui fondato nel 1964, ausculta da più di cinquant'anni pulsazioni e palpiti della società italiana.

«Il rancore è frutto della crisi del ceto medio. Abbiamo avuto due momenti di grande coinvolgimento collettivo. Il primo è stato quello della Ricostruzione e del Miracolo italiano, tra il 1945 e il 1970.»

Per rivedere l'ascensore sociale in movimento, devo chiudere gli occhi e ripercorrere – decennio dopo decennio – gli incredibili progressi economici e sociali fatti tra il 1950 e il 1990. Nel mio liceo dell'Aquila, a cavallo tra gli anni Cinquanta e Sessanta, i figli di laureati erano pochissimi. Nella mia classe ci siamo laureati tutti e abbiamo fatto lavori sempre più che dignitosi, spesso brillanti. Ragazzi che venivano dalla miseria dei paesi di montagna sono stati l'orgoglio dei loro genitori, contadini poveri. Si guardava avanti, nella certezza di crescere. La scuola era di altissima qualità, i professori erano élite, il doppio stipendio in famiglia – frequente – consentiva di comprare la casa con un mutuo lunghissimo. In Italia, centinaia di migliaia di famiglie povere conobbero per la prima volta l'uso del bagno grazie al gigantesco piano casa di Fanfani. (Qualche contadino, trovando superfluo il bidet, ci piantò il prezzemolo.) Frequenta solo ragazzi migliori di te, ammoniva mia nonna. Non c'era invidia, ma emulazione.

Eravamo negli anni del Botticelli sognante della *Primavera* e della *Nascita di Venere*. Oggi trionfa il Botticelli disperato degli ultimi anni, quello della *Mappa dell'Inferno*. I dannati che si sentono senza speranza non cercano di risalire su posizioni migliori, ma vogliono trascinare chi sta meglio su posizioni peggiori. Trionfa l'invidia sociale e conta poco che tu abbia raggiunto una buona posizione con le tue forze o perché spinto solo da una fortuna parassitaria.

I nostri genitori erano convinti – tutti – che avremmo avuto una posizione sociale ed economica migliore della loro. Il diplomato sognava il laureato, il geometra l'ingegnere o l'architetto, l'infermiere il medico, e così per ogni professione. Spesso questi sogni si realizzavano. Adesso, purtroppo, avviene il contrario. Nell'autunno 2018 Pier Giorgio Ardeni, presidente dell'Istituto Cattaneo, attingendo a una ricerca Ocse (che riunisce i 35 paesi più industrializzati del mondo) avverte che chi nasce oggi in Italia in una famiglia a basso reddito (tra il 10 per cento più povero della popolazione) impiega 150 anni per raggiungere il reddito medio nazionale. A differenza dei paesi Ocse, in Italia il 71 per cento dei genitori teme che i figli non raggiungeranno lo status e il reddito che hanno ottenuto loro. Negli altri paesi, un laureato guadagna il 60 per cento più di un diplomato. In Italia la media si abbassa al 40 per cento. Sempre nell'autunno 2018 l'Osservatorio statistico dei consulenti del lavoro ha rivelato che, a 30 anni, 4 laureati su 10 sono senza lavoro o svolgono un'attività professionale che non richiede la laurea. In ogni caso, 6 laureati su 10 bene o male lavorano, contro il 73 per cento dei diplomati e il 57 per cento di chi ha soltanto la licenza media.

Quest'ultimo dato pesa, visto che oltre la metà degli italiani si è fermata alla terza media. Bene, due terzi dei loro figli si fermano anch'essi allo stesso livello di istruzione scolastica. Solo il 6 per cento dei figli di genitori non diplomati raggiunge la laurea (meno della metà della media Ocse) e il 40 per cento dei figli di chi ha un lavoro manuale continua sulla stessa strada (mentre gran parte dei figli di dirigenti e manager diventa dirigente o manager).

L'Italia è il paese europeo con la più bassa mobilità sociale verso l'alto, alla quale si aggiunge una rilevante mobilità verso il basso. Cosa, per la mia generazione, semplicemente impensabile. Non riuscendo a crescere, si esalta la decrescita e si pretende che sia felice. Se ti trascino all'inferno, le fiamme mi bruciano meno. Tre economisti di un gruppo di ricerca tedesco, che hanno stilato la classifica della «disuguaglianza ingiusta» in 31 paesi europei, riconoscono che non tutte le disuguaglianze sono negative: vanno valutati capacità, impegno, colpi di fortuna e circostanze varie della vita. Al netto di tutto questo, c'è l'ingiustizia: purtroppo, l'Italia è al secondo posto, dopo la Lituania.

Splendori ed errori del passato

Chiudo gli occhi e ricordo lo stupore felice della mia adolescenza. Tra il 1950 e il 1960 possedemmo il telefono, il televisore («Lascia o raddoppia?»), l'utilitaria, i primi elettrodomestici, le prime vacanze non elitarie. I primi supermercati nelle grandi città (Esselunga nacque nel 1957 a Milano) mostravano ai consumatori un mondo fatato dove c'era tutto. Ha scritto Marta Boneschi in *La grande illusione. I nostri anni Sessanta*: «Ai grandi magazzini ti rifanno i tacchi delle scarpe e le chiavi in un batter d'occhi; i prezzi degli elettrodomestici continuano a calare; per i compiti non è sufficiente la penna stilografica. "Bic ha sempre una penna a sfera per voi" e infatti nel '60 questo slogan offre ben sei modelli da cinquanta a duecentocinquanta lire e un grande concorso per vincere una Seicento». Il Settebello accorciava in modo fantastico per i tempi la distanza tra Roma e Milano, coprendola in meno di sei ore. La riforma Vanoni aveva arginato l'evasione fiscale, ma le imposte erano molto basse. Di fatto, operai e impiegati pagavano poco o nulla, chi guadagnava 10 milioni l'anno (più dei 150.000 euro di oggi) pagava l'8 per cento. Per arrivare al 23 per cento occorreva guadagnare 100 milioni di lire all'anno, 166 volte il reddito annuo di un impiegato. Il rapporto tra debito dello Stato e prodotto interno lordo era del 30 per cento (oggi è del 130) e Donato Menichella, grande governatore della Banca d'Italia, riceveva nel 1959 l'Oscar per la lira. Il 25 maggio di quell'anno, sul quotidiano britannico «Daily Mail» usciva per la prima volta la definizione di «miracolo economico italiano».

Gli anni Sessanta entrarono nel mito. Nel 1965 arrivò il collant «usa e getta»: se si smagliava, veniva buttato via, cosa inconcepibile per una calza di nylon, che veniva consegnata alla rimagliatrice. In molte case entrò il secondo bagno, che spesso era piccolissimo e serviva per metterci la lavatrice. Furono montati enormi guardaroba «doppia stagione», abiti e scarpe si moltiplicavano. La Facis fece fortuna: mostrava a «Carosello» vestiti ineccepibili a prezzi ragionevoli. In molte famiglie l'auto principale diventò appunto «familiare», o comunque più grande della Seicento, e venne affiancata dalla Cinquecento. Esplose il consumo di dischi e di libri, ogni bar aveva il juke-box. Vespa e Lambretta ebbero il loro momento d'oro. Furono costruite le grandi infrastrutture: l'autostrada del Sole da Milano a Napoli venne completata in otto anni. (Dopo la tragedia del ponte Morandi, un esperto mi ha detto che, con le tecnologie di oggi, basterebbe un anno e mezzo. E invece ci siamo talmente incartati che per costruire un ponte ci vogliono quattordici anni.)

Scomparve definitivamente la fame. Gli stipendi degli italiani erano in genere più bassi che all'estero (tranne per gli autoferrotranvieri), ma sulla tavola della famiglia media c'era ogni ben di Dio. Per dimostrare l'enorme miglioramento delle condizioni di vita degli italiani, basta guardare tre voci. Nel 1959 consumavamo 14 chili di carne a testa all'anno, dieci anni dopo 43. La frutta passò in un decennio da 46 a 81 chili, le verdure da 90 a 160.

«Il secondo momento di grande coinvolgimento collettivo» puntualizza De Rita «è stato quello degli anni Settanta. Lo si ricorda come il decennio degli "anni di piombo", del terrorismo, dell'assassinio di Aldo Moro. Fu invece il decennio dell'industrializzazione di massa e dello sviluppo del ceto medio. Nel '68 ci accorgemmo che una parte cospicua dell'economia italiana non risultava al fisco. Usammo una definizione prudente: economia non istituzionale. Almerina Ipsevich [*la vera madre dell'analisi congiunturale italiana*] ci disse: ma perché non la chiamate "economia sommersa"? Nel '71 le aziende industriali italiane erano 450.000. Dieci anni dopo, un milione. Lo stock industriale accumulato nei primi cent'anni dell'unità nazionale era raddoppiato in un decennio...» E aggiunge: «Fu allora che cominciai a occuparmi del fenomeno Prato. Il popolo cresceva nel localismo: gli "stracciaroli" pratesi, gli "scarpari" di Fermo e di Montebelluna, i gioiellieri di Valenza Po e di Arezzo. E parallelamente cresceva il terziario. Agnelli e Modigliani mi prendevano in giro per l'attenzione verso gli "stracciaroli" negli anni in cui nasceva la grande chimica con la fusione (1966-69) di Montecatini e Edison. Gli "stracciaroli" pratesi esistono ancora, mentre la Montedison non esiste come tale dal 2002».

Alla fine del ciclo d'oro del miracolo (1963) il ministro del Tesoro Emilio Colombo (Dc) e il governatore della Banca d'Italia Guido Carli lanciarono il primo allarme: si galoppava, ma la carenza di servizi era spaventosa. Non furono ascoltati.

Fino al 1968 gli operai e i salariati erano stati sfruttati. La rivolta sociale del '68-69 portò a una rivalutazione retributiva eccessiva, incompatibile con qualunque logica economica. Carli se ne lamentò inutilmente, l'accordo Agnelli-Lama sul punto unico di contingenza (che sarebbe stato elimina-

to da Bettino Craxi nel 1984) segnò la resa degli imprenditori, costretti a pagare a un prezzo pesantissimo per l'e-
conomia nazionale la lunga rendita fiscale di cui avevano
goduto nei primi decenni del dopoguerra. L'irresponsabile
demagogia politica portò nel 1973 ad approvare, con il voto
di maggioranza e opposizione, le pensioni baby: le dipendenti statali con figli andarono in pensione dopo 14 anni,
sei mesi e un giorno di servizio. Gli uomini, dopo 20 anni.
Gli impiegati degli enti locali, dopo 25. Il record fu stabilito da una bidella friulana: in congedo a 29 anni. L'assegno
pensionistico era sostanzialmente uguale all'ultimo stipendio. Questo scandalo finì nel 1992, ma ancora oggi ci sono
in Italia 400.000 persone che percepiscono la pensione da
25-45 anni, dopo aver versato meno di un terzo dei contributi necessari a pagarla.

Il paese, intanto, cresceva e si modernizzava, ascoltando
le canzoni di Lucio Battisti e *Piazza grande* di Lucio Dalla dai
nuovi impianti stereo che dilagavano nelle case. Alla legge
sul divorzio seguì fatalmente quella sull'aborto. La grande crescita del Pci e il «compromesso storico» portavano il
rapporto debito/pil alle soglie del 60 per cento, il doppio
degli anni del miracolo economico.

Servirebbe un clic

Nel 1980 la «marcia dei quarantamila» a Torino fermò
lo strapotere dei sindacati e del Pci. (Intervistai Gianni
Agnelli: era radioso per la rivincita. È la stessa «marcia»
che molti borghesi hanno sognato nell'autunno 2018 dopo
la prima legge di bilancio del governo gialloverde.) Negli anni Ottanta l'economia sommersa ci fu molto utile.
«Craxi» ricorda De Rita «capì che il 35 per cento nascosto
del pil gli serviva per sedersi più comodo al G7.» Nel 1987
– grazie a quello che «The Economist» definì acidamente
«un gioco di prestigio statistico» – eravamo il sesto paese
più industrializzato del mondo, sopra la Gran Bretagna.
Ma, alla fine del decennio, il rapporto debito/pil era salito al 95 per cento.

«Negli anni Ottanta e Novanta» precisa il presidente del Censis «il grande ceto medio che rappresentava ormai il 92 per cento della popolazione italiana non ha fatto il salto verso una più alta identità di classe, non è diventato borghesia. Tutti i paesi sono cresciuti con la voglia di borghesia. La borghesia amministrativa in Francia, industriale in Gran Bretagna, militare in Germania. Da noi, niente. Chi aveva capito che occorreva fare il passo ulteriore fu Craxi. Sperava che la piccola impresa e il terziario potessero diventare classe dirigente e non restare nel grande lago del ceto medio, fattosi enorme per eccesso di immissari: il bracciante calabrese, il bidello di scuola, il professore di latino e greco che si sentiva élite e si è ritrovato impiegato. Il lago non ha avuto emissari che gli dessero sfogo e immissari che gli portassero acqua fresca. La paralisi ha prodotto frustrazione, la frustrazione il rancore. La prima grande crisi è avvenuta nel 2001 e da allora ci siamo fermati.»

Oggi queste acque stagnanti non danno segni di ripresa. «Lo sviluppo che per decenni è stato di popolo» mi spiega De Rita «da vent'anni è limitato a una fascia ristretta di borghesia medio-alta che gira il mondo e compete a livello internazionale. È una spider rossa che non riesce a trascinare un camion pesantissimo. Una borghesia troppo piccola per fare grandi numeri. Manca il soggetto forte. Per questo cresciamo poco più dell'1 per cento all'anno.»

Secondo la ricerca Ocse che abbiamo citato poc'anzi, gli italiani credono nelle istituzioni del proprio paese, sanno che è importante lavorare sodo, ma hanno sempre più la percezione che l'Italia sia ferma, che il merito non premia, soltanto chi ha i mezzi e le conoscenze giuste può fare strada. Ritengono che i governi non si sono impegnati abbastanza per ridurre le disuguaglianze e che privilegiano le rendite di posizione. «Disuguaglianze crescenti e immobilità perdurante diventano una miscela esplosiva» scrive Ardeni.

A giudizio di De Rita, «ci servirebbe un clic per ristabilire confidenza e dialogo tra popolo ed élite. Ai tempi di De Gasperi il popolo della ricostruzione sentiva che l'élite era con lui. Successivamente, la condiscendenza della Dc ha favorito lo sviluppo locale senza strozzarlo con tasse eccessive».

Bettino Craxi e Ciriaco De Mita si detestavano, ma secondo il presidente del Censis «sentivano entrambi che c'era qualcosa che cresceva e volevano secondarlo. De Mita l'ha fatto con Romano Prodi, Beniamino Andreatta, Fabiano Fabiani…».

Perché il clic non scatta?, gli chiedo. «Perché il popolo non vuol sentire parlare di un'élite, che peraltro non esiste quasi più, e questa non ha nessuna voglia di parlare con il popolo. La leadership è un'idea di società e la volontà di perseguirla. Ma se nell'élite c'è un'assenza di leadership, non c'è più curiosità di ascoltare il popolo e questo viene lasciato a se stesso, dopo vent'anni te lo ritrovi immerso nel rancore.»

Ed è il rancore che ha portato i 5 Stelle al successo, osservo. «Ha votato per loro il professore che non ha fatto carriera, l'impiegato pubblico che non ha soddisfazioni materiali e morali, il funzionario ministeriale che aspetta la cacciata del proprio superiore per sostituirlo. L'unica uscita da questa situazione è quella di chi può mandare i figli a studiare all'estero sperando di farne dei grandi borghesi protagonisti della competizione internazionale.»

«Il cortocircuito è dietro l'angolo» annota Antonio Funiciello sul «Foglio» del 22 luglio 2018. «Il binomio tra democrazia liberale ed economia di mercato funziona se la mobilità sociale è viva e lotta insieme a noi. Diversamente, la classe dirigente diviene sempre più improduttiva sul piano economico come su quello civile. … Tuttavia scegliere i medici tra i figli dei medici (e gli ingegneri tra i figli degli ingegneri…) produce anche un danno economico perché, restringendo il bacino di reclutamento, la società potrà contare su medici sempre meno capaci. Generalizzando, questo fenomeno di radicale introversione delle classi dirigenti non può che incattivire le masse governate che vedono bloccata ogni possibilità di vera ascesa sociale ed economica.»

Eppure, secondo De Rita, gli italiani sono un popolo «continuista», che assorbe tutto: «Ha assorbito il '68, ha assorbito Tangentopoli...». La preparazione del Rapporto Censis per il 2019 ha visto divisi i ricercatori: per alcuni il rancore resta solido e inossidabile, per altri si è appena ammorbidito. In nome del continuismo italiano...

La pagella da ultimi della classe

Non voglio infliggere al lettore l'orgia di grafici che testimoniano quanto sia drammatica la decadenza italiana che ha causato la Rivoluzione. Ma qualche dato sommario è necessario, perché ciascuno si renda conto del punto al quale siamo arrivati. Abbiamo visto, qualche pagina fa, che in vent'anni siamo cresciuti di 4 punti: ai tempi del miracolo economico bastava un anno per lo stesso risultato. Di fatto, siamo ancora un po' sotto i dati del 1999. Rispetto all'inizio della crisi (2007) siamo sotto di 8 punti: i principali paesi europei (Spagna compresa) hanno recuperato tutto. Il nostro potere d'acquisto è uguale a quello di vent'anni fa: abbiamo smesso di arricchire la casa di oggetti utili, investiamo sul cambio di telefonino.

Nel 1998 il reddito medio annuo di un italiano era di 26.000 euro, uguale a quello dei 18 paesi della zona euro; quello di un europeo (28 paesi), inferiore ai 22.000. Vent'anni dopo, noi siamo fermi agli stessi 26.000 euro, la zona euro sfiora i 30.000 e l'Europa a 28 ci ha superato nel 2013, arrivando a 27.000. In Italia, 5 milioni di persone vivono in povertà assoluta, cioè in uno stato che non garantisce l'accesso ai beni di prima necessità. Per una singola persona, la soglia di povertà assoluta varia tra gli 826 e i 560 euro mensili, a seconda della zona di residenza. Si parla invece di povertà relativa quando la spesa mensile di una famiglia di due persone è pari a quella media pro capite, che oggi si aggira sui 1100 euro al mese.

Il quadro della distribuzione geografica della povertà è drammatico: è poverissimo il 5,6 per cento dei lombardi e il 35 dei calabresi, il 6 dei toscani e il 29 dei siciliani. Lo stesso divario si registra, ovviamente, nel tasso di disoccupazione. Nel 2007, quando la media nazionale di disoccupazione era del 6,1 per cento, nel Nord era del 4,2 e nel Sud del 14,7. Dieci anni dopo, la disoccupazione al Nord è salita al 6,9 per cento, nel Sud al 19,4 (nel Centro è al 10 per cento). A Bolzano lavorano 73 persone su 100, a Reggio Calabria 37. Nel 2000, in Italia lavorava il 57 per cento della popolazione attiva, in Europa il 66. Nel 2017 noi siamo ancora fermi al 57, mentre l'Europa è salita al 71.

Ci sono voluti dieci anni per avvicinarci al numero di occupati del 2008 (23 milioni): ne avevamo perso un milione per strada. Ma è inaccettabile che ci siano ancora 8,5 milioni di donne a spasso, pur essendo in età lavorativa. Oggi abbiamo quasi 3 milioni di disoccupati, dieci anni fa erano la metà. E l'Italia è l'unico paese europeo in cui ci sono quasi 3 milioni di persone che non hanno un lavoro, ma non muovono un passo per cercarlo. In Spagna, dove pure il numero dei disoccupati è più alto che da noi, quelli che se ne stanno con le mani in mano sono solo 800.000. Il paradosso è che, una volta su cinque, le aziende non trovano i candidati giusti per occupare il posto di cui hanno bisogno. Servono informatici, progettisti, ingegneri, perfino operai metalmeccanici, mentre i nostri ragazzi affollano inutilmente le facoltà di scienze della comunicazione alla ricerca di professioni che non esistono più, se non in misura ridottissima.

Scopriamo con sorpresa che per quasi cento anni – dal 1896 al 1992 – siamo cresciuti a una media del 2,4 per cento, superiore a quella di tutti i maggiori paesi occidentali (Stati Uniti e Francia 2 per cento, Germania 1,9, Regno Unito 1,4). Da allora fino al 2010 la classifica si è invertita: adesso siamo all'ultimo posto, con una crescita annua di mezzo punto. E non ci siamo più ripresi.

Durante il miracolo economico il nostro prodotto interno lordo era fra il triplo e il quadruplo del debito. Negli anni Settanta, ancora il doppio. Fino al 2008, il debito pubblico era pari al pil di un anno: intorno ai 1650 miliardi di euro. Un decennio dopo, il pil è salito di 160 miliardi (1816 nel 2018), il debito di 700 (2342 nel luglio 2018) e il rapporto debito/pil è del 130 per cento. Pur essendo sceso di 3 punti in tre anni, non è mai stato così alto nell'intera storia italiana, nemmeno dopo le due guerre mondiali, dove pure c'era stata un'esplosione rispetto alle medie di allora. È come se ogni famiglia avesse 90.000 euro di debito. È questo il nostro vero problema: negli ultimi dieci anni abbiamo pagato 760 miliardi di euro di interessi, 1700 negli ultimi venti. Ogni anno abbiamo sottratto tra i 60 e i 70 miliardi di interessi ad altri investimenti. Nel 2002, e poi ancora nel 2010, facevamo gli stessi investimenti dell'Unione europea rispetto al pil. Adesso siamo 3 punti sotto. Nel 1980 spendevamo per pensioni e altre prestazioni sociali la stessa cifra che serviva per pagare gli stipendi della pubblica amministrazione. Adesso spendiamo il doppio.

C'è poi il problema gigantesco dell'evasione fiscale, calcolata in un centinaio di miliardi di euro all'anno, in aumento. Questa cifra è fatta di 35-40 miliardi di evasione Iva, 40 miliardi di evasione da parte dei lavoratori autonomi, il resto di evasione delle imposte e dei contributi previdenziali da parte delle aziende. Siamo di gran lunga i maggiori evasori d'Europa, soprattutto sull'Iva. C'è un indicatore oggettivo dell'evasione: spendiamo 114 euro per ogni 100 che guadagniamo, al netto delle imposte, secondo quanto rilevato da una ricerca dell'università della Tuscia i cui dati sono stati riportati dal «Sole-24 Ore» dell'11 giugno 2018. Il 14 per cento di debiti? Non è possibile. La Lombardia sottrae al fisco oltre 23 miliardi all'anno, il Lazio quasi 14. Ma se guardiamo alle percentuali, i 14 euro di troppo a livello nazionale diventano 21 in Campania, Sardegna e Puglia. Anche la Toscana è ai primi posti nell'evasione, con il 19 per cento. La pressione fiscale è eccessiva, come ammette la stessa Corte dei conti, e la Confartigianato ha calcolato che quella complessiva su una media azienda è del 64,8 per cento, contro una media europea del 40,6. Bene, ma è possibile che solo poco più dell'1 per cento degli italiani dichiari di guadagnare oltre 100.000 euro lordi all'anno, pari a circa 5000 euro netti al mese? E che solo lo 0,1 per cento dichiari più di 300.000 euro lordi all'anno?

L'evasione è fortissima in tutte le fasce di reddito, al punto che il 12 per cento dei contribuenti paga il 57 per cento dell'Irpef totale e il solo 4 paga il 36 per cento del totale (840 miliardi). Quando le tasse calano, gli italiani le pagano. Un esempio intelligente e virtuoso è stata la cedolare secca sulla casa, un tempo caso classico di evasione, almeno parziale. L'imposta del 21 per cento ha fatto emergere subito 1 miliardo in più. Perciò il nuovo governo l'ha estesa anche a negozi e capannoni.

Vanno via, ma qui il lavoro ci sarebbe

Mentre l'Italia si chiede da vent'anni perché si è fermata e come ripartire, i giovani se ne vanno. In un libro uscito nell'autunno 2018 proprio con questo titolo, *Quelli che se ne vanno*, Enrico Pugliese invita a non guardare i dati Istat su chi ha lasciato la residenza italiana, ma gli uffici statistici dei paesi dove sono andati i protagonisti della nuova emigrazione. Si prenda la Germania: a noi risultano espatriati 60.700 italiani tra il 2012 e il 2016, ma all'Istat tedesco ne risultano arrivati il quadruplo, cioè 274.000, pari alla popolazione di Verona. La maggior parte degli emigrati non ha voluto cambiare residenza, sperando di rientrare relativamente presto.

Nel solo 2015 l'Istituto nazionale inglese di previdenza ha registrato l'arrivo di 158.000 italiani, la popolazione di Livorno. All'Istat ne risultavano partiti soltanto 39.000. La Brexit (23 giugno 2016) ha frenato notevolmente le partenze verso quello che, dagli anni Novanta, era il paese più aperto agli arrivi da tutto il mondo. (Un mio conoscente cingalese, che voleva portare il figlio a visitare Londra, non ha ottenuto il visto, nonostante avesse documentato di avere un regolare rapporto di lavoro in Italia, e ha perso anche i 400 euro richiesti per la pratica: il terrore dell'immigrazione clandestina è diventato paranoico.)

Si va all'estero anche per lavori estremamente precari, come i contratti a zero ore, proibiti in Italia e molto diffusi nel Regno Unito, soprattutto nel settore della ristorazione: significa presentarsi al lavoro senza garanzia di orario, che viene stabilito secondo necessità. Ecco la testimonianza di una ragazza italiana riportata da Stefania Marino e Giuseppe D'Onofrio nell'articolo *La Brexit e l'immigrazione italiana «di nuova generazione» nel Regno Unito*, pubblicato dalla «Rivista delle Politiche Sociali» nell'aprile 2017: «Lavoro come cameriera in un fast-food. … Guadagno otto sterline all'ora e ho un contratto a zero ore. Lavoro circa nove ore al giorno per cinque giorni alla settimana. Dico "circa" perché se il manager ha bisogno di manodopera, io mi faccio le mie ore di lavoro stabilite. Se non c'è bisogno, loro sono liberi di mandarti a casa anche dopo due ore». Ho conosciuto nel corso degli anni molte ragazze e ragazzi del genere. Vanno in Inghilterra per imparare la lingua e fanno lavori che mai accetterebbero in Italia.

La nuova emigrazione presenta alcune sorprese. La prima è che la maggior parte dei giovani (perché sono loro ad andarsene, soprattutto) viene dal Centro-Nord e non più dal Mezzogiorno: fra le prime cinque regioni troviamo Lombardia, Veneto, Lazio e Piemonte. Noi ci stracciamo le vesti pensando (giustamente) alla «fuga di cervelli». Bene, Pugliese ci informa che c'è anche una formidabile «fuga di braccia», di ragazzi disposti a svolgere umili lavori manuali: il 70 per cento di chi parte ha titoli di studio inferiori alla laurea. In Germania cala il numero di italiani occupati nell'industria, esplode quello degli occupati nella ristorazione. Terza sorpresa, le donne. L'emigrazione italiana tradizionale ha sempre visto una larghissima maggioranza maschile (come accade oggi con gli immigrati che arrivano dall'Africa). Oggi la nuova emigrazione italiana registra il 45 per cento di donne.

In ogni caso, lo spopolamento del Sud è stato spaventoso. L'Associazione per lo sviluppo dell'industria del Mezzogiorno ha calcolato, tra il 2002 e il 2016, la partenza di 1 milione 883.000 persone, di cui 900.000 di età compresa tra i 15 e i 34 anni e un quinto laureati. Ben 800.000 non sono tornati. (Tra il 2010 e il 2018, il numero di famiglie meridionali in cui tutti i componenti cercano lavoro è raddoppiato: da 362.000 a 600.000. Ma nemmeno il Centro-Nord scherza: 470.000 famiglie, più o meno quelle della città di Torino.)

La sostanza è che nel Centro-Nord, tra il 2001 e il 2016, la popolazione è aumentata di 3 milioni 600.000 unità (di cui 3 milioni di stranieri), mentre nel Sud l'incremento è stato di sole 274.000 unità. Ma se togliamo gli stranieri, il saldo negativo è di 400.000 persone. Una drammatica controstoria d'Italia.

Eppure il lavoro ci sarebbe, ma gli italiani non vogliono farlo. Edilizia, allevamento di animali, panificazione, servizi di pulizia, assistenza di persone anziane o malate: per carità, non se ne parla! Per alcuni, perché queste attività occupano almeno in parte i weekend o prevedono turni di notte; per altri, perché troppo faticosi. Ma è difficile trovare addetti pure in agricoltura, nel settore tessile e nell'abbigliamento, nella chimica e nella meccanica. Anche per lavori qualificati e non particolarmente stressanti è difficile trovare addetti: da una ricerca condotta nel settembre 2018 da «Millennium», il mensile del «Fatto Quotidiano», emerge che per i giovani sotto i 30 anni restano vacanti 2 posti di lavoro su 3 nei settori di informatica, chimica e fisica. Vengono occupati soltanto 6 posti sui 10 richiesti per assistenti sociali, operai specializzati e persino per estetiste qualificate. Al contrario, 67.000 ragazzi si sono presentati nel 2018 ai test per accedere a 10.875 posti nelle facoltà di medicina e odontoiatria. Eppure risulta che nel 2023 mancheranno 45.000 medici, e non si capisce perché allora non venga drasticamente aumentato il numero chiuso, stabilito in altri tempi.

Poiché il mercato non si lascia condurre dall'ideologia, i diplomati degli istituti tecnici superiori trovano immediatamente lavoro, sia al Nord sia al Sud. «Millennium» cita il caso di Caterina Lunari. Nel paese in cui oltre un quarto dei giovani sotto i 24 anni non studia né lavora, lei a 23 anni ha già cambiato due lavori a tempo indeterminato. Prima come tecnico per la manutenzione aeronautica a Orio al Serio e poi in una compagnia di charter con base a Malpen-

sa. Il giorno dopo aver preso il diploma di tecnico per l'in-
gegnerizzazione industriale a Bari, Michelangelo Illuzzi è
stato assunto da una ditta di Modugno che fa linee di as-
semblaggio e collaudo di componenti per auto. Parecchi studenti vengono selezionati prima del diploma dalle aziende,
molte delle quali concordano con gli istituti scolastici pia-
ni di formazione integrata e così, alla fine del ciclo, si ritro-
vano il tecnico su misura. Conclusione: l'82 per cento dei
diplomati trova subito il lavoro. (Provo una grande soddisfazione ripensando alle antiche, animate discussioni con
Fausto Bertinotti che riteneva questi istituti un elemento
di appiattimento sociale per i ragazzi di famiglie modeste.
Certo, i figli dei laureati spesso si laureano, ma restano a
lungo senza lavoro. Bella soddisfazione...)

Le difficoltà incontrate anche dai laureati nel trovare lavoro hanno portato a un calo delle iscrizioni all'università: meno 10 per cento tra il 2008 e il 2014, mentre in Europa
aumentavano del 7 per cento e in Germania addirittura del
35. Soltanto il 10 per cento dei ragazzi arriva alla laurea ma-
gistrale, e nel frattempo i professori invecchiano: un ordinario ha in media 59 anni (cinque di più che nel 1989) e un
ricercatore 47 (contro 40 nel 1989). D'altra parte, la spesa
universitaria rispetto al pil è in Europa superiore del 60 per
cento a quella italiana. I criteri di valutazione accademica
sono così arretrati che i giovani italiani autori di scoperte
scientifiche anche molto importanti se ne restano all'estero perché qui avrebbero difficoltà ad avere una cattedra.

Fu un errore entrare nell'euro?

Subito dopo la formazione del governo Conte, Wolfgang
Münchau, uno dei più autorevoli commentatori del
«Financial Times», scrisse: «Il governo populista italiano
non è un incidente elettorale, come vogliono farci credere i
commentatori moderati italiani. È quello che accade quando
una prolungata recessione economica indirizza l'elettorato
contro l'establishment. L'Italia era uno dei paesi più euro-
peisti. Secondo gli ultimi rilevamenti dell'Eurobarometro,

adesso è il più euroscettico». Intendiamoci: dire che la crisi italiana è colpa dell'Europa sarebbe miope e fuorviante. Se, come sostiene De Rita, non abbiamo una borghesia degna di questo nome, se non abbiamo una leadership in grado di trascinare il paese, non è colpa dell'Europa. E non è colpa dell'Europa se abbiamo un codice degli appalti che paralizza gli appalti, una burocrazia in cui gli incapaci restano al loro posto, i lavativi non vengono puniti, i capaci sono frustrati dal non riconoscimento delle loro capacità, le intelligenze migliori e più volitive hanno la mano paralizzata dal rischio di sanzioni rovinose da parte della Corte dei conti se mettono in buona fede la firma sbagliata, se centinaia di sindaci e di funzionari onesti devono difendersi per anni da accuse ingiuste di abuso d'ufficio, se una parte della magistratura (unica in Europa in cui il pubblico ministero non risponde al governo) scoraggia gli investitori esteri.

Dopo la Brexit, Milano era considerata dal mondo finanziario la piazza più attraente per trasferirvi le sedi di importanti società. L'Italia è bella, e Milano offre per il weekend destinazioni più attraenti di Francoforte e della stessa Parigi. A trattenerle è stata la burocrazia e, soprattutto, il timore che qualunque pubblico ministero possa svegliarsi una mattina con il desiderio di indagarle.

Nel campo del lavoro (e non solo), da noi la certezza del diritto non esiste. Si prenda il Jobs Act, varato dal governo Renzi su antica sollecitazione dei datori di lavoro e accettato dai sindacati (tranne la Cgil). Il patto era questo: tu, Stato, mi stimoli ad assumere i lavoratori a tempo indeterminato, ma io posso licenziarlo senza giusta causa con il criterio delle «tutele crescenti», ovvero commisurando la penalità agli anni di servizio, escludendo il ricorso al giudice. Il 26 settembre 2018 la Corte costituzionale ha cancellato la riforma, attribuendo al magistrato i poteri che aveva in precedenza. Così, se assumo un lavoratore, non saprò mai che cosa mi costerà un eventuale licenziamento. I giudici, infatti, non la pensano tutti allo stesso modo.

Dunque, buona parte delle nostre disgrazie dipende da noi stessi. Ma l'Europa e le sue regole fuori del tempo hanno favorito la nostra caduta e, soprattutto, rallentano la ripresa. Quando si è formato il governo gialloverde, i mercati sono entrati in agitazione perché, in passato, sia Salvini sia Di Maio avevano minacciato di uscire dall'euro. In realtà, una cosa è dirlo in un comizio d'opposizione, un'altra è dirlo dal banco del governo. Perciò, di uscire dall'euro non si è più parlato, anche se Paolo Savona ha perso il posto di ministro dell'Economia per aver sostenuto, non di voler uscire dall'euro, ma che anche per l'euro – come per tante scelte della vita – occorre un piano B.

Nel suo «famigerato» *Come un incubo e come un sogno*, mai immaginando che si sarebbe tradotto in una prova a suo carico, l'economista scrive: «Ero e resto dell'avviso espresso da illustri colleghi che l'ingresso dell'Italia nell'euro è stato un "errore storico", poco meditato e prematuro, che ha aggiunto nell'otre già pieno dei nostri difetti la goccia che l'ha fatto traboccare, senza prima ampliare lo spazio per accogliere gli effetti della decisione senza danni». E aggiunge: «Va considerata un'aggravante la tesi di costoro che entrare nell'euro avrebbe indotto comportamenti tali da indurre una riduzione del livello dell'acqua nell'otre, invece di causare l'ovvio suo immediato traboccamento». Secondo il ministro per gli Affari europei, l'Italia «è in un vicolo cieco»: «Ritengo che uscire dall'euro comporti difficoltà altrettanto gravi di quelle che abbiamo sperimentato e sperimenteremo per restare. Il problema consiste nel fatto che non abbiamo né piano A, né B. Il piano A dell'Italia è quello dell'Unione europea» con le conseguenze che sappiamo. «Ho timore che il piano B sia quello di consegnare la sovranità fiscale alla "triade" (Fmi-Bce-Commissione [*europea*]) se le cose peggiorano, infilandoci nella soluzione greca.»

È stato un errore entrare nell'euro? Nel tardo pomeriggio del 7 febbraio 1992 Guido Carli, ministro del Tesoro del settimo governo Andreotti, e Gianni De Michelis, ministro degli Esteri, firmavano nella cittadina olandese di Maastricht il trattato che sanciva l'adesione dell'Italia alla moneta unica. Pochi giorni dopo, l'arresto di Mario Chiesa avrebbe innescato il ciclone di Mani pulite, il 5 e 6 aprile si sarebbero celebrate le ultime elezioni della Prima Repubblica, subito dopo il governatore della Banca d'Italia Carlo Azeglio Ciampi avrebbe speso inutilmente 48 miliardi di dollari per difendere il cambio della lira, l'11 luglio il governo Amato avrebbe fatto una manovra monstre di 93.000 miliardi di lire (45 miliardi di euro), prelevando anche il 6 per mille dai conti correnti dei cittadini, e nel weekend del 13 settembre la lira fu svalutata del 7 per cento sul marco (in seguito avrebbe sforato il tetto del 20 per cento) perché due giorni prima il presidente della Bundesbank, Helmut Schlesinger, aveva avvertito Ciampi che dal lunedì successivo non avrebbe più accettato il cambio del marco con la lira.

Quando a Carli tremò la mano

Tutto questo era ignoto, ovviamente, a Carli e De Michelis mentre firmavano a Maastricht il trattato al suono di un *Divertimento* di Mozart. Eppure Carli firmò con «la mano tremante», come avrebbe rivelato una sua nipote a Paolo Panerai, che ha pubblicato la confidenza prima su «MF/Milano Finanza» del 23 marzo 2018 e, successivamente, in un libriccino scritto con Paolo Savona che s'intitola proprio *Quando a Carli tremò la mano*. Disse infatti Carli alla ragazza rientrando da Maastricht: «Tu sai che nella vita di Governatore ho messo tantissime firme. Quando ho firmato il Trattato la mano mi tremava. Sapevo che era necessario far entrare l'Italia nel vertice dell'Europa, ma sapevo anche che l'Italia non è pronta. Speriamo che lo diventi». Purtroppo non lo è diventata.

Facciamo un passo indietro. L'euro è nato da un clamoroso equivoco storico. Prima che nel novembre 1989 cadesse il Muro di Berlino, il presidente francese François Mitterrand aveva capito prima di altri (di Andreotti, per esempio) che le due Germanie si sarebbero presto o tardi riunite. Un colosso militare sconfitto sarebbe rinato come colosso economico. Ritenne, perciò, che una moneta unica fosse l'unico modo di imbrigliarlo. Sbagliò in modo clamoroso perché, come ha scritto (incautamente per lui) Savona, «l'impostazione di politica economica della Germania [*dimostra*] che essa non ha cambiato la visione del ruolo in Europa dopo la fine del nazismo, pur avendo abbandonato l'idea di imporla militarmente». Il successore di Mitterrand, Jacques Chirac, all'inizio ritenne che la moneta unica fosse un grosso favore fatto ai tedeschi. Poi s'illuse che l'euro potesse attenuare l'egemonia finanziaria del dollaro, ma anche questo è avvenuto solo in parte. L'Italia firmò il trattato in condizioni di estrema debolezza. Carli respinse il diktat olandese di abbassare subito l'inflazione italiana, che era al 6 per cento, mai immaginando che sarebbe crollata da sola, facendola perfino rimpiangere un po'. Accettò il famoso vincolo del 3 per cento nel rapporto deficit/pil annuale, che ci perseguita da allora, e trattò sulla «convergenza» verso un rapporto debito/pil al 60 per cento. L'Italia allora era al 120 per cento e mai si sarebbe pensato di trovarla al 130 venticinque anni dopo. Il decennio di crisi ha portato tutti i principali paesi a sforare parametri non più attuali (Francia e Spagna sono al 98 per cento, Regno Unito al 90, Germania al 65,7), ma il nostro 130 ci paralizza. Pochi sanno che negli undici anni 2007-17 l'Italia ha sfondato soltanto 3 volte il famoso 3 per cento: la Spagna l'ha fatto 10 volte, la Francia 9, il Portogallo 8, persino la virtuosissima Germania l'ha fatto 2 volte. Ma a noi – complice il debito – non perdonano niente.

La firma del trattato di Maastricht era soltanto l'ingresso nella «città dolente» dell'euro. Nel 1997 il governatore della Banca d'Italia Antonio Fazio dovette rivalutare la lira del 25 per cento, il governo accelerò sulle privatizzazioni (svendendo Telecom agli Agnelli) e fu costretto – incalzato dalla Spagna, che aveva conti migliori dei nostri – a raddoppiare la manovra economica da 32.500 a 62.500 miliardi di lire (cioè da 16 a 31 miliardi di euro), imponendo un'«eurotassa» rimborsata successivamente solo in parte. Alla fine fummo promossi, il cambio fu stabilito in 1936,27 lire per 1 euro, equivalente a 990 lire per 1 marco. È molto controverso se si potesse far di meglio. È certo che, dal Capodanno del 2002, si dovette spendere 1 euro per comprare quel che fino al giorno prima costava 1000 lire.

È stato conveniente entrare nell'euro? Il grande successore di Carli alla Banca d'Italia, Paolo Baffi, fin dal 1979 non voleva entrare nel Sistema monetario europeo (Sme), temendo un calo di competitività per la nostra industria. E dieci anni dopo, il 3 giugno 1989, in un articolo per «La Stampa» intitolato *Moneta Cee, falso traguardo*, ammonì che «la storia monetaria d'Europa ci rivela che, ogni qual volta la parità di cambio è stata eretta a feticcio o imposta senza adeguato riguardo alle sottostanti condizioni dell'economia, le conseguenze sono state nefaste». Il successore di Ciampi in via Nazionale, Antonio Fazio, la pensava allo stesso modo: disse al Parlamento che la rinuncia alla facoltà di regolare il cambio della moneta ci avrebbe indebolito nei confronti della Germania e avrebbe aumentato la disoccupazione. «Ogni anno perdiamo posizioni» mi disse nel 2012. «È come il bradisismo di Pozzuoli. Non un terremoto, ma un lento abbassamento.» Nello stesso anno Prodi mi confermò di non condividere la contrarietà di Fazio al nostro ingresso nella moneta unica, ma ne riconobbe le ragioni nel sostenere che non si potesse avere una moneta unica senza una forte Banca centrale europea e senza l'unione fiscale. Grazie a Mario Draghi abbiamo avuto la prima, mentre la seconda non è alle viste, determinando così enormi squilibri competitivi soprattutto in danno dei paesi con un peso fiscale enorme, come l'Italia e la Francia.

«Mister Ciampi, ha rinunciato a muovere il pollice?»

Carlo Azeglio Ciampi, il governatore più favorevole all'euro, ha raccontato a Roberto Napoletano che il cancelliere dello Scacchiere, John Major, gli chiese perché volesse rinunciare al potere di regolare il cambio della lira. Ciampi gli rispose, come riferisce Napoletano in *Il cigno nero e il cavaliere bianco*, che se la Germania avesse modificato il tasso di sconto, nel giro di pochi minuti lo avrebbero fatto tutti gli altri paesi: «Preferisco che il mio pollice si muova non perché un altro ha deciso di premere il pulsante, ma perché possa concorrere con gli altri, prima (e non dopo), a decidere se sia giusto o meno premere quel pulsante». Obiezione corretta, ma purtroppo la storia non è andata così. Bruxelles muove il pulsante anche per conto nostro, anzi lo ha proprio tolto dal nostro banco, nel timore che possiamo usarlo male.

Il giurista Giuseppe Guarino, intervistato da Angelo Polimeno per il libro *Non chiamatelo euro*, sostiene che le regole del trattato sono state stravolte da un regolamento, non votato dal Parlamento europeo, che ha trasformato in rigore quasi cieco l'adattamento del percorso riformatore alla storia e alle condizioni economiche dei singoli Stati, come immaginato da Carli. E se è vero che i tassi d'interesse sono crollati e i mutui sulle case sono stati molto più convenienti, senza il «whatever it takes» (tutto il necessario) di Mario Draghi (26 luglio 2012) e le palate di miliardi della Banca centrale europea non sappiamo come sarebbe andata a finire. Nel 2011 Berlusconi dovette dimettersi perché travolto dallo spread e dalla sfiducia dei mercati nella capacità del Parlamento italiano di approvare una politica «lacrime e sangue». La fece immediatamente quel gran signore di Mario Monti, ma i risultati sono stati devastanti.

Quando Jens Weidmann, presidente della Bundesbank, mi ricevette in una cortese visita privata nel suo ufficio di Francoforte, gli dissi che i risultati della stretta sull'Italia non mi sembravano eccellenti: il debito pubblico era aumentato di 30 miliardi, passando dal 116 al 135 per cento del pil, il prodotto interno lordo era rimasto inchiodato, la disoccupazione era passata dal 9 al 13 per cento, i consumi si erano fortemente contratti. Né il bilancio dello Stato né la società italiana ne avevano tratto alcun giovamento. Il banchiere più potente d'Europa (dopo Draghi, di cui è sempre stato strenuo avversario) non si avventurò in una discussione impropria e mi accompagnò a visitare la splendida collezione d'arte contemporanea della banca. Ma un suo assistente mi disse apertamente che gli italiani si godono troppo la vita e vivono al di sopra delle loro possibilità.

Questo in parte è vero, ma se le cure di austerità che ci sono state inflitte non hanno funzionato, forse erano cure sbagliate. Il padre politico dell'adesione italiana all'euro, Romano Prodi, ha dichiarato a Napoletano: «L'euro ha funzionato perfettamente prima della crisi, poi la crisi ha cambiato tutto, le politiche europee sono diventate la politica della Germania. ... Chi ha il comando? Chi decide? [*Nella crisi greca*] la decisione è stata tra Bruxelles e Atene o tra Berlino e Atene? Con 30 miliardi di euro si poteva risolvere la crisi greca e, invece, non è bastata una cifra dieci volte superiore, perché le elezioni nel Nord Reno-Vestfalia hanno tardato la decisione e nel frattempo la speculazione ha colpito duro. ... La speculazione ha fatto il suo mestiere, i mercati fanno il loro, però l'Europa non ha fatto l'Europa».

Savona: «L'Europa ci faccia spendere i nostri soldi»

«Con la crisi e con il governo Monti l'euro è diventato una gabbia, con l'Italia ridotta al ruolo di colonia» mi dice Paolo Savona nel suo ufficio romano di largo Chigi. «Intorno all'euro si è formato un gruppo di potere inscalfibile. La crisi colpisce i paesi deboli. Non devono smontare la macchina, ma riformarla. Nel 1992 ero favorevole all'euro e non ho mai cambiato idea. Il mercato unico richiede una moneta unica, ma sono stati entrambi costruiti male e non incentivano lo sviluppo. Non puoi avere differenze di cambio all'interno dell'Europa, ma la Banca centrale europea deve poterle gestire nei confronti dei paesi esterni all'euro. Oggi lo sviluppo dell'Europa è condizionato dalla politica di cambio di Cina e Stati Uniti. Vogliamo aumentare i poteri della Bce. Draghi è pronto ad aiutarci?»

A Draghi, Savona ha illustrato la sua tesi sull'investimento di 50 miliardi per riaccendere il motore. «Il limite del surplus nell'esportazione stabilito dagli accordi europei è del 6 per cento del prodotto interno lordo, misura già di per sé inaccettabile. La Germania da otto anni supera quel limite e nessuno dice niente. È arrivata adesso all'8 per cento, con quasi 300 miliardi di euro. L'Olanda ha un surplus

del 10 per cento e nessuno obietta. Noi ne abbiamo uno del
2,3 per cento, pari a 50 miliardi. Chiediamo all'Europa una
deroga su questo risparmio inutilizzato per accrescere gli
investimenti: valgono quasi 3 punti del pil, che si accumu-
lano a quelli del passato. Con gli effetti di moltiplicazio-
ne, avremmo le entrate tributarie necessarie per finanziare reddito di cittadinanza, flat tax e revisione della legge
Fornero. Si rende conto di che cosa sarebbero 50 miliardi di
investimenti da dirottare soprattutto al Sud? Io non accetto
i vincoli rigidi dell'Europa, ma accetto il controllo su come
spendo i miei soldi. Ma, attenzione,» continua Savona «se
l'Europa non permette all'Italia di utilizzare i suoi soldi,
può avere un effetto negativo sugli equilibri politici interni e sulla composizione del prossimo Parlamento europeo.»

Un altro dei punti che Savona giudica inaccettabili è quello dei modi in cui si considerano gli aiuti di Stato. «Un aiuto di Stato nasce perché si viola la competizione. Bene, ma
se per esempio tra Italia e Irlanda la differenza fiscale è fra
una e tre volte, di quale competizione parliamo? E quale
alterazione della concorrenza c'è se decido di dare un contributo a tanti piccoli alberghetti? C'è concorrenza tra un
bed&breakfast da 80 euro e il grande albergo di Porto Cervo
da 2000 euro a notte? I modi in cui si considerano gli aiuti
di Stato devono essere riconsiderati.»

E il «cigno nero», l'incubo che ha messo Savona sotto una
sinistra attenzione?, gli chiedo. «Vedo tanta confusione in
giro. Quasi tutti i giornali non hanno accettato il risultato
elettorale del 4 marzo. Se le grandi agenzie di rating faranno
scendere di un altro gradino l'Italia, mettendola a un passo dalla spazzatura, parte la speculazione e si mangia tutto il bene della politica economica. Draghi deve difender-
ci dagli attacchi speculativi. Deve comprare titoli di Stato
e azzerare lo spread.» Una pausa e conclude: «Se il mercato negherà agli italiani il diritto di votare come vogliono,
si aprirà un rischio vero per la democrazia».

La sera del 27 settembre 2018, con una clamorosa mossa a sorpresa, il governo mise in minoranza il ministro
dell'Economia Giovanni Tria e fece salire il deficit al 2,4 per

cento del prodotto interno lordo. A metà settembre Savona aveva illustrato alla Commissione europea la posizione italiana in una memoria di sedici pagine, sostenendo che l'architettura e le regole europee si sono rivelate inadeguate. Invece di favorire la crescita, l'hanno soffocata. E in ottobre ha ripetuto alla stampa estera che, se l'Europa continua a viaggiare con il pilota automatico, rischia di finire contro un iceberg.

In una nostra conversazione a «Porta a porta» il ministro per gli Affari europei ha affermato che la legge di bilancio italiana sul 2019 è prudente, perché prevede una crescita dell'1,5 per cento, mentre potrebbe essere del 2 per cento nel 2019 e del 3 per cento nel 2020, a patto che partano investimenti per 150 miliardi di euro, già stanziati e coperti da leggi di attuazione, usando «in tre anni i 160 miliardi di risparmio prodotto dall'Italia e non utilizzato». È il surplus nella bilancia dei pagamenti, frutto della capacità di esportare delle nostre imprese. Anche le aziende partecipate dallo Stato, incontrando il presidente del Consiglio Giuseppe Conte, hanno dato assicurazioni su importanti investimenti a brevissima scadenza.

Ma il punto centrale resta la radicale differenza di vedute tra il nuovo governo di Roma e le autorità di Bruxelles. «Queste» precisa Savona «ritengono la stabilità finanziaria come premessa per lo sviluppo. E invece i problemi di stabilità finanziaria nascono proprio dall'assenza di sviluppo. I trattati di Maastricht e di Lisbona dicono che obiettivo dell'Europa è la piena occupazione e lo stato di benessere. Stiamo lavorando per questo?»

VII

Conte, l'avvocato del popolo.
Tria e l'ombra di Quintino Sella

Conte: «Destra e sinistra sono concetti un po' desueti»

«Perché lei non mi ha mai attaccato?» mi chiede Giuseppe Conte appena prendiamo posto al tavolo ovale del suo studio di palazzo Chigi, dove resteremo per due ore e mezzo.

Perché avrei dovuto?, chiedo. «Ai tempi del curriculum si scatenarono furiosi attacchi.»

In effetti, ci fu una certa confusione quando la New York University smentì la sua frequenza dei corsi... «Ci fu un equivoco. Io non ho mai dichiarato di essere stato studente o docente in quell'università, ma soltanto di avervi approfondito i miei studi.»

Ho visto che la sua ex moglie le fu molto solidale in quella circostanza. «Certo, lei e mio figlio Niccolò sono stati testimoni oculari dei lunghi periodi di soggiorni-studio trascorsi presso le strutture bibliotecarie di quell'università. Da allora mio figlio ha maturato una forte passione per NYC.»

Non sono abituato ad attaccare le persone, presidente, ma a giudicare i loro atti politici che non mi convincono. Per esempio, il «decreto dignità» mi sembra pericoloso. Temo che la riduzione da tre a due anni della durata dei contratti a termine, la necessità di giustificarli con una causale dopo il primo anno e altre restrizioni, invece di tutelare i lavoratori, possano alla fine pregiudicarli. «La dignità è un valore fondamentale della persona. Ed è importante collegare questo concetto al lavoro. Occorreva intervenire per evitare la precarizzazione eccessiva del lavoro. Non è una legge contro i lavori a tempo determinato, anche se abbiamo introdotto qualche limite. E l'accrescimento delle indennità per i licenziamenti illegittimi non è un grande problema per le imprese. Se qualcosa non funzionasse, adotteremmo doverosamente i correttivi necessari.»

È un classico provvedimento di sinistra-sinistra, che nessun governo Prodi avrebbe mai avuto la forza di adottare. «Sinistra? Destra e sinistra, nella mia visione politica, sono concetti un po' desueti» mi dice. «Preferisco valutare le ripartizioni degli schieramenti politici in base ai livelli di tutela assicurati ai diritti e alle libertà fondamentali, piuttosto che guardando a sistemi ideologici ormai tramontati.»

Sull'immigrazione, gli chiedo, lei sposa in pieno la politica di Matteo Salvini contraria a qualunque tipo di sbarchi sul nostro territorio? «Appena insediato, mi sono reso subito conto che se il problema della regolazione e della gestione dei flussi non fosse stato affrontato e risolto su base strutturale, ma affidato solo a una logica emergenziale, qualunque governo avrebbe rischiato di rimanere sopraffatto. Sa che cosa mi ha detto Emmanuel Macron? "Giuseppe, se non stai attento, su questo argomento in sei mesi sei morto politicamente".»

Per dimostrare che non è soltanto Salvini a occuparsi di immigrazione, Conte mi porge un documento di quattro pagine (dopo aver scritto sulla prima una dedica cortese), già illustrato alla riunione informale dei capi di Stato e di governo tenutasi a Bruxelles il 24 giugno 2018. Sei premesse e un decalogo di obiettivi. Le premesse servono a suggerire un approccio «strutturale» al problema dell'immigrazione senza rincorrere le emergenze. Il decalogo riguarda gli accordi con i paesi d'origine e i paesi di transito, il rafforzamento delle frontiere esterne dell'Unione, il superamento della logica del «paese di primo arrivo» che penalizza l'Italia, la comune responsabilità europea nei confronti dei naufraghi, con la distribuzione degli arrivi e le sanzioni finanziarie agli Stati che si rifiutano di accogliere i migranti.

«Riformeremo codice degli appalti e abuso d'ufficio»

La tragedia del ponte Morandi, dico al presidente del Consiglio, ha rilanciato il problema dei tempi di realizzazione delle opere pubbliche. In Italia la costruzione di un ponte richiede quattordici anni, per non parlare delle altre infrastrutture. Se il suo governo riuscisse a tagliare i tempi della burocrazia, acquisirebbe un grosso merito. Comincerà con la revisione del codice degli appalti, riformato per peggiorare le cose? «Sa che cosa mi ha detto Trump? "Quando sono arrivato alla Casa Bianca, occorrevano nove anni per costruire un'autostrada. Adesso ne basta uno. E voglio ancora accorciarne i tempi." In effetti, il suo programma di semplificazione "Cutting the Red Tape" si sta rivelando molto efficace. Più in generale, la sua ricetta per gli investimenti merita un forte plauso.»

In bocca al lupo, presidente! «Da quando mi sono insediato, oltre a gestire l'immigrazione ho dato priorità alla semplificazione burocratica, all'accelerazione dei processi civili e alle esecuzioni, alla digitalizzazione dei processi della pubblica amministrazione e naturalmente alla riforma del codice degli appalti, anche in vista del piano di ammodernamento delle infrastrutture. Stiamo lavorando a un ampio e significativo programma di riforme strutturali e a un cospicuo piano di investimenti. Ma...»

Ma? «È necessario prima potenziare la legge anticorruzione. Altrimenti potrebbero rimproverarci di aver semplificato favorendo il malaffare, come accadde con la Protezione civile: visto che per le vie ordinarie non si combinava nulla, qualcuno approfittò delle scorciatoie. Il piano delle riforme si sta realizzando e tra poco inizieremo a misurarne gli effetti.»

Centinaia di sindaci sono indagati per abuso d'ufficio, in maniera che spesso si rivela pretestuosa. E pochi funzionari coraggiosi firmano gli atti indispensabili per mandare avanti opere pubbliche e quant'altro, visto che non se la sentono di rischiare in proprio e che non ne traggono benefici economici e di carriera. Come pensa di affron-

tare questo problema? «È per questa ragione» mi spiega
«che stiamo riformando il codice dei contratti pubblici e
stiamo semplificando tutte le procedure amministrative.
Ma dobbiamo anche approfondire un tavolo di lavoro con
le procure per valutare meglio se e in che termini riformare il reato di abuso d'ufficio. Dobbiamo perseguire il malaffare, ma al contempo dobbiamo creare le premesse per
proteggere le persone perbene, che hanno desiderio e capacità di impegnarsi ponendosi al servizio della propria
comunità.»

Lei afferma di aver voluto con sé due vicepresidenti del
Consiglio, Salvini e Di Maio, per irrobustire il governo. Accadde anche in passato. Ma non era mai accaduto che i vice
fossero politicamente tanto più forti dello stesso presidente del Consiglio. Non sono due presenze troppo «pesan-
ti»?, gli chiedo. «Assolutamente no. Con loro nel gabinetto l'interlocuzione è più chiara e diretta, con possibilità di
riunioni costanti sui vari dossier. Il rapporto sarebbe stato
molto più farraginoso se fossero rimasti semplici responsabili di partito.»

«Vede,» aggiunge Conte «le cose nel governo funzionano molto più facilmente di quanto appaia all'esterno. Gli
analisti sottovalutano la singolarità del nostro contratto.
Per la prima volta nella nostra vita politica e istituzionale un governo è nato sottoscrivendo un accordo contenen-
te un programma articolato e sufficientemente dettagliato.
Ovviamente, mi viene chiesto che cosa realizzeremo e con
quale progressività. Posso confermare che abbiamo chiaro
l'impegno a realizzare tutti i contenuti del contratto di governo, che costituisce la base della nostra azione politica.
Per intenderci, realizzeremo la riforma del reddito di cittadinanza, per recuperare al circuito lavorativo persone che
sono sotto la soglia di povertà; la riforma fiscale, per superare un fisco iniquo e inefficiente; e rivedremo le norme
della legge Fornero, per consentire a persone ormai demo-
tivate di andare in pensione e favorire il ricambio genera-
zionale nei luoghi di lavoro.»

«*Non mi sento schiacciato da Salvini e Di Maio*»

Veniamo ai rapporti internazionali. Ecco qui una copia del «Financial Times» subito dopo la sua nomina. C'è scritto: «Merkel, Macron e Orbán mangeranno Conte senza nemmeno usare forchetta e coltello». Il presidente del Consiglio sorride scuotendo la testa: «Le cose sono andate molto diversamente. Appena ricevuta la fiducia di Camera e Senato, sono andato al G7 in Canada e ho subito stabilito un rapporto franco e cordiale con gli altri premier. Macron, in particolare, mi aveva già chiamato sul cellulare dopo il primo incarico. Ma anche con gli altri leader sono subito entrato nel merito dei vari problemi e abbiamo subito interloquito in modo diretto».

(Macron fu il primo a congratularsi con Conte per la sua nomina. Lo fece anzi prematuramente, prima della parentesi Cottarelli. Il 1° giugno, poche ore dopo il giuramento del governo, Giancarlo Giorgetti – sottosegretario alla presidenza del Consiglio in quota Lega – mi raccontò che diversi ministri francesi avevano già chiamato i loro omologhi italiani per stabilire un contatto privilegiato. Nei mesi immediatamente successivi, dopo il rifiuto francese di accogliere una quota di immigrati, ci fu un'aperta polemica politica e personale tra Macron e Salvini. Macron affermò all'inizio di voler parlare soltanto con il presidente del Consiglio italiano e si lamentò con Conte del ministro dell'Interno, ma lui gli rispose che se avesse attaccato direttamente un esponente del governo, avrebbe dovuto aspettarsi una replica.)

Anche con Trump, a quanto pare, vi siete intesi immediatamente, osservo. «Ci siamo trovati subito simpatici e abbiamo avviato un dialogo molto schietto. A parte un brevissimo incontro con Macron, Trump ha fatto con me l'unico vero bilaterale del G7. In Canada abbiamo assistito fianco a fianco allo spettacolo del Cirque du Soleil, e in tutti gli interventi ha avuto parole di elogio nei miei confronti. E mi ha detto, sorprendendo i miei stessi consiglieri diplomatici: "Vieni subito a Washington, ci tengo".»

E infatti lei ci andò il 30 luglio 2018. «Mi disse allora: "Siamo entrambi outsider della politica e rappresentiamo i due governi del cambiamento. Avviamo da oggi un dialogo strategico tra Stati Uniti e Italia". Aggiungendo: "Spero che l'Europa segua la leadership italiana sul tema dei migranti". I segnali di attenzione sono stati anche molto concreti: l'Italia ha ottenuto una cabina di regia, congiunta con gli Stati Uniti, sul cosiddetto "Mediterraneo allargato".»

Presidente, mi spieghi il paradosso russo. Trump vuole riavere la Russia nel G8. Per noi sarebbe una cosa condivisibile, visto che nel 2002 a Pratica di Mare fu Berlusconi a far incontrare George W. Bush e il giovane Vladimir Putin, ponendo fine alla guerra fredda. Noi, però, vorremmo togliere le sanzioni alla Russia, mentre gli Stati Uniti vorrebbero addirittura inasprirle. «Gli Stati Uniti ritengono che la Russia non abbia rispettato gli accordi di Minsk del 2014 per il cessate il fuoco in tutta l'Ucraina.»

A proposito della nostra posizione morbida con Mosca, lei ha detto ai suoi colleghi: dovete capirmi, io devo rispettare anche una diffusa sensibilità dell'elettorato italiano. «A proposito del dialogo con Putin, ho chiarito alla premier britannica Theresa May che gli accordi di Minsk vanno rispettati e che, ove fossero accertate responsabilità per fatti specifici, è giusto reagire. Ma non condivido le sue [*della May*] perplessità sul ritorno della Russia al G8, perché avere Putin al nostro tavolo faciliterebbe la soluzione di molti dossier.»

E l'ipotesi di togliere le sanzioni a Mosca, che finora ci sono costate 7 miliardi di euro di pil? «Non è ragionevole agire in modo unilaterale; è più proficuo procedere convincendo i nostri partner europei che bisogna mantenere aperto il dialogo e che le sanzioni sono un mezzo per ottenere qualcosa, non possono trasformarsi in un fine. Nel mio viaggio del 24 ottobre a Mosca ho rafforzato il dialogo con Putin nella prospettiva di un'interlocuzione stabile.»

Mostro a Conte un'altra pagina del «Financial Times» con questo titolo: *Roma apre le porte ai moderni barbari*. Che impressione le fa? «"Barbaro" è una bella parola. Richiama l'abitudine dei greci di chiamare barbaro lo straniero, l'estraneo alla comunità. Ebbene, noi siamo estranei all'establishment, e quindi, sotto questo profilo, siamo dei barbari. Le prospettive di cambiamento sono legate a due forze politiche che stanno rivoluzionando il dibattito politico, l'alfabeto tradizionale, la vita sociale ed economica.»

E aggiunge: «Io sono avvocato e professore d'università, conosco l'establishment, ma non mi sono mai rassegnato a lasciare le cose immutate, perpetuando privilegi e rendite di posizione. Questo governo esprime nel suo complesso forze vergini.»

Mentre mi accompagna verso l'uscita del piano nobile di palazzo Chigi, chiedo a Conte se non si senta schiacciato dalla forza mediatica di Salvini e Di Maio. «No» risponde. «Il nostro rapporto di lavoro è proficuo, e anche i rapporti personali sono molto buoni. E poi non ho alcuna ansia mediatica, per cui mi sta bene che loro abbiano una maggiore esposizione in quanto leader politici. L'importante è che a me spetti, quale presidente del Consiglio, la sintesi e il coordinamento delle decisioni.»

Con il passare dei mesi, Conte ha potenziato il suo ruolo. Alla festa del Movimento 5 Stelle del 21 ottobre al Circo Massimo ha arringato la folla dal palco: «Grazie a questo impegno cambierò me stesso». Ha diviso equamente le rarissime interviste tra «Famiglia cristiana» («Cari italiani, fidatevi di me», 4 ottobre) e «il Fatto Quotidiano» («Ora si azzera tutto, vale solo il contratto», 20 ottobre).

La notte di Bruxelles del 16 ottobre, quando, senza avvertire nessuno, Luigi Di Maio venne a «Porta a porta» annunciando che sarebbe andato alla Procura della Repubblica a denunciare il suo stesso governo, gli è rimasta scolpita nella mente. (Allora, si disse, pensò anche alle dimissioni.) Perciò, adesso cerca di assentarsi da palazzo Chigi lo stretto indispensabile. Il record lo ha battuto tra il 29 e il 30 ottobre. Partito in tarda serata per New Delhi, la sera successiva era a Roma: 14 ore di volo su 20. Anche per lui («il professorino diventato rivoluzionario», come lo ha chiamato Beppe Grillo al Circo Massimo) questa è la partita della vita.

«Non ho mai pensato di dimettermi. Mai. Sarei un incosciente. E mai, nei nostri colloqui per informarlo dello stato dell'economia, il presidente della Repubblica mi ha chiesto di restare. Non c'è mai stata una sua sollecitazione in un senso o nell'altro.» Pausa e sorriso: «D'altra parte, hanno annunciato le mie dimissioni quasi prima che giurassi...».

Giovanni Tria parla dalla poltroncina accanto alla meravigliosa scrivania donata a Quintino Sella dai maestri d'ascia del suo paese, Sella di Mosso, provincia di Biella. Sella voleva portarsela via il 10 luglio 1873, per non lasciarla a Marco Minghetti, l'avversario che l'aveva sconfitto e ne prese il posto, ottenendo quel pareggio di bilancio di cui Sella aveva posto ogni premessa. Ma il senso dello Stato lo convinse a desistere. E, da allora, quel blocco di legno intagliato è un monumento all'equilibrio della finanza pubblica.

«Non mi siedo mai lì dietro» mi dice Tria. Appena si tocca quella scrivania, infatti, il pareggio di bilancio ti entra nelle ossa. E, visto il momento, meglio evitare. Resta tuttavia acceso lo schermo che visualizza lo spread minuto per minuto, con i singulti dovuti alla bocciatura della legge di bilancio da parte dell'Unione europea.

Quando entri nell'immenso palazzo di via XX Settembre, ti senti ospite della parte migliore dello Stato. Fu voluto e costruito in cinque anni da Quintino Sella. Con le tecnologie di oggi basterebbe meno della metà del tempo, ma allora non c'erano il codice degli appalti, il rischio dell'abuso d'ufficio, la certezza di ricorsi infiniti a bloccare tutto. Lo Stato appena nato camminava spedito. È invecchiato male, ha bisogno di essere rigenerato. E Tria ha qualche idea. Vedremo. Intanto occorre difendere quel che resta. Perciò, il padrone di casa è «indignato» per gli attacchi ai suoi collaboratori.

«I funzionari pubblici» mi dice «possono essere criticati, ma non minacciati con toni che rasentano il reato penale, soprattutto quando rappresentano organi di garanzia come la Ragioneria dello Stato. Spesso il potere politico pensa di poter fare quello che vuole. Intendiamoci: le scelte politiche sono ovviamente legittime, ma spesso il politico non capisce tecnicamente quello che fa, e vede come opposizione politica i rilievi della struttura che gli spiega come certe decisioni siano tecnicamente sbagliate. Se la struttura tecnica non aiutasse la politica, questa spesso andrebbe a sbattere. Purtroppo accade che, quanto più il politico non capisce le cose, tanto più pensa che il tecnico che gliele spiega faccia opposizione politica. Ricorda quando Renzi si proponeva di "asfaltare" la burocrazia? Si pensa in questo modo di migliorarla? E invece si usano frasi eversive. O come quando invitò i cittadini a comprare azioni del Monte dei Paschi... Queste cose, i politici di lungo corso le sapevano. Le nuove generazioni rischiano di mettere in difficoltà quella che è pur sempre la settima potenza economica del mondo.»

Il ministro dell'Economia e delle Finanze ha un fisico minuto, ma tosto. «Ho sciato, ma da qualche anno non lo faccio più. Da giovane mi immergevo in apnea, qualche tempo fa ho fatto un corso subacqueo con le bombole. Le mie motociclette Bmw? È un po' che non ci vado. Ne conservo una storica del 1981 e un'altra vecchia di una decina d'anni.»

Giovanni Tria viene considerato un uomo mite, di buon carattere. «Ma bisogna sempre temere le arrabbiature dei miti...» commenta con un sorriso. Romano, 70 anni, due matrimoni, due figli, laurea in giurisprudenza, studi economici di specializzazione negli Stati Uniti e altrove, due anni di esperienza in Cina, carriera accademica in Italia fino alla presidenza della facoltà di economia di Tor Vergata a Roma. Da giovane è stato un rivoluzionario maoista, gruppo Stella Rossa. Figlio di un dirigente di Confindustria e di un'insegnante di francese, «affliggevo i miei genitori con i miei comizi politici nel tentativo vano di coinvolgerli nella Causa. Li ho sfiniti, non ne potevano più» mi racconta. «Ho diretto per un anno il giornale "Stella Rossa", fino alla chiusura. Ho sostituito il sottotitolo ("Giornale degli operai e dei contadini", come i fogli cinesi di Mao) con "Per un socialismo liberale". Mi accusavano di moderatismo: "Sei un professorino di destra". Mi espulsero quando in una

riunione dissi, citando Borges, che mi sentivo un gentiluo-
mo appassionato solo alle cause perse... Poi me ne andai
in Cina per due anni.»

Frequentava i gruppi extraparlamentari per avere migliori chance con le ragazze? «Direi di no. Le più belle andavano con i trotzkisti. Non ho mai capito perché... Devo chie-
derlo a Pierre Moscovici, lui è stato trotzkista...»

«*Stavo andando all'Inps quando mi chiamò Savona*»

Abbiamo visto nel quarto capitolo che Tria è stato indicato da Paolo Savona, inabilitato dal presidente della
Repubblica a fare il ministro dell'Economia. «Era il primo
pomeriggio del 31 maggio» mi racconta il ministro. «Prima di proseguire per l'università, ero passato all'Inps per
informarmi sulla mia pensione, che sarebbe scattata dal
1° novembre, come accade ai professori universitari che
compiono 70 anni. Savona mi chiese la disponibilità e glie-
la diedi. Poi chiamai mia moglie Maria Stella, che ha lavorato con lui in Confindustria subito dopo la laurea. "Ho
fatto bene o male ad accettare la proposta di Paolo?" le do-
mandai. "Hai fatto bene, ma non ti chiameranno mai. Sei
estraneo ai circoli del potere." E invece, due ore dopo mi
chiamarono. Savona mi fece parlare con Giorgetti, poi incontrai Di Maio e Salvini.»

Le chiesero garanzie sul programma? «Non me le chiesero, ma è ovvio che avessi letto il programma. Avevo scritto
un articolo per "Formiche" [*il mensile di economia e politica
diretto da Paolo Messa*] commentando le cifre che faceva gi-
rare Cottarelli e dissi che mi tiravo fuori dalla lotteria, perché non ha senso parlare di cifre prima che siano scritte in
un disegno di legge. Per me la cosa migliore sarebbe stata
far scattare le aliquote Iva. Quell'articolo mi tagliò le gambe. Se avessi avuto più tempo, avrei potuto convincere i
leader politici a farci almeno una riflessione. Invece me la
bocciarono subito.»

Si è detto che lei sarebbe stato l'argine a manovre economiche in forte deficit e, poi, che l'argine ha ceduto... «Poi-

ché la politica economica del governo deve essere approvata dal Parlamento, il mio compito è fare la sintesi. La reazione alla nostra decisione è stata francamente esagerata. Le regole europee hanno come obiettivo il pareggio di bilancio senza considerare lo stato del ciclo economico. A loro giudizio, fino a quando non c'è un segno "meno", il tasso di crescita è positivo. Io sostengo che, quando si arriva al segno "meno", è tardi per rimediare. Se abbiamo una situazione sociale critica perché il pil non cresce da dieci anni e cominciamo a virare su un tasso inferiore all'1 per cento, una manovra che prevede il 2,4 di deficit è appena appena espansiva.»

Perché l'Europa si è sorpresa?, gli chiedo. «Da quando il governo ha chiesto la fiducia al Parlamento» risponde Tria «è emerso un profilo di bilancio che non era quello che l'Europa si aspettava. Questo non significa sfidare l'Europa, ma riteniamo che in questa situazione economica e sociale sia necessaria una manovra espansiva. L'Europa ha regole per affrontare divergenze di opinioni. La Francia ha violato il limite del 3 per cento per dieci anni e nessuno ha pensato che la Francia uscisse dall'euro o lo mettesse in discussione. Tra la Commissione e i singoli paesi deve esserci una legittimazione reciproca.»

Dopo la bocciatura dell'Europa, qual è la linea di difesa? «Un deficit dell'1,6 per cento era il limite negoziale con la Commissione in base al quale essa non avrebbe sollevato problemi, anche se poi ci sarebbe stato uno scostamento dall'obiettivo. Questo è il punto di partenza. Da giugno a settembre sono cambiate le stime dell'economia. Questo significa che lo 0,9 di deficit che ci era stato assegnato saliva a 1,2 punti per le ridotte prospettive di crescita, se avessimo aumentato le aliquote dell'Iva. Abbiamo deciso di non farlo e solo questo ha portato il deficit al 2%. A questo punto non avremmo avuto un euro da spendere e non avremmo potuto realizzare nessuna delle promesse elettorali. Arrivare al 2,4 è davvero il minimo per fare qualcosa. È prevalsa, perciò, l'idea che dovessero essere stanziati fondi sufficienti per non trovarci in difficoltà nei mesi prossimi, mettendo a bilancio cifre abbondanti per coprire il reddito di cittadinanza e la correzione della legge Fornero sulle pensioni.»

E qui Tria ha un piccolo scatto d'orgoglio: «Renzi, per finanziare il bonus degli 80 euro, ha messo a bilancio una cifra maggiore di quanto abbiamo fatto con il reddito di cittadinanza. Non ha avuto effetto sui consumi, ma non capisco perché chi riteneva allora che quella somma avrebbe avuto effetto sulla crescita, oggi è legittimato a sostenere che il reddito di cittadinanza non l'avrebbe».

«Una grande centrale dello Stato per fare i progetti»

Voi avete ipotizzato una crescita di 1,5 punti e in pochi credono che sia realizzabile, visto che il 30 ottobre l'Istat ha limitato a un punticino la crescita del terzo trimestre 2018. Come pensate di salire? «La mia insistenza per far ripartire gli investimenti pubblici non è dovuta solo alla convinzione di noi keynesiani che essi servono a mantenere la domanda interna. In realtà, questo renderà più conveniente anche ai privati fare investimenti nel momento in cui quelli pubblici garantiscono la realizzazione di infrastrutture utili agli stessi privati.» E prosegue: «L'insufficienza degli investimenti pubblici nelle infrastrutture investe tutti i paesi avanzati, in Europa e fuori. Lo sostiene da tempo anche il Fondo monetario internazionale e Trump ha promesso di intervenire».

Tria è stato per sei anni (2010-16) alla guida della Scuola superiore della Pubblica amministrazione. Viene, perciò, da chiedere come mai in quel settore non si siano avvertiti miglioramenti sensibili. Lui sorride: «Utilizzai la mia battuta sulla passione per le cause perse al momento di insediarmi alla guida della Scuola. La Pubblica amministrazione non funziona per un eccesso sbagliato di regole e per l'avvicendarsi troppo frequente di ministri. Ogni volta che cambia governo, il funzionario pubblico si sente dire dal ministro che le regole cambieranno. Per cambiarle, tuttavia, ci vuole tempo e il funzionario pubblico sa che il governo successivo le cambierà ancora. Il suo comportamento razionale è perciò di non cambiare nulla».

Secondo il ministro dell'Economia, è stata progressivamente distrutta la capacità tecnica delle pubbliche amministrazioni: «Non esiste più il genio civile, non esistono più i comitati tecnici. Non c'è più niente. Si è passati da una Pubblica amministrazione che fa a una che delega all'esterno. Questo in sé non sarebbe sbagliato, ma una Pubblica amministrazione che per un lungo periodo non fa, finisce per non saper fare. E chi non sa fare, non sa far fare agli altri».

Chi viene penalizzato, secondo Tria, è l'amministratore pubblico: «Se non ha le strutture tecniche che gli diano sicurezza, l'amministratore si costruisce un sistema di procedure che lo garantiscono. La mia opinione è che questo sistema difensivo assomiglia all'apprendista stregone di Disney. Tra codice degli appalti e sistemi anticorruzione, il sistema difensivo si è ribaltato contro chi lo ha costruito e siamo alla paralisi. L'amministratore pubblico che deve firmare qualcosa senza essere garantito sulla sua correttezza tecnica, alla fine non firma».

Come pensate di intervenire? «Stiamo lavorando alla riforma del codice degli appalti e a semplificare molte procedure» mi spiega. «Personalmente sto proponendo un'azione che intervenga sull'assenza di capacità tecnica nelle amministrazioni. Ho constatato che non si spende perché non ci sono i progetti. Costituiremo una centrale di progettazione per le opere pubbliche con il compito di fornire i progetti alle amministrazioni centrali e periferiche. Le grandi opere hanno capacità progettuali, ma la maggior parte delle opere non realizzate riguarda strade, scuole, ospedali. Io stanzio i fondi, tu, comune, hai a disposizione i soldi per la scuola, ma se non hai il progetto, te lo fornisco io insieme all'assistenza procedurale per bandire le gare di appalto.»

Una grande, lodevole ambizione, osservo. «Certo, ma bisogna andare in quella direzione. Oggi un sindaco che ha i soldi per un'opera pubblica deve fare innanzitutto la gara per un progetto. Se non si blocca tutto per un abuso di ufficio, si blocca per un ricorso. Così non si va avanti.»

«Non avrei firmato il "fiscal compact"»

Il governo ha incontrato le società partecipate dallo Stato chiedendo di affrettare i loro investimenti, ricordo a Tria. «Sono programmi importanti e loro sono in grado di accelerare un 10 per cento su quanto previsto. Se lo facessero, avremmo 10 miliardi in più di investimenti in un anno.»

Lei sa che c'è la via crucis delle autorizzazioni… «Occorre per questo un monitoraggio costante e una forte *moral suasion*. Se non ti pronunci presto, puoi spiegarmi per favore le ragioni? Mi spieghi perché impieghi più di otto mesi per un parere per il quale ne sarebbe sufficiente uno? Le faccio un esempio personale. Un giorno ho chiesto a un ministro perché era ferma una certa questione. Lui non ne sapeva niente, si è informato e adesso quella procedura si sbloccherà.»

Non trova che debba essere riconsiderata la valanga di abusi di ufficio che travolge gli amministratori pubblici? «L'abuso di ufficio provoca nella Pubblica amministrazione quella che tecnicamente si chiama "selezione avversa". Se faccio pagare una polizza assicurativa troppo alta, aderisce soltanto chi pensa che l'evento accada, cioè il contraente che immagina di fallire. Questa si chiama selezione avversa del cliente. Nella Pubblica amministrazione la persona onesta tende a fare il meno possibile. Chi accetta il rischio di fare di più, spesso esige un premio non legittimo. Così nasce la corruzione di chi si muove più degli altri.»

In effetti, quando si arresta un funzionario corrotto, si scopre che in genere è bravo e dinamico. «Dobbiamo dare un segno immediato che si inverte la tendenza» mi spiega Tria. «Se riusciamo a sistemare subito tanti piccoli investimenti, già nel 2019 potrebbe ripartire l'edilizia. Con le leggi vigenti, se si vuole, si può fare quasi tutto. Se ci dedichiamo soltanto a cambiare le regole, nel frattempo non combiniamo niente. Nel passato, il politico diventato ministro varava come prima cosa una riforma. Poiché la riforma doveva aspettare l'approvazione parlamentare, lui non era responsabile dell'esito finale e non si prendeva le sue responsabilità di amministratore. La ricetta per la paralisi.»

Più che la bocciatura dell'Europa, Tria teme l'avanzata dei movimenti sovranisti: «Nell'Europa centrosettentrionale questi movimenti sono ostili all'Italia. Il premier austriaco Sebastian Kurz ha detto di non essere disposto a pagare i debiti italiani. Io l'ho zittito ricordando che l'Italia non ha mai chiesto niente e che ha speso 60 miliardi di euro per contribuire al salvataggio di Grecia, Spagna, Irlanda e Portogallo».

Tria ritiene che Gianni De Michelis sia uno dei politici più intelligenti degli ultimi decenni. Concordo. Nel 1992, come ministro degli Esteri, De Michelis firmò il trattato di Maastricht insieme a Guido Carli, ministro del Tesoro. Lei lo avrebbe fatto? «Non avrei firmato altre cose arrivate dopo» mi risponde Tria. «Come il "fiscal compact", che la Gran Bretagna non firmò. Non avrei firmato e messo in Costituzione il pareggio di bilancio. Non sono contrario al principio in sé, ma una norma del genere non ha senso se alla politica monetaria sovranazionale non si affianca una politica fiscale unitaria. Il fallimento dell'Europa sta qui. La politica fiscale è espressione della sovranità politica. O abbiamo una politica fiscale europea affidata a un'autorità politica (e per questo discrezionale) o le cose non funzionano. Io sono disposto a far scendere da un treno in corsa un conducente nazionale per farvi salire uno sovranazionale, ma non farei scendere il conducente nazionale per affidare il treno a un pilota automatico. Questo è il grande nodo irrisolto.»

VIII

La Terza Repubblica di Luigi Di Maio, la Rousseau di Davide Casaleggio

Beppe Grillo, il Giove annoiato

«L'uomo solo al comando del Movimento 5 Stelle si chiama Giuseppe Grillo, detto Beppe, diplomato ragioniere, di professione attore comico, due mogli e quattro figli.» Titolo del capitolo: «Il padrone annoiato del Movimento 5 Stelle». Così in *Soli al comando* (2017). Oggi non potrei più scrivere questa frase, perché è Luigi Di Maio il capo operativo – se non ideologico – del M5S. È lui che lo rappresenta con pienezza di autorità, al governo e nel Movimento.

Negli ultimi anni e per i miei ultimi libri ho incontrato Di Maio, vista l'impossibilità di fare una chiacchierata seria con Grillo. «Non mi piacciono le interviste» mi disse un giorno «perché tu mi fai le domande e io non posso esprimere il disegno che ho in testa.» Quando infatti venne a «Porta a porta» per una memorabile intervista alla fine della campagna elettorale per le elezioni europee del 2014, pattinò molto, senza mai dare risposte precise. Conclusione: venne da noi per conquistare l'elettorato moderato e borghese, ma prese poco più della metà (21,16) del famoso 40,81 per cento di Matteo Renzi.

Pur restando il «garante» del Movimento, cioè la figura alla quale è riconosciuto il diritto di vita e di morte su qualunque militante, dall'autunno del 2017 Grillo è un Giove annoiato e ancor più lo è diventato nei mesi successivi alle ultime elezioni. Si fa vivo nei momenti difficili, partecipa (raramente) alle riunioni strategiche, ma oggi – dopo aver ripreso gli spettacoli anche per rinsanguare un portafoglio ormai anemico – vola letteralmente sulle nuvole. Il 21 ottobre 2018, alla manifestazione del M5S al Circo Massimo (più contenuta della prima, nel 2014) ha attaccato a freddo il presidente della Repubblica («Troppi poteri. Non può essere il capo delle forze armate e del Consiglio superiore della magistratura»), tanto che il premier Giuseppe Conte si è precipitato a scusarsi con Mattarella e Di Maio ha precisato che Grillo parlava a titolo personale. Affermazione un tempo impensabile.

Prima di scendere in politica con il Vaffa-Day (8 settembre 2007), Grillo teneva la sera di San Silvestro in televisione (dal 1998 al 2001) il suo «Discorso all'umanità». Giusto per volare basso. Adesso ha ripreso la strada dell'Utopia e c'è solo da sperare che i suoi seguaci non lo prendano alla lettera. Il 31 agosto 2018, per esempio, ha incontrato a Milano José «Pepe» Mujica, ex guerrigliero tupamaro, in carcere durante la dittatura militare, poi diventato presidente dell'Uruguay. I due hanno fatto una rimpatriata invidiando i nomadi Kalahari, «che lavorano due ore e passano il resto del tempo facendo festa». «Io sono per il reddito universale,» ha dichiarato in quell'occasione Grillo «il diritto dell'uomo ad avere un reddito. Per me e per il Movimento 5 Stelle è un punto fondamentale.» E il lavoro? «Dobbiamo rovesciare il mercato del lavoro mettendo la persona al centro e dare gli strumenti alla persona per diventare Leonardo, Shakespeare, d'Annunzio.» Titolo dell'«Huffington Post»: *Per noi ognuno deve avere un reddito, non un lavoro.* Un'interpretazione estensiva del reddito di cittadinanza.

Dopo aver lanciato un sinistro avvertimento («La metà dei lavori conosciuti sparirà. Questo mostro che arriva dalla connessione dei dati, sei seguito da quest'ombra, ti muovi e diventi merce, sei un prodotto, quindi il pericolo è quello») Grillo ha concluso: «Il Movimento è nato dagli spettacoli che favevo. Un comico e un manager della Olivetti [*Gianroberto Casaleggio*] hanno creato questa cosa inaspettata, una bomba, nata senza soldi. E l'utopia si è realizzata, nessuno lo pensava. E siamo arrivati al governo mettendoci in rapporto con questa Lega che... teniamo in equilibrio, con un accordo, con dei programmi precisi».

Consenso democratico o manipolazione delle menti?

Mettiamo per un momento da parte la Lega e fermiamoci sui due elementi chiave delle ultime frasi: la connessione dei dati e la realizzazione dell'utopia. È questa la chiave per capire il Movimento, la sua origine grazie a Gianroberto Casaleggio, il suo sviluppo grazie al figlio Davide, l'incredibile successo che ha portato un movimento dichiaratamente antisistema alla guida dello Stato. Connessione di dati o controllo in remoto del sistema politico a 5 Stelle, come ha scritto la grande stampa internazionale quando il Movimento è andato al governo?

Partiamo dall'inizio. Il merito di Casaleggio padre è di aver capito con molti anni di anticipo su tutti l'enorme possibilità di condizionamento dell'opinione pubblica da parte dei social. Il merito di Davide è di aver creato un meccanismo (il sistema Rousseau) che è qualcosa di molto più potente del supporto tecnico di cui, fin dal 2017, mi ha parlato Di Maio. («La Casaleggio Associati ha sviluppato la formula tecnicamente e informaticamente. ... Non vedo differenze con la società di software che gestisce il sistema operativo del Pd» mi disse nel nostro incontro per *Soli al comando*.)

Mentre i politici della Seconda Repubblica si chiedevano quanto costassero i manifesti 6×6 che fecero vincere Berlusconi nel 1994 e nel 2001 («Meno tasse per tutti»), Gianroberto Casaleggio studiava formule di consenso molto più raffinate come amministratore delegato di Webegg, una società italo-inglese finita poi nella galassia Telecom. La rampa di lancio è Intranet, una rete di computer privata che serve a scambiare informazioni all'interno di un'azienda. Studiando con la collaborazione del Politecnico di Milano trentuno Intranet aziendali, scrive Jacopo Iacoboni in *L'esperimento*, Casaleggio scopre che piccole minoranze hanno «come focus la gestione della conoscenza». Si tratta di «community che influenzano, guidano le menti. ... I network che creano comunità hanno già definito – a monte – chi è che stabilisce i confini e il funzionamento di quella comunità». Dunque, «comunità organizzate dall'alto».

Iacoboni cita la testimonianza di Carlo Baffè, un ingegnere elettronico che alla fine degli anni Novanta collaborò con Casaleggio: «Si iniziò in Webegg a usare il forum per far passare certe posizioni di Roberto come se fossero frutto di una discussione democratica. Il metodo, organizzato in queste riunioni, era il seguente: un membro del gruppo funzionale Intranet lancia la discussione su un tema, un altro membro risponde con una posizione contrastante, poi altri due membri prendono le parti del primo. Un po' alla volta i normali dipendenti prendevano le parti del primo, e si creava quella che Roberto chiamava "la valanga del consenso"». Dopo i primi tempi, racconta Baffè, «mi resi conto che non era altro che un esperimento di ingegneria sociale per capire quali fossero i metodi più efficaci per manipolare le opinioni e creare il consenso. Con una discussione apparentemente democratica».

Webegg venne ceduta nel 2004. Marco Tronchetti Provera, acquisita Telecom, ruppe con Casaleggio, perché l'azienda perdeva troppi soldi. E Gianroberto traslocò subito idee e progetti nella Casaleggio Associati. Nello stesso 2004, alla fine di uno spettacolo di Grillo, Casaleggio incontrò il comico, gli decantò la rivoluzione digitale e gli propose la creazione di un blog. Costo: 130.000 euro. Grillo, genovese purosangue anche nel braccino corto, liquidò proposta e proponente. Ma Gianroberto, che aveva capito le potenzialità del personaggio, tornò a farsi vivo con uno scenario più interessante, se non altro perché gratuito: «Tu non ci metti un soldo, io vendo online i dvd dei tuoi spettacoli: diventerà uno dei blog più seguiti al mondo». (Così raccontano Nicola Biondo, già capo ufficio stampa del Movimento 5 Stelle alla Camera, e Marco Canestrari, ex strettissimo collaboratore di Grillo, nel libro *Supernova*.) E l'abilità tecnica di Casaleggio portò nel giro di pochi anni il Blog di Grillo a essere uno dei più visitati al mondo, come certificò persino il «New York Times».

La guerra della Rete contro i partiti

In quegli anni la Casaleggio Associati teneva il piede in due staffe, come un'agenzia pubblicitaria che dovesse fare la campagna per due ditte concorrenti. Esempio: Grillo e, con lui, il Movimento 5 Stelle si sono sempre schierati contro il finanziamento pubblico dei partiti, ma la Casaleggio Associati, tra il 2005 e il 2010, ha incassato da Italia dei Valori 1 milione 800.000 euro, frutto del finanziamento pubblico, per promuoverne immagine e posizioni politiche. Ancora: si conosce la storica battaglia di Grillo (e del suo Movimento) contro le banche. Ebbene, tra i clienti della brillante Casaleggio Associati c'erano CartaSi e Banca Intesa. Le posizioni di Grillo e di Casaleggio coincisero, invece, nella durissima campagna del comico contro Telecom, visto il trattamento subìto dall'ex socio.

Biondo e Canestrari scrivono che, per lungo tempo, nella barra destra del Blog di Grillo sono apparsi contenuti di LaFucina.it, un prodotto della Casaleggio Associati che propaganda posizioni scientificamente eretiche, dalla cura Di Bella per i tumori alla tesi che i vaccini provocherebbero l'autismo. E sull'autismo Iacoboni riporta un post del Blog del 2007: «"Un bambino su 150 soffre di autismo. Venti anni fa solo uno su 2000. Gli scienziati attribuiscono la crescita all'inquinamento ambientale, alimentare e da vaccini e farmaci. I pediatri non dispongono di strumenti efficaci per diagnosticare l'autismo e le vere cause non vengono combattute." Titolo: *L'epidemia dell'autismo*». Le conseguenze si sono viste ancora con la confusione e le paure delle mamme all'apertura dell'anno scolastico 2018-19.

Biondo e Canestrari, che hanno vissuto a lungo il Movimento dall'interno, ne spiegano bene nascita e sviluppo. Dal 2007 – cioè dall'inizio della crisi economica che avrebbe devastato l'Italia – il Blog di Beppe Grillo appariva «un organo di informazione di successo libero e indipendente, uno sfogatoio per molte frustrazioni che percorrevano la società in quegli anni, un luogo di aggregazione per chi non aveva ancora perduto la speranza e, grazie ai Meet-up, vedeva la possibilità di contare ancora qualcosa». I Meet-up sono luoghi di convocazione spontanea scelti di volta in volta dalla Rete per conoscersi, dibattere, approfondire. «Ogni giorno il Blog» raccontano Biondo e Canestrari «dava voce a chi non ne aveva, parlava di ciò di cui nessuno parlava, ascoltava gli inascoltati ... I commenti del Blog e i forum dei gruppi Meet-up divennero le sezioni dell'embrionale partito 2.0, che si organizza in Rete, che discute in Rete, che regola i suoi conti interni in Rete ... C'erano gli incazzati e i riflessivi, gli ignoranti e i colti, gli umili, i supponenti e i frustrati. Una sorta di Bar Sport in Rete.» L'aspetto chiave, tuttavia, sta nell'attenzione con cui Casaleggio seguiva il Blog: «Passava giornate intere a leggere i commenti per capire chi fossero i lettori e gli attivisti. Conosceva certamente tutti i più attivi e riusciva spesso a prevedere le loro reazioni a un determinato argomento. Una sorta di ingegneria sociale che avrebbe applicato anche in futuro per capire chi – tra attivisti e parlamentari – doveva essere perseguito come traditore».

La «guerra» della Rete contro i partiti è iniziata nel 2012 con il libro di Beppe Grillo e Gianroberto Casaleggio *Siamo in guerra*, mentre le notizie più sensazionalistiche (secondo Biondo e Canestrari anche le fake news, le notizie false) vengono riprese da due siti di propaganda russa, come Sputnik e Russia Today, cosa che nel 2018 sarebbe stata guardata con occhi diversi.

Attraverso il Blog di Grillo, i Meet-up e le analisi comportamentali di Casaleggio fu selezionata la classe dirigente del M5S, che nel 2018 sarebbe diventata in parte classe dirigente italiana. Un gruppo di giovani emergenti fu addestrato ai dibattiti televisivi. Luigi Di Maio e Alessandro Di Battista si rivelarono i più brillanti e raccolsero frutti in abbondanza alle elezioni del 2013. Il cuore di Grillo stava probabilmente con il secondo (e lì sarebbe rimasto), ma la testa scelse nettamente il primo, il più adatto a correre da premier senza spaventare la pubblica opinione.

Casaleggio aveva una grande stima anche di Virginia Raggi. Il sindaco di Roma e gli altri consiglieri del M5S, prima di essere eletti, hanno sottoscritto un contratto in cui, per ogni decisione cruciale dell'amministrazione, si impegnano a consultare e seguire le indicazioni del garante del Movimento, cioè Grillo. Chi non rispetta le linee etiche del Movimento è soggetto a una sanzione di almeno 150.000 euro per danno all'immagine del M5S e la somma viene devoluta a un ente benefico. Nel contratto è inserita anche questa clausola: «Lo strumento per la divulgazione delle informazioni e la partecipazione dei cittadini è il sito beppegrillo.it/listeciviche/listeroma». (Il Tribunale di Roma ha giudicato corretta la struttura del contratto, stabilendo la piena legittimità dell'elezione della Raggi.) Si chiede Iacoboni: «Nei fatti, significa che il traffico – anche video e social – delle Webstar passerà dal blog. Ma chi gestisce in concreto questa struttura video alla Casaleggio Associati?».

All'inizio, l'impatto della Rete fu fortemente sottovalutato dai partiti tradizionali. Resta scolpita nel libro d'oro del Movimento una frase pronunciata da Piero Fassino nel 2009: «Se Grillo vuole fare politica, fondi un partito, si presenti alle elezioni e vediamo quanti voti prende». Alla tornata elettorale dell'anno successivo, il Movimento 5 Stelle diventava il primo partito italiano, con il 25,52 per cento dei voti alla Camera, quasi 9 milioni, 45.000 in più del Partito democratico di Pierluigi Bersani, fermo al 25,45. Da quel momento – nonostante i deludenti risultati alle elezioni europee del 2014, l'imbarazzante tentativo compiuto a Strasburgo di allearsi con i liberali dell'Alde (il gruppo nel quale si riconosce Mario Monti), il rifiuto di questi ultimi e il precipitoso ritorno tra gli estremisti dell'Ukip di Farage (l'uomo della Brexit) – l'impatto della Rete sull'elettorato diventò inarrestabile.

Le campagne contro Federica Guidi, ministro dello Sviluppo economico del governo Renzi, non indagata ma costretta alle dimissioni (in seguito a presunti favoritismi a vantaggio del compagno), come lo fu il suo predecessore Maurizio Lupi, anch'egli non indagato (ma accusato di non aver rimosso per interessi personali il capo della struttura per le grandi opere, Ercole Incalza, sottoposto a numerose inchieste giudiziarie, ma mai condannato), la potenza di fuoco scatenata contro Matteo Renzi e, in particolare, contro Maria Elena Boschi per le vicende di Banca Etruria, hanno lasciato nei frequentatori della Rete un segno le cui conseguenze si sarebbero viste prima al referendum istituzionale del 4 dicembre 2016 e poi, soprattutto, alle elezioni del 4 marzo 2018.

L'eredità «eterna» di Gianroberto Casaleggio al figlio Davide

Nell'aprile 2014 Gianroberto Casaleggio venne operato per un tumore al cervello. La gente capì che il copricapo che gli nascondeva la testa nascondeva anche qualcosa di più grave. Lui lo sapeva perfettamente e cominciò allora a gestire la successione di Davide. Scrive Iacoboni: «È Davide, già durante l'ultimo anno e mezzo di vita di Gianroberto, che dà l'ok alle comunicazioni che partono dallo staff di Beppe Grillo ... È Davide ... che ha in mano e coordina il processo di "certificazione" delle liste, le espulsioni, e quindi verosimilmente ha in mano le chiavi del server, prima della nascita dell'Associazione Rousseau». La Rousseau nacque l'8 aprile 2016 con atto notarile stipulato in una camera dell'Istituto Auxologico di Milano, dove Gianroberto era ricoverato sotto falso nome per proteggere la propria privacy. L'associazione nacque con lo scopo «di promuovere lo sviluppo della democrazia digitale nonché di coadiuvare il Movimento 5 Stelle».

Luciano Capone, che combatte sul «Foglio» una crociata contro il Movimento 5 Stelle e, pur essendo di parte, è anche piuttosto documentato, osserva in una sua inchiesta (9 aprile 2018) che i soci fondatori sono soltanto Gianroberto e Davide Casaleggio. Viste le gravissime condizioni in cui si trova (morirà quattro giorni dopo), Gianroberto consegna al figlio il ruolo di presidente «eterno» dell'associazione. Nota Capone: il capo politico (Di Maio) è revocabile, il garante (Beppe Grillo) è revocabile (sia pure con un sistema complicatissimo), l'unico irrevocabile è il presidente.

Il 5 maggio 2016 Davide coopta nell'associazione, in rappresentanza del M5S, Max Bugani, consigliere comunale a Bologna, e David Borrelli, europarlamentare. Quest'ultimo, vicinissimo a Grillo, si dimetterà dal Movimento e dalla Rousseau il 13 febbraio 2018 «per motivi di salute», ragione subito smentita dall'interessato, passato al gruppo misto del Parlamento europeo. Capone riferisce che poco prima, in gennaio, Borrelli gli avrebbe confessato a proposito della Rousseau: «Non so nulla, sono in quella associazione perché Beppe mi ha chiesto di esserci, ma è come se non ci fossi. Tutti gli incarichi sono intestati a Davide Casaleggio».

Qual è il legame della Rousseau con il Movimento 5 Stelle? Il nuovo statuto dell'associazione, approvato il 30 dicembre 2017, due mesi prima delle elezioni del 4 marzo 2018, prevede che la Rousseau abbia una piattaforma informatica con cui il M5S «si propone di organizzare le modalità telematiche di consultazione dei propri iscritti». Ogni eletto versa 300 euro al mese alla Rousseau, per un totale di 1,2 milioni all'anno. E qui si apre la disputa decisiva. Questo contributo è soltanto tecnico, come sostengono Davide Casaleggio e Di Maio, oppure, come sostiene Damiano Palano, direttore del dipartimento di Scienze politiche dell'Università Cattolica di Milano, mentre «di solito è la leadership politica che controlla la struttura e la seleziona, in questo caso è la macchina comunicativa che controlla la leadership»? «Controllare la leadership» è un'affermazione forte. Il problema è capire se il meccanismo messo in piedi da Casaleggio potrebbe garantire anche il controllo dei voti oppure no.

Nell'autunno del 2017 il Garante della privacy ha compiuto una prima ispezione sulla Rousseau. Gli esperti informatici dell'Autorità hanno rilevato che il software utilizzato dalla piattaforma, a causa della sua «obsolescenza tecnica» (una versione scaduta da quattro anni), usava un «sistema di autenticazione con password banali, facilmente esposte alla decifrazione», determinando «l'impossibilità di accertare l'unicità del voto espresso nonché l'incertezza della sua autenticità». Lo stesso Davide Casaleggio, interrogato dagli ispettori del Garante, ha riconosciuto che «sussiste la possibilità tecnica di ricondurre, tramite altre informazioni disponibili nel sistema, il voto espresso all'identità del votante. Possibilità che tuttavia non è mai stata utilizzata». Nelle rare interviste (per la verità molto generiche) rilasciate nell'arco di un anno, Casaleggio ha dichiarato di aver rispettato tutte le raccomandazioni del Garante. In realtà, dopo aver pagato una sanzione di 32.000 euro, la Rousseau ha avuto tempo fino al 30 settembre 2018 per mettersi in regola. Prima della scadenza, la Casaleggio ha chiesto una breve proroga che il Garante ha concesso disponendo peraltro una nuova ispezione.

Nel settembre 2018, la piattaforma Rousseau è stata di nuovo violata, come era già accaduto in febbraio, da un hacker che ha rivelato i numeri di cellulare di Casaleggio e dei tre ministri più importanti del M5S (Di Maio, Toninelli e Bonafede). Queste violazioni destano preoccupazione alla luce di quanto rivelato il 17 marzo 2018 dal «New York Times» e dal «Guardian» sull'attività illecita di Cambridge Analytica, una società britannica di web marketing che ha utilizzato, senza esserne autorizzata, informazioni su 50 milioni di utenti americani di Facebook. Cambridge Analytica ha lavorato per la campagna elettorale di Donald Trump e una telecamera nascosta ha rivelato che il suo amministratore delegato Alexander Nix si vantava di usare mezzi illeciti (prostituzione, corruzione) per screditare gli avversari politici dei propri clienti.

Nei giorni successivi all'esplosione dello scandalo, il vicedirettore del «Corriere della Sera», Federico Fubini, ha chiesto alla Casaleggio Associati se ritenesse legittimo usare metodi di profilazione o di targeting degli elettori per lanciare messaggi mirati a gruppi specifici, come fanno le aziende clienti della società, ma non ha avuto risposta. Come quando ha chiesto se in campagna elettorale la società o il M5S avessero utilizzato banche dati di origine commerciale.

Il 23 luglio 2018 Davide Casaleggio, in un'intervista a Mario Giordano per «La Verità», ha detto: «Il primitivo e più alto compito del Parlamento sarebbe garantire che il volere dei cittadini venga tradotto in atti concreti e coerenti. Tra qualche lustro è possibile che [*il Parlamento*] non sarà più necessario nemmeno in questa forma». E qualcuno ha ripensato al film americano *The Circle*, in cui una società di tecnologia e social web è proprietaria di un network potenzialmente in grado di interconnettere e coinvolgere tutto il mondo sotto la propria guida e il proprio controllo.

Di Maio: «Il 4 marzo è cominciata la Terza Repubblica»

Luigi Di Maio ha 32 anni e una carriera politica fulminante. Figlio di Paola Esposito, insegnante di italiano e latino, e di Antonio, imprenditore e già dirigente del Msi e di Alleanza nazionale. Liceo classico, studi interrotti di ingegneria e giurisprudenza, ma presidente del Consiglio degli studenti in entrambe le facoltà. Dopo una breve attività di webmaster e di steward allo stadio San Paolo di Napoli, a 19 anni fonda il primo Meet-up del Movimento 5 Stelle a Pomigliano d'Arco, a 21 si candida al consiglio comunale della cittadina, prende 59 voti e non viene eletto. A 26 entra alla Camera e ne diventa vicepresidente. Cinque anni dopo è vicepresidente del Consiglio, ministro del Lavoro e Welfare e ministro dello Sviluppo economico, pari a cinque ministeri della Prima Repubblica.

Quando lo incontro, Di Maio indossa l'abituale sorriso d'ordinanza che fa brillare i suoi denti candidi e regolari. È un inno all'inguaribile ottimismo meridionale. E di ottimismo ne serve tanto per portare avanti l'abbacinante programma elettorale del Movimento 5 Stelle. «Sembra uscito da un bagno nel latte d'asina, come Poppea» gli dico, stupito della sua freschezza. Va bene che ha soltanto 32 anni, ma non stacca la spina dalla campagna elettorale per le elezioni regionali siciliane dell'autunno 2017. «Meglio con questa adrenalina» sorride lui. «Altrimenti, se stacco un momento...»

Fino alla dirompente polemica del 15 ottobre 2018, di cui abbiamo parlato nel primo capitolo, lei e Matteo Salvini andavate d'accordo in modo sorprendente. «Tra noi c'è stata fin da quei giorni una sincerità assoluta» mi racconta Di Maio. «Ci confrontavamo attraverso le dichiarazioni e, se c'era qualche cosa che non andava, ciascuno di noi si aspettava che fosse messa a conoscenza dell'intera opinione pubblica.»

E oggi, nell'autunno del 2018?, gli chiedo. «Con Salvini il mio rapporto è solidissimo. Con Matteo ci sentiamo ogni giorno. Conosciamo entrambi i limiti dell'altro e sappiamo, ancor prima di parlarci, le cose su cui l'altro non sarà d'accordo. Non ho mai visto un episodio di slealtà e, fino a quando lui e io saremo compatti, sarà molto difficile buttare giù questo governo. Conosciamo le regole della politica e del consenso, miriamo entrambi a far crescere le nostre forze politiche. Il 4 marzo è cominciata una Terza Repubblica in cui le forze di governo si muovono in una sana competizione per fare ogni giorno cose utili ai cittadini, stimolandoci reciprocamente a fare meglio. Con questo rapporto, è difficile che uno dei due possa pensare soltanto agli affari propri.»

Per voi è un problema la crescita della Lega nei sondaggi? «La Lega sta crescendo perché non sta più con Berlusconi e sta prendendo i consensi che prima erano distribuiti nel resto del centrodestra. Questo non mi preoccupa, perché guardo a noi. E con buona pace di quelli che dicevano che saremmo implosi, il Movimento gode di ottima salute e, nei primi cinque mesi di governo, abbiamo portato a casa quasi metà dei venti punti del nostro programma. Con le leggi sull'anticorruzione e i tagli alle pensioni d'oro avremo raggiunto tutti i punti chiave.»

Le elezioni europee saranno un momento di verifica nei vostri rapporti? «Non per il nostro governo. Sia noi sia la Lega lavoreremo su fronti diversi per ottenere una Commissione europea molto più vicina alle sensibilità delle forze politiche emergenti. Maggiore sarà il nostro consenso elettorale, tanto più potremo ottenere dal nuovo governo europeo provvedimenti economici e sociali più favorevoli. I temi del governo italiano dovranno entrare nella nuova agenda europea.»

Come vi collocherete? «In questa legislatura siamo stati nell'Efd di Farage, che è diventato con noi Efdd [*Direct Democracy*]. Adesso siamo in contatto con forze politiche che stanno emergendo. Tra gennaio e febbraio faremo un manifesto europeo sul lavoro, i diritti e l'ambiente e ci proponiamo di diventare l'ago della bilancia per la formazione della nuova Commissione europea. Non intendiamo allearci né con le destre populiste, né con i socialdemocratici e nemmeno con i liberali dell'Alde, che probabilmente saranno guidati da Macron. Il Parlamento europeo ha meccanismi diversi da quello italiano: non c'è il voto di fiducia. L'Italia avrà un commissario e vedremo chi lo designerà. Salvini pensa a un'alleanza tra popolari e populisti? Non mi sbilancio, non mi sento di annunciare alleanze. A me interessano i temi. Poi conteremo i voti.»

Ecco come è nato il «contratto di governo»

Lega e Movimento 5 Stelle sono legati da un accordo di governo che i due contraenti chiamano «contratto». La parola è fredda, pragmatica, utilitaristica. Per mesi, i 5 Stelle scattavano se osavi parlare di «alleanza».

Come nacque l'idea del contratto?, chiedo a Di Maio. «Venerdì 2 marzo 2018, quando chiusi la campagna elettorale televisiva a "Porta a porta",» mi racconta il capo politico del M5S «dissi di voler vincolare le forze politiche a un contratto del tipo di quelli in uso in Germania per la formazione del governo. Dopo le elezioni affidammo al professor Giacinto Della Cananea il compito di presiedere un comitato scientifico per la stesura di una bozza di contratto, verificando i punti di convergenza e di divergenza con Lega e Partito democratico. Il giorno dopo il via libera di Berlusconi, mi incontrai a quattr'occhi con Salvini nella sala intitolata a Giancarlo Siani, al quinto piano del palazzo dei gruppi parlamentari. Ci dicemmo: proviamo a creare qualcosa che non si è mai visto. Gli chiesi di scrivere insieme il contratto di governo.»

Con quale criterio avete proceduto? «Il primo punto su cui siamo stati d'accordo è la revisione della legge Fornero. Poi ci siamo spiegati a vicenda il reddito di cittadinanza e la flat tax, su cui ciascuno di noi aveva obiezioni "storiche" reciproche: la Lega ci contestava l'assistenzialismo, noi la volontà di favorire i ricchi. Quindi ci furono le interlocuzioni tecniche di due gruppi di lavoro. Per noi parteciparono Laura Castelli, Alfonso Bonafede e Riccardo Fraccaro; per la Lega Giancarlo Giorgetti, Armando Siri e Alberto Bagnai. Si incontravano nella Sala Siani della Camera o al Pirellone, la sede della Regione Lombardia a Milano. Sa, i simbolismi... Entrambe le parti scrivevano e ogni giorno provavano a trovare l'accordo sui singoli punti. In quei giorni subimmo molti attacchi sia dai commissari europei sia dalle vecchie forze politiche. Ma più forti erano gli attacchi, più i nostri erano motivati. Alla fine, noi abbiamo accettato la flat tax e la revisione della legge sulla legittima difesa, loro il reddito di cittadinanza e l'acqua pubblica. Il contratto si è rivelato fondamentale. Se non siamo d'accordo su un certo tema, è sufficiente dire: non è nel contratto.»

Chi lo ha scritto materialmente? «Oltre alle persone citate, parteciparono per la Lega Roberto Calderoli e Andrea Paganella, capo della segreteria tecnica di Salvini; per noi Daniel De Vito, capo della mia segreteria tecnica allo Sviluppo economico, e Tommaso Donati, capo dell'ufficio legislativo del Movimento alla Camera.»

Il punto centrale della campagna elettorale del Movimento 5 Stelle è stato il «reddito di cittadinanza». Un'idea, ha detto lei, nata molto tempo prima. «Alle politiche del 2013 il reddito di cittadinanza era il primo dei venti punti del programma per "uscire dal buio". Beppe promosse l'"Agenda Grillo" opposta all'Agenda Monti. Io ero ancora soltanto un giovane militante e capii allora che cosa fosse il reddito di cittadinanza. Grillo e Gianroberto Casaleggio presero l'idea da altri paesi. In Germania, per esempio, allora ce n'erano tre tipi, oggi quattro. Il progetto fu perfezionato nel 2013 e nel 2014, e rilanciato nel gennaio 2015 nella campagna per le elezioni in sette regioni, in cui recuperammo dopo la forte caduta alle europee del 2014. Se toccammo il 20 per cento, il merito fu di questa proposta.»

Secondo lei, il reddito di cittadinanza è destinato a gestire le enormi difficoltà di riconversione dell'economia e degli occupati in lavori in via di estinzione? «Partiamo da un presupposto. Il 60 per cento dei lavori è in trasformazione in tutto il mondo e soprattutto in Europa, grazie alle nuove tecnologie. Tre milioni di ragazzi in Italia escono dalle scuole formati per qualche cosa che non c'è più e diventano "Neet", cioè non studiano più e non lavorano. Sette milioni di persone accettano un lavoro qualsiasi, perché non hanno nessuna formazione per le nuove necessità. L'industria meccatronica ha bisogno di 15.000 periti che non trova, l'agricoltura manca di tecnici specializzati. La stessa Silver Economy, dedicata all'assistenza degli anziani, non trova specialisti né tra i giovani né tra i cinquantenni. La tecnologia abbatterà anche le professioni di livello più elevato. La "blockchain" [*la nuova Internet delle transazioni*] supererà il ruolo dei notai. Come si gestisce questa fase di transizione? Bisogna liberare le persone dal ricatto di dover fare qualsiasi lavoro pur di poter dire che stanno lavorando. Dobbiamo eliminare una fascia di povertà formando le persone con le nuove tecnologie. D'altra parte, Bill Gates e Mark Zuckerberg non parlano di reddito universale fin dalla nascita? Macron non stanzia 10 miliardi di euro per le nuove tecnologie e parla di reddito universale a partire dal 2020?»

La grande scommessa del «reddito di cittadinanza»

Così il reddito di cittadinanza è entrato nella legge di bilancio per il 2019: 9 miliardi di euro più 1 per la ristrutturazione dei Centri per l'impiego.

Il programma, obietto a Di Maio, è molto suggestivo, ma noi non abbiamo gli strumenti per attuarlo. In Italia i Centri per l'impiego sono 552 con 7934 dipendenti. In Germania i dipendenti di strutture analoghe sono 110.000, in Gran Bretagna 67.000, in Francia 49.000. I Centri italiani sono riusciti a sistemare soltanto il 3 per cento di disoccupati all'anno. Dovevano essere il braccio operativo del Jobs Act, ma si sono incartati nelle pastoie delle competenze tra le diverse articolazioni periferiche e non hanno mai funzionato. Anche perché, spesso, il personale non è qualificato. Secondo l'Osservatorio statistico dei consulenti del lavoro (ottobre 2018), in Sicilia il 52 per cento della popolazione è a rischio povertà. L'isola assorbe un quarto di tutti i dipendenti italiani dei Centri per l'impiego (1737 persone), ma molti vengono dai cosiddetti «lavori socialmente utili», cioè non hanno alcuna preparazione specifica in questo campo. I risultati sono sconfortanti. In altre regioni, il problema è opposto: si è calcolato che in Umbria hanno diritto al reddito 68.000 persone, quindi ognuno dei 176 dovrebbe gestirne 387…

«Finora i Centri per l'impiego non hanno funzionato anche perché i loro fondi sono stati progressivamente tagliati» risponde Di Maio. «Partiremo allora mettendo insieme i centri pubblici da riformare e job center privati. Tutti quelli che avranno il reddito dovranno essere formati sulla base delle tendenze di mercato, che andranno verificate regione per regione. Il momento cruciale è la proposta di lavoro. Se sarà l'agenzia privata a trovare la proposta giusta, sarà compensata con il triplo di 780 euro. Se sarà il centro pubblico, sarà l'impresa che assume il lavoratore ad avere lo stesso bonus: 780 euro moltiplicati per tre.»

Le imprese come si metteranno in rete con i Centri per l'impiego? «Riusciremo a realizzare questo collegamento in tre mesi, grazie alla collaborazione del professor Mimmo Parisi dell'università del Mississippi. Parisi è un pugliese emigrato trent'anni fa e pronto a tornare. Ha realizzato negli Stati Uniti un software in grado di testare le capacità di ciascuna persona che andremo formando. L'azienda che cerca personale potrà verificare in tempo reale il livello di formazione che sarà progressivamente raggiunto dai candidati. Il software è già nella disponibilità dell'Agenzia nazionale per le politiche attive del lavoro.»

La vostra vecchia idea di limitare l'ipotesi di trasferimento del lavoratore a un raggio non superiore a 51 chilometri dal luogo di residenza mi sembra molto utopistica. Nel Sud, quante proposte idonee possono arrivare da un territorio così circoscritto? «Questo vincolo sarà superato» assicura Di Maio. «L'Italia sarà divisa in distretti con una logica legata al buonsenso. Non ci saranno vincoli chilometrici, ma vogliamo evitare lo spostamento in massa dal Sud verso il Nord. La formazione sarà legata alla domanda di lavoro che c'è sul territorio.»

Come va intesa la durata di due anni per il reddito di cittadinanza? «I due anni sono il termine massimo entro cui i Centri per l'impiego o le agenzie private dovranno trovare fino a tre proposte. Ma lo Stato dovrà attrezzarsi. E spero davvero che il ciclo si esaurisca molto prima. Quando avremo rinnovato il personale dei centri e messo in rete il software, i candidati al lavoro saranno accompagnati da un tutor in remoto o personalmente dall'inizio alla fine del percorso.»

Ha idea di quanti posti di lavoro siano disponibili nel Mezzogiorno? «Molti di più di quelli che si percepiscono. Tutti coloro che cercano lavoro – dagli inoccupati agli inattivi che non si sono mai iscritti alle liste del vecchio collocamento – dovranno iscriversi a Forza lavoro italiana. Su una platea di 6 milioni di persone titolate ad avere diritto, prevediamo che arrivino il doppio di domande. Dovremo quindi scremare. Ai candidati forniremo il percorso, il software li aiuterà nella ricerca, un tutor li orienterà nella scelta.»

Tempi di attivazione?, chiedo al vicepresidente del Consiglio. «Il processo pubblico-privato partirà entro il mese di marzo 2019. Il primo lavoro che dovremo fare è il "coaching", come avviene negli Stati Uniti: non far perdere nuove occasioni a persone che non sanno di avere il talento per un nuovo lavoro. Conosciamo persone devastate per l'assenza di lavoro. Il nostro obiettivo è convincere a provare tanti individui che non sanno di avere il talento giusto.»

È una grande scommessa. Sarà abbastanza semplice integrare le pensioni minime fino a 780 euro per chi non ha altri redditi («pensioni di cittadinanza»), ma sul «reddito» le cifre sono molto più alte. Un disoccupato con tre figli a carico, se sua moglie o la sua compagna percepisce un reddito non superiore ai 9000 euro all'anno, ha diritto a 1840 euro al mese di retribuzione «di cittadinanza». Sia prima che dopo le elezioni del 2018, a «Porta a porta» ho obiettato ai dirigenti dei 5 Stelle che trovare lavori che garantiscano un simile reddito, soprattutto al Sud, è poco realistico. La risposta è che, dopo i due anni di rifiuti, quel disoccupato non avrà diritto ad altro e chi sarà scoperto a lavorare in nero avrà una pesante sanzione penale. Vedremo.

«Se preferisci i conti ai cittadini, sei morto»

E veniamo al punto dolente. La credibilità internazionale del governo e le ricadute sui mercati finanziari. «Quando in febbraio andai a Londra per incontrare gli investitori internazionali» mi racconta Di Maio «la loro idea prevalente era una Grande Coalizione tra Pd e Forza Italia. Una seconda opzione era un governo del solo Pd, con appoggi esterni. Una terza, un governo di centrodestra con Lega e Forza Italia. O, ancora, un governo con Pd, Forza Italia e una Lega molto diluita. L'opzione Lega-Movimento 5 Stelle era contrassegnata con un teschio: la peggiore opzione possibile. Per questo lo spread ha cominciato a salire appena formato il nostro governo.»

E poi è schizzato molto in alto dopo la presentazione della legge di bilancio, che ha portato alla bocciatura da parte della Commissione europea e al severo giudizio delle principali agenzie di rating.

Quando gli giro l'obiezione mossa al governo gialloverde di essere indifferente alla buona tenuta dei conti dello Stato, Di Maio replica seccamente: «Prima di noi ci si occupava solo dei conti. Io rispetto il bilancio dello Stato e le esigenze dei mercati, ma voglio lasciare un paese migliore a figli e nipoti. Chi ha governato prima di noi ci ha insegnato una cosa: sei morto, se l'ossessione dei conti te li fa preferire ai cittadini».

Le due cose sono inconciliabili?, gli chiedo. «No,» risponde Di Maio «ma non possiamo dimenticare che, per far scendere lo spread, l'ultima manovra del governo Gentiloni è stata di poche centinaia di milioni. Hanno rinunciato completamente all'agenda politica. Dopo il 4 marzo è cambiato tutto. Lo sento nell'aria. Si avverte in modo tangibile l'esigenza di riportare la politica accanto ai cittadini. Non è retorica. Fino al 4 marzo si pensava che l'unico modo di far politica fosse rispettare i conti. Quel giorno si è aperto uno squarcio, vediamo un altro scenario, e il Movimento 5 Stelle è la forza politica che lo interpreta meglio. Stiamo mettendo insieme conti e promesse da mantenere. Nessuno potrà mai dire: questo non si può fare perché dobbiamo rispettare i conti.»

È vero che ha avvertito l'ostilità nei tecnici dei ministeri, soprattutto in quello dell'Economia?, gli chiedo. «Sì, per una dinamica semplice» mi conferma. «Negli ultimi anni, a mano a mano che la politica arretrava nelle scelte e queste diventavano più tecniche, i dirigenti e gli apparati ministeriali hanno acquisito progressivamente un potere maggiore. Fino a quando la politica si è arresa definitivamente ai tecnici. Ricorda qual è stato l'unico ministro politico con responsabilità economiche?»

Quale? «Paolo Cirino Pomicino. Dopo di lui hanno preso il potere i tecnici.»

Anche Giovanni Tria è un tecnico, obietto. «Sì, ma ha una sensibilità politica maggiore di quanto non si creda. Siamo arrivati al punto che alcuni dirigenti del ministero dello Sviluppo economico hanno lanciato, con interviste ai giornali, iniziative politiche che non hanno condiviso con me. Un giorno è apparsa su un quotidiano la notizia che il mio ministero aveva sbloccato un grande gasdotto. Gente del posto mi ha contestato di averla tradita, ma io non ne sapevo niente.»

E allora? «Allora, dal 2019 tutto questo cambia. Il potere dei tecnici va ridimensionato. Ci sono figure non toccate dallo spoil system che hanno lavorato per rendersi indispensabili: hanno fatto terra bruciata intorno a sé per

diventare i soli depositari della materia. Così non va. Dobbiamo riappropriarci della libertà di poter realizzare i nostri programmi elettorali.»

«Centralizzare di nuovo la Protezione civile»

Faccio notare a Di Maio che il realismo della politica li ha
tuttavia costretti a rivedere alcune promesse elettorali. Per
esempio la Tap, il gasdotto transadriatico di 878 chilometri, di cui soltanto 8 in territorio italiano, destinato a ridurre la nostra dipendenza energetica dalla Russia. «Ci siamo
esposti troppo sulla Tap? No, abbiamo avuto un comportamento ineccepibile perché gli ultimi accordi per quell'o-
pera sono stati sottoscritti nel maggio 2018, prima che si in-
sediasse il nostro governo. Venti miliardi di risarcimento ci
avrebbero fatto saltare il reddito di cittadinanza e tante altre cose. Tutte le altre opere pubbliche sono sottoposte alla
verifica del rapporto tra costi e benefici.»

Anche sospendere la Tav costa alcuni miliardi... «La revisione della Tav è nel contratto di governo e sappiamo che
non si corre il rischio di affrontare grandi spese. Non preve-
do grandi ostacoli nemmeno dalla Francia. Il ministro francese dell'Economia Bruno Le Maire mi ha detto: "Capisco i
tuoi dubbi"». (Vedremo nel prossimo capitolo le forti obiezioni della Francia al ministro Toninelli dopo le anticipazioni di questo libro.)

A volte, oggi, si ha la sensazione che Beppe Grillo si muova su un altro pianeta, quasi rimpianga i tempi dell'opposizione. «Siamo andati al governo al momento giusto e siamo rimasti gli stessi. Vado in televisione con lo stesso tono
di prima, denuncio l'Air Force Renzi come facevo prima
delle elezioni, facciamo tuttora campagna sul reddito di
cittadinanza e le piazze si riempiono ancora. C'è la stessa
connessione emotiva con i cittadini che avevamo ai tempi dell'opposizione. Le persone non vogliono tutto subito.
Ho 230 tavoli di crisi al ministero e sarebbe impossibile ri-
solverli tutti insieme. La gente vuole la politica fisicamente
accanto, prima dei risultati ti chiede la vicinanza. Quando

ho nominato Piero Farabollini commissario per il terremoto, gli ho detto: "Professore, non si chiuda nelle strutture commissariali, vada tra la gente".»

Farabollini, geologo e docente all'università di Camerino, ha preso il posto di Paola De Micheli (Pd), sottosegretario con Renzi e Gentiloni. Faccio notare a Di Maio che da quando è finita la gestione di Guido Bertolaso (2001-10), la Protezione civile è stata frazionata e, di fatto, smantellata nella sua organizzazione unitaria. Segnalo anche il grave ritardo nella ricostruzione del terremoto del 2016 nel Lazio, Umbria, Marche e Abruzzo, rispetto a quello dell'Aquila. (Lì il sisma avvenne il 6 aprile 2009 e nel settembre dello stesso anno inaugurammo a Onna, il paese più colpito, un bellissimo asilo costruito con le donazioni arrivate a «Porta a porta». Contemporaneamente il premier Berlusconi consegnava le prime case in legno perfettamente attrezzate. Le sue famigerate casette nella New Town dell'Aquila, costruite in cento giorni, ospitano oggi i terremotati di Norcia e di Amatrice.)

«Noi» risponde Di Maio «abbiamo intenzione di riprendere in mano questo dossier. Nominerò un sottosegretario con l'incarico di gestire il coordinamento dell'emergenza terremoto in tutta Italia e anche la ricostruzione. Dovrà inoltre coordinare i diversi commissari che stanno operando qui e là. Oggi la grande sfida è nella regia della politica delle cose. Siamo passati dalla Prima alla Seconda Repubblica ritenendo che la politica avesse preso troppo potere. Adesso, nella Terza, la politica vuole e deve riappropriarsi del suo ruolo.»

In politica estera si sente più vicino agli Stati Uniti o alla Russia? «I rapporti con Trump sono ottimi, restiamo saldi alleati dell'Occidente. Ma, senza montarci la testa, vogliamo contribuire ad avvicinare Russia e Stati Uniti.»

Il 21 febbraio 2018, alla vigilia delle elezioni, il programma del Movimento 5 Stelle è cambiato sensibilmente sulla politica estera rispetto a quello votato dai militanti. La nuova posizione è molto più filoatlantica... «Non abbiamo mai detto che saremmo usciti dalla Nato» precisa Di Maio. «Abbiamo aggiornato la nostra posizione ai tempi nuovi, pur mantenendoci fedeli agli Stati Uniti. Certo, è cambiato il clima rispetto ai tempi di Obama quando – durante lo scontro frontale tra noi e il Pd – l'ambasciatore americano [*John Phillips*] faceva propaganda per il Sì al referendum e Hillary Clinton si muoveva in Libia contro gli interessi italiani.»

Lei, tuttavia, vuole bloccare 1 miliardo e mezzo di investimenti nel rinnovo degli armamenti (tra cui i missili Camm.Er. per la difesa del suolo italiano) e questo ci metterebbe in difficoltà con gli impegni presi in sede Nato. «Per quanto riguarda i missili, stiamo facendo un'analisi sui reali fabbisogni della Difesa, allo scopo di evitare sovrapposizioni. In linea generale, dobbiamo investire in progetti militari "dual-use", che abbiano cioè tecnologie utili anche in ambito civile. Mi pare che, in questo senso, si siano fatti in passato degli sprechi.»

Dopo la pubblicazione della legge di bilancio, a cavallo tra l'ottobre e il novembre 2018, all'interno del M5S si sono registrati malumori più visibili del solito. «Questa dialettica» mi spiega più tardi Di Maio «fa parte della normale natura del Movimento. Il contratto di governo è stato approvato dal 94 per cento degli iscritti. Il 6 per cento contrario si riflette ovviamente anche nel nostro gruppo parlamentare. Però, attenzione. Non si può accettare che vengano presentati ottanta emendamenti nella speranza che, alla fine, ne vengano approvati un paio. Questo può farlo chi sta all'opposizione, non la maggioranza. Se accettassimo questo modo di procedere, faremmo passare per sciocchi tutti quelli che non si comportano in questo modo. Sto cercando, perciò, di tutelare gli altri parlamentari. Al tempo stesso non mi meraviglio, perché nel Movimento certe cose possono accadere e sono accadute in passato. L'importante è rispettare il programma e il contratto di governo di fronte agli italiani.»

Faccio presente a Di Maio che, al di là dei dissidenti più espliciti, anche le posizioni di Fico e Di Battista non sono sempre allineate. «Non ci siamo mai divisi in correnti e non ho mai visto differenze di vedute importanti» mi dice. «Importante è che al momento del voto si rispetti l'opinione della maggioranza. Abbiamo fatto un contratto proprio per non aprire un dibattito su ogni singolo tema. Se cominciassimo a litigare adesso, gli italiani non ce lo perdonerebbero.»

Pericoli di scissione? «No, assolutamente. Tutti quelli che si sono messi fuori sono scomparsi.»

Se la legislatura si completasse, Di Maio cesserebbe la sua carriera politica a 37 anni. A meno che non cada il vincolo dei due mandati che il Movimento impone ai suoi iscritti. Che farà da grande?, gli chiedo. «Il limite dei due mandati resta vincolante. Che farò? Il mio obiettivo è di impegnarmi nel mondo dell'innovazione tecnologica, sviluppando l'adesione italiana a grandi partnership internazionali. Nel 2019 il ministero per lo Sviluppo economico metterà a disposizione 2 miliardi di euro per le start-up innovative. Inoltre, stiamo studiando il finanziamento di nuove tecnologie e "blockchain" con l'uso di intelligenza artificiale per combattere la contraffazione del made in Italy. Mai violando il conflitto di interessi. È un mondo affascinante nel quale varrà la pena di impegnarsi.»

Di Maio, Fico e la svolta vaticana

È stato Piero Schiavazzi, vaticanista dell'«Huffington Post» e del mensile di politica internazionale «Limes», nonché professore straordinario di geopolitica vaticana alla Link Campus University, a procurare il primo contatto di Luigi Di Maio con la Santa Sede. Storicamente, il Movimento 5 Stelle aveva avuto un pessimo rapporto con il Vaticano. I grillini avevano chiesto l'abrogazione del Concordato tra la Santa Sede e lo Stato italiano e, per di più, pretendevano la restituzione di 400 milioni di euro che, a loro dire, il comune di Roma avrebbe speso per servizi resi al Vaticano. Insomma, peggio di così non si poteva immaginare. Quando poi Beppe Grillo si era paragonato a san Francesco dicendo che i militanti del suo Movimento sarebbero «i nuovi francescani», era intervenuta la segreteria di Stato per bacchettarlo.

Anche se il mondo si è ormai rivoltato, chiunque punti alla conquista del potere in Italia non può non stabilire un rapporto con il microscopico Stato che ha la sede al di là del Tevere, intorno a una meravigliosa basilica michelangiolesca. Così, già nella prima parte della legislatura 2013-18, quando i 5 Stelle avevano soffiato al Pd il posto di primo partito italiano, i due mondi si erano annusati. Come ricorda Jacopo Iacoboni nel suo libro, il Movimento di Grillo, all'inizio orientato ad approvare la legge sulle unioni civili, se ne era successivamente ritratto. Nel 2015 Di Maio si fece rappresentare dal deputato Mattia Fantinati al Meeting di Rimini di Comunione e Liberazione e un anno dopo Alessandro Di Battista e Nicola Morra furono ricevuti dal potente sostituto della segreteria di Stato Giovanni Angelo Becciu, poi promosso cardinale. D'altra parte, a inizio 2016 un sondaggio di Demos certificava che 1 elettore grillino su 4 si definiva cattolico praticante e quasi la metà (44 per cento) sosteneva di avere fiducia nella Chiesa.

Nel 2016 Schiavazzi alzò il tiro, invitando Di Maio al Limes Club Oltretevere, definita «la Cernobbio cattolica». Rispose Vincenzo Spadafora, anima cattolico-moderata del Movimento. Chiese, s'informò: Di Maio avrebbe dovuto dibattere sulla Brexit con Antonio Spadaro, il potentissimo direttore della «Civiltà Cattolica», la prestigiosa rivista dei gesuiti. Potentissimo perché Spadaro, gesuita come Bergoglio, è l'interprete più autentico del suo pensiero. L'incontro si svolse a Santa Maria sopra Minerva e il rapporto fra la Santa Sede e i 5 Stelle fu stabilito. Lo stesso Schiavazzi disse – evocando una celebre frase di Aldo Moro sui rapporti tra la Dc e i comunisti – che quell'incontro inaugurava una nuova versione delle «convergenze parallele».

Di Maio incontrò di nuovo Schiavazzi alla Camera nel gennaio 2017 e si fece illustrare molti aspetti del mondo vaticano, che conosceva poco. I due si rividero qualche mese dopo a Torino al Salone del libro, quando il giornalista moderò un confronto tra il capo del M5S e Massimo Franco, editorialista politico del «Corriere della Sera» e profondo conoscitore del Vaticano, che presentava il suo libro *L'assedio*, dedicato al problema dell'immigrazione. (Quando si è formato il nuovo governo grilloleghista, per la prima volta c'è stata una divaricazione tra Italia e Vaticano su un problema sensibile di politica estera come, appunto, l'immigrazione. Il papa ha definito «barca di Pietro» le carrette cariche di migranti ed è particolarmente sensibile al problema africano, perché in quel continente i cattolici crescono il doppio rispetto al già fortissimo incremento demografico, mentre altrove si mantengono stabili o – come in Sud America – devono affrontare la terribile concorrenza delle sette. Ma a fine estate 2018 Di Maio cercò di frenare le posizioni più dure di Matteo Salvini e la Conferenza episcopale italiana diede una mano decisiva a risolvere la crisi della *Diciotti* accettando di ospitare cento migranti a Rocca di Papa, nonostante le proteste della cittadinanza.)

Il 20 aprile 2017 fu proprio Massimo Franco ad attribuire sul «Corriere» a Di Maio la frase: «La Chiesa e il Vaticano noi li viviamo come un partito con cui allearci». Erano i giorni in cui lo scambio di attenzioni raggiunse un punto molto significativo con un'intervista a tutta pagina di Beppe Grillo al quotidiano dei vescovi «Avvenire» («Il Movimento ha una visione solidale della società e il massimo rispetto per la Chiesa») e una contemporanea intervista di Marco Tarquinio, direttore di «Avvenire», al «Corriere della Sera», pubblicata sotto il titolo *Con M5S molte sensibilità in comune*.

Il 6 febbraio 2018 fu Schiavazzi a moderare l'incontro alla Link in cui Di Maio fece la sua svolta filoatlantica in politica estera. E il 28 giugno, nella sua nuova veste di vicepresidente del Consiglio, il leader del M5S intervenne in Vaticano all'imposizione della berretta cardinalizia a diciotto nuovi porporati.

Di Maio guida la corrente moderata del partito, Roberto Fico (insieme a Di Battista) la rigida sinistra interna. Nel 2018 correva il quinto anno di pontificato di Bergoglio e padre Spadaro chiese a Schiavazzi di proporre a Fico un dibattito pubblico: «È un personaggio interessante» disse. L'incontro avvenne il 25 luglio 2018 in via della Pigna, una sede storica del Vaticano che fu per quarant'anni anche sede del Vicariato. Vi assistettero quattro ministri, di cui tre del M5S:

Elisabetta Trenta (Difesa), Riccardo Fraccaro (Rapporti con il Parlamento) e Alberto Bonisoli (Beni culturali). Il quarto era il titolare dell'Economia, Giovanni Tria. Il tema era impegnativo: «Francesco e lo stato della Chiesa», con la parola «stato» che poteva essere letta nel doppio senso, con la minuscola e con la maiuscola. Fico esordì dicendo: «È il mio primo viaggio all'estero».

In genere, l'attivissimo direttore di «Civiltà Cattolica» è molto esigente in fatto di date, ma trattandosi del presidente della Camera consentì a Schiavazzi di disporre liberamente della propria agenda. Il dibattito andò bene. Alla fine, accompagnando Fraccaro all'ascensore, Schiavazzi rivelò questo dettaglio. E Spadaro arrossì.

IX

La «scuola di partito» del M5S, la ministra che non ama i generali, il ministro che non ama le grandi opere

Link University, la fucina dei 5 Stelle

Ha scritto Salvatore Merlo sul «Foglio» del 16 settembre 2018: «Piccolo, magro, la polo blu sui pantaloni neri, i mocassini consumati, un'intelligenza estrema che gli traspare dalla pelle, come se le mani, il mento, la schiena curva, tutte le parti del suo corpo meditassero e capissero, Vincenzo Scotti si è mosso cavalcando due mondi al crepuscolo, la Prima e la Seconda Repubblica. ... E adesso quest'uomo tutto politico, dando un calcio alla fenomenologia dell'assurdo, si affaccia anche su quella che tutti chiamano Terza Repubblica: ha trasformato la sua università, la Link Campus, questo luogo circonfuso di storie noir tra spie russe e professori che spariscono nel nulla, in una specie di Frattocchie del M5S». Le Frattocchie, la vecchia, mitica, inimitabile scuola di partito del Pci, fondata nel 1944 e morta per eutanasia nel 1993. E oggi tocca a un vecchio democristiano svezzare, formare, educare i giovani populisti di Beppe Grillo che hanno conquistato il paese.

Adesso che cerco di penetrare i suoi occhi misteriosi e carichi di storia, vi rileggo gli avvenimenti dell'anno che cambiò le vicende dell'Italia moderna: 1992. Allora Scotti era ministro dell'Interno dell'ultimo governo Andreotti e nessuno sapeva che stava finendo la Prima Repubblica. Il 25 maggio si trovava a Palermo per i funerali di Giovanni Falcone, di sua moglie e degli uomini della scorta. Era seduto accanto a Giovanni Spadolini, presidente del Senato, e a Claudio Martelli, ministro della Giustizia e amico di Falcone, che aveva portato a lavorare con sé. Il capo della polizia, Vincenzo Parisi, si avvicinò al banco e gli sussurrò all'orecchio: «Ministro, a Roma hanno deciso per Scalfaro come presidente della Repubblica». Scotti lo disse sottovoce a Spadolini, che già si sentiva al Quirinale, e ricevette come risposta un rantolo soffocato.

Quando Oscar Luigi Scalfaro si insediò, doveva benedire un nuovo governo. Martelli e Scotti andarono al Quirinale, non si è mai capito se su sollecitazione del capo dello Stato o dello stesso Martelli. Scalfaro, appena i due furono usciti dallo studio, si attaccò al telefono e disse sia ad Arnaldo Forlani (la cui candidatura al Quirinale era stata bruciata da Andreotti) sia agli uomini di Bettino Craxi, che i due erano andati a candidarsi: Martelli come presidente del Consiglio e Scotti come vice. Entrambi negarono la circostanza, che Craxi definì «una carognata», e a palazzo Chigi andò Giuliano Amato. Ma è verosimile che il tentativo sia stato compiuto, con modalità anomale e con una sorta di complicità dello stesso Scalfaro.

Nel 2014, durante la stesura di *Italiani voltagabbana*, andai a trovare Scotti sia per ricostruire di nuovo questa vicenda, sia per farmi confermare quanto mi aveva detto Paolo Cirino Pomicino sui suoi continui cambi di corrente nella Dc che gli erano valsi il soprannome di Tarzan. Forzanovista con Carlo Donat-Cattin nel 1968, nel 1972 amico di Ciriaco De Mita, nel 1974 prima con Amintore Fanfani e poi con Giulio Andreotti, quindi amico di Antonio Gava. («Non ha fatto in tempo a diventare moroteo per la prematura morte del leader» mi disse Pomicino.) Nel nostro incontro, Scotti smentì solo la parentesi fanfaniana. Per il resto confermò ogni passaggio all'interno di un'«evoluzione della linea politico-culturale che mi deriva da anni di collaborazione con Giulio Pastore [*fondatore della Cisl e maestro politico di Donat-Cattin*], prima nel sindacato, poi al Comitato dei ministri per il Mezzogiorno, di cui fui segretario generale dal 1958 al 1968».

Scotti mi ricevette nel suo ufficio di presidente della Link Campus University nel parco del Casale di San Pio V, non lontano dal Vaticano, ma in posizione più elevata, tanto da essere stato costruito nel 1567 come residenza estiva del pontefice. Si dice che dalla sua finestra il papa abbia avuto la visione della vittoria di Lepanto contro i turchi. Non sappiamo se dalla stessa finestra Enzo Scotti abbia avuto in anteprima la visione della vittoria del Movimento 5 Stelle alle elezioni politiche del 4 marzo 2018. È un fatto, però, che sono tornato qui per capire come mai la Link University sia diventata la fucina del governo pentastellato. E gli chiedo di spiegarmi per quale strana congiunzione astrale il 1° marzo 2018 – tre giorni prima delle elezioni politiche – nella lista dei candidati ministri di un eventuale governo del M5S figuravano ben tre insegnanti dell'università per gli incarichi a Esteri (Emanuela Del Re), Interno (Paola Giannetakis) e Difesa (Elisabetta Trenta), con quest'ultima che poi, quel posto strategico, l'ha avuto sul serio e con la Del Re che – dovendo lasciare la titolarità degli Esteri a un tecnico di lusso come Enzo Moavero Milanesi – ne è diventata viceministro.

Avevo lasciato Scotti in gran forma a 81 anni e, se possibile, lo trovo in condizioni ancora migliori a 85. Qui lo chiamano giustamente «professore», perché ha insegnato a lungo economia dello sviluppo sia alla Luiss di Roma sia, dal 1993, all'università di Malta. («Ero amico di Guido de Marco, prima ministro degli Esteri per il Partito nazionalista [*la Dc locale*], poi presidente della Repubblica» mi racconta. «Il nostro avversario era il socialista Dom Mintoff», a lungo capo del governo maltese.)

La Link Campus University nacque nel 1999 proprio come filiazione dell'università di Màlta e, con una serie di passaggi intermedi, nel 2011 ottenne la parificazione alle università italiane. Ha sette corsi di laurea, impostati ciascuno da leader di programma come il filosofo Massimo Cacciari, Franco Frattini (ministro degli Esteri di Berlusconi), Antonio Catricalà (già presidente dell'Autorità garante della concorrenza), Piergiorgio Valente (fiscalista internazionale).

«Sono venute a insegnare qui personalità che coprono l'intero arco politico» puntualizza Scotti. «Da Stefano Rodotà a Sabino Cassese a Cesare Salvi, che fu ministro con Prodi, a Giuseppe Tesauro, che fu presidente della Corte costituzionale. Nel 2017 è venuto Giacomo Rizzolatti, il neuroscienziato che ha scoperto i neuroni specchio.» La Link propone anche 37 master, e l'occhio, naturalmente, cade su quello più sensibile: Intelligence e Sicurezza.

«Prima che cominciassimo noi nel 1999» mi racconta Scotti «non c'era in Italia nessuna università che avesse corsi del genere. Noi non formiamo gli 007 operativi sul campo, ma gli analisti. Già prima dell'attentato alle Torri Gemelle del 2001 e subito dopo organizzammo un seminario in collaborazione con gli Stati Uniti al quale parteciparono un'ottantina di docenti. In quasi vent'anni, in questo master si sono alternati una sessantina di insegnanti che vengono dal mondo dell'intelligence e hanno formato 400 frequentatori, oggi spesso in posizioni dominanti sia nel sistema pubblico sia nelle grandi industrie private.

«Abbiamo in ogni campo interlocutori internazionali. Facciamo ricerche per conto della Nato. Il nostro bilancio viene per il 50 per cento dalla ricerca, finanziata da gare internazionali e da grandi società private» prosegue, consegnandomi un elenco di 113 membri della comunità internazionale «amici» di Global Eye, un blog che ogni giorno pubblica analisi tratte da importanti think tank di tutto il mondo. «C'è il meglio dell'intelligencija mondiale in fatto di studi strategici e di geopolitica. Ma uno dei nostri master di maggior successo è quello sulle "decisioni complesse", frequentato da dirigenti della pubblica amministrazione che devono tener conto del multilivello del governo in Italia (Stato, regioni, province, comuni) con forti ricadute nella società.»

Oggi la Link University ha 1600 studenti, che pagano una retta di 9000 euro, «ma i migliori» mi spiega «possono avere una riduzione del 50 per cento. Per cercarli, facciamo indagini nelle scuole sugli studenti di 16-18 anni».

Scotti: «Di Maio non è un democristiano, ma un realista»

I rapporti della Link con il Movimento 5 Stelle non cominciarono bene. Nel 2013 Claudia Mannino e altri otto parlamentari del M5S presentarono una pesante interrogazione al ministro dell'Istruzione Maria Chiara Carrozza sull'attività dell'ateneo, accusato di essere un «esamificio» («Mandammo tutta la documentazione» mi dice Scotti). L'interrogazione restò inevasa.

Lo stesso anno Scotti conobbe Luigi Di Maio, appena eletto (giovanissimo) vicepresidente della Camera. «Tra il 2013 e il 2018 ci siamo visti tre volte e sempre in occasioni organizzate dall'Associazione dei consulenti del lavoro: una volta alla Summer School, due al Festival del lavoro» mi racconta. «Discutemmo di politiche del lavoro. Nessun altro incontro pubblico o privato con Di Maio.»

Una svolta positiva nei rapporti tra questi due mondi avvenne nel 2015. Angelo Tofalo, un ingegnere deputato del M5S e membro del Copasir (che controlla i servizi di sicurezza), chiese di frequentare il master di Intelligence. («Uno studente come gli altri, senza alcun privilegio» ricorda Scotti. «Pagò la retta di 14.000 euro per il corso di un anno: 500 ore di lezione, oltre all'attività di laboratorio.») Fu così che Tofalo conobbe le tre candidate ministre del Movimento. «Elisabetta Trenta» precisa Scotti «è arrivata qui all'inizio degli anni Duemila. Era stata in molte aree difficili per svolgere missioni sia umanitarie sia di ricostruzione delle strutture istituzionali [*per conto della Farnesina è stata in Iraq, in Libia e in Libano*] e ha avuto con noi una collaborazione come insegnante. Paola Giannetakis, che ha studiato negli Stati Uniti, ha diretto qui alcuni master: si occupa dei rapporti tra terrorismo e criminalità organizzata e di scienze cognitive applicate all'intelligence e alla sicurezza [*Giannetakis è stata docente di Neuroscienze forensi e di Psicologia giuridica, con numerose pubblicazioni in materia di intelligence e di antiterrorismo*]. Trenta e Giannetakis fanno parte dell'organico stabile dell'università. Emanuela Del Re, sociologa, ha una collaborazione ai corsi strategici.»

Conclusione: Elisabetta Trenta è diventata ministro della Difesa ed Emanuela Del Re viceministro degli Esteri. Più sfortunata la Giannetakis, battuta alle elezioni nel collegio di Perugia dove era stata presentata dal M5S. Già candidata all'Interno, continua a occuparsi di terrorismo, tanto da essere censurata dal quotidiano comunista «il manifesto» per le sue posizioni pentaleghiste: «Governare adeguatamente i flussi migratori è una priorità alla quale si aggiunge la crescente preoccupazione che molti dei foreign fighters di ritorno entrino nascosti nei gruppi di migranti che approdano sulle nostre coste». Professore straordinario alla Link University è anche Flavia Marzano, assessore a «Roma semplice» (ovvero il programma di digitalizzazione) nella giunta capitolina a 5 Stelle. («Da noi si occupa di reti informatiche» puntualizza Scotti.)

Il presidente della Link s'inalbera quando gli riporto le accuse secondo cui questi docenti avrebbero scarse pubblicazioni: «Certo che le hanno. Sono i critici che non le leggono. Noi cerchiamo persone che abbiano fatto analisi sul campo e non accademici che non ne hanno mai fatta una. Non vogliamo gente che si occupa di periferie senza essere mai stata in una periferia. Vogliamo esperti che abbiano documentato le proprie capacità e non esperti in gatti sulla tangenziale». (Il riferimento è al film con Antonio Albanese e Paola Cortellesi in cui il protagonista maschile è un profeta dell'integrazione sociale. Una specie di remake della «supercazzola» di Ugo Tognazzi in *Amici miei* di Mario Monicelli.)

Resta la domanda: perché il M5S ha attinto nel Casale di San Pio V alcuni pezzi da novanta della propria classe dirigente? «Se i candidati ministri fossero stati scelti tra professori della Bocconi, nessuno avrebbe battuto ciglio. Con noi, invece...»

Be', la Bocconi ha un'altra tradizione, osservo. «Chi ha la nostra specializzazione in questo tipo di studi?» ribatte Scotti.

Ma Di Maio l'ha avvertita delle candidature delle sue docenti? «No, l'ho saputo dalle interessate.»

L'attenzione di Scotti per il Movimento 5 Stelle, mi dice, nasce da una domanda: «Come mai gli intellettuali italiani non si sono mai chiesti perché in questo Parlamento e in questo governo non c'è nessuno dei partiti che per settant'anni hanno governato l'Italia? Il partito più vecchio è la Lega...». E aggiunge: «C'è un'evidente responsabilità del mondo intellettuale nel non aver saputo leggere quello che stava avvenendo. Noi non ci siamo fermati allo schematismo secondo cui i 5 Stelle sono populisti e basta. Ci siamo chiesti che cosa ci fosse dietro. Non si arriva a prendere più del 30 per cento dei voti senza essere espressione di qualcosa di profondo della società italiana».

E dunque perché hanno vinto?, gli chiedo. «Per il vuoto di risposte alle domande della società italiana.» E qui Vincenzo Scotti, nella stupita ammirazione del suo interlocutore, si propone come antico profeta del nuovo. «Nel 1984 dissi a De Mita: "Io guardo il Palazzo dalla società, tu la società dal Palazzo". Non era una battuta, ma un diverso approccio alla politica. Fin dal 1969 Moro spiegò sul "Giorno" che il potere non sarebbe stato più monopolio di un ceto politico, ma che la società poneva altre istanze. A questo bisogno noi abbiamo risposto con riforme istituzionali, ma non abbiamo riformato la politica. Ricorda l'abate Galiani? Già nel Settecento ammoniva che il declino degli Stati italiani dipendeva dal parlare troppo di riforme e poco di governo. Perché i 5 Stelle hanno conquistato il Regno delle Due Sicilie? Perché nel Mezzogiorno, al massimo della domanda di governo, c'è stato il massimo di vuoto nelle risposte. Il divario tra le regioni del Nord e quelle del Sud è cresciuto in modo spaventoso.»

E veniamo a Di Maio. «Prima delle elezioni abbiamo invitato lui e gli altri capi delle coalizioni. Berlusconi ha mandato Tajani, Renzi la Pinotti, che però fu bloccata dalla neve, Di Maio è venuto di persona. L'accordo con tutti era che si parlasse solo di relazioni internazionali. Fu interrogato come gli altri da cinque studenti di paesi diversi: un italiano, un olandese, una siriana, un afghano, un iracheno. Di Maio disse due cose fondamentali: 1) la credibilità di una politica estera è legata alla sua continuità e stabilità; 2) l'Europa è la casa dell'Italia e lui non la includeva nella politica estera, considerando i rapporti con l'Europa politica interna.» Si parlò di euro?, chiedo. «No.»

Fu quella – e i colloqui successivi – l'occasione in cui si parlò di svolta di Di Maio in favore di una politica filoamericana e filoisraeliana. Questa sarebbe piena «continuità atlantica», anche se il Movimento 5 Stelle è molto attento alla Russia, come lo è la Link University, che ha stabilito una partnership con la prima università statale di Mosca, la Lomonosov. (In realtà la svolta – clamorosa – in favore di Israele era avvenuta nel 2016 quando, in un intervento allo Yad Vashem di Gerusalemme, Di Maio aveva definito «terrorista» Hamas, uno dei movimenti per la liberazione della Palestina, mentre solo due anni prima Alessandro Di Battista aveva sostenuto che sarebbe stato utile trattare con l'Isis.)

Scotti mi dice di aver sentito più volte al telefono Di Maio, dopo l'incontro alla Link. «Non mi pongo il problema di diventare consigliere del Principe, ma siamo una coscienza critica e offriamo una classe dirigente.»

È vero che lei, dall'alto della sua irripetibile esperienza, ha definito Di Maio «un vero democristiano»? «No» è la risposta. «La Dc è finita come dato politico e storico.»

Che impressione le fece in quell'incontro? «Nel saluto finale, citando Machiavelli dissi che lo consideravo un realista. Machiavelli discuteva di repubbliche che esistono e mai di repubbliche che mai sono esistite e mai esisteranno. Utopia non è il sogno di cose che non esistono, ma il far scoprire cose che esistono e finora non erano state viste. Perciò giudicai Di Maio un realista e gli augurai di riuscire a trasformare uno stato d'animo in una forza di governo che conosce ruolo e funzioni della stabilità delle istituzioni.» (Quando ancora non aveva incontrato Di Maio, al vaticanista Piero Schiavazzi che lo invitava ad assistere al primo intervento nella Santa Sede dell'allora vicepresidente della Camera, Scotti disse: «Sono i soli che fanno politica». E Schiavazzi commentò: «Si passa dalla Prima alla

Terza Repubblica», saltando la Seconda, dove pure Scotti era transitato come sottosegretario agli Esteri del governo Berlusconi tra il 2008 e il 2011.)

La svolta politica di Di Maio ebbe subito una vistosa conseguenza nel repentino cambio di programma del M5S su alcuni punti sensibili. Il 21 febbraio 2018 – una decina di giorni prima delle elezioni – è stato pubblicato dal Movimento, nella versione definitiva del programma, un testo sulla Nato radicalmente diverso da quello approvato dagli iscritti. È scomparso un intero paragrafo che recitava: «Il sistema di sicurezza occidentale non solo non ci ha reso più sicuri, ma è il primo responsabile del caos odierno». Ci sarebbe perciò una «discordanza tra l'interesse della sicurezza nazionale italiana e le strategie messe in atto dalla Nato». Di qui la proposta di un «disimpegno da tutte le missioni militari della Nato in aperto contrasto con la Costituzione». Questa è roba da opposizione dura e pura. Ma quando si sta al governo...

Elisabetta Trenta, il ministro della Difesa
che non ama i generali

«L'incontro con i 5 Stelle? Avvenne attraverso mio fratello, un programmatore informatico di sistemi di sicurezza che ha seguito Grillo fin dalla prima ora, nel 2007. Adesso, perse le elezioni per il sindaco di Velletri, è consigliere di minoranza, nello stesso comune in cui siamo nati e dove, alla fine degli anni Novanta, io fui assessore al Turismo e ai Gemellaggi in una giunta di centrodestra per conto dell'Udc. Ma già allora, se ritenevo che qualcosa non andasse nell'interesse dei cittadini, votavo contro la mia maggioranza, fino a ritirarmi quando vidi che la politica consisteva nello scambiarsi favori. Dissi, peraltro, a mio fratello che ero molto contraria all'idea del M5S: come può un movimento che non sia partito fare politica in un sistema di partiti? A mano a mano, tuttavia, mi convinsi che i princìpi del Movimento erano quelli nei quali avevo sempre creduto, quando il M5S non era ancora nato. Mi iscrissi nel 2013 e ho partecipato alle "parlamentarie" del 2018, prendendo una settantina di voti. Quarta in lista, grazie all'alternanza uomo/donna, perché ci sono stati uomini che hanno preso più voti di me. Era scontato che non sarei stata eletta. Ma poi...»

Elisabetta Trenta è una signora minuta e garbata, che si muove senza complessi nel palazzone di via XX Settembre, il regno incontrastato di Giulio Andreotti. Fece già rumore nel 1980 l'ingresso in queste stanze di un socialista come Lelio Lagorio, e nel 2014 si ritenne che non si sarebbe andati oltre, a sinistra, dopo la nomina di Roberta Pinotti, una «comunista» amata dai militari. Ecco invece la Trenta venire da un mondo sconosciuto, escludere dal suo staff tutti i generali («Ho due colonnelli e qualche tenente colonnello»), nominare addirittura un sergente consigliere strategico per la geopolitica («Mirko Lapi è bravissimo. Perché, allora, è rimasto sergente? Perché se fai quella carriera, arrivi al massimo a sergente maggiore, come lui...»). E – diciamola tutta – creare un certo scompiglio in tutti gli alti gradi militari.

Ho chiesto di incontrare Elisabetta Trenta perché il ministero della Difesa è un ministero degli Esteri dotato di armamenti e uno dei quattro incarichi chiave di forte esposizione internazionale. Gli altri tre (Esteri, Economia, Affari europei) sono andati a tre tecnici (Moavero Milanesi, Tria, Savona). Lei è l'unica esponente del M5S che gioca in campo aperto, visto che il premier Conte è di affiliazione più recente e meno militante. La Trenta si è avvicinata al mondo militare nel 2005. «Lavoravo a SudgestAid [*un'organizzazione no-profit, legata alla Link Campus University, per il sostegno allo sviluppo economico e ambientale in Italia e all'estero*] e seguivo progetti di formazione destinati all'Iraq. Il ministero degli Esteri chiese un consigliere politico per il progetto Antica Babilonia di Nassirya [*la città irachena dove il 12 novembre 2003 c'era stato l'attentato che aveva ucciso 28 persone, di cui 19 italiani; nacque così la missione militare "Antica Babilonia", che si sarebbe protratta fino al 2006*]. Dipendevo dall'ambasciatore, ma mi coordinavo giornalmente con il comandante della missione. Un giorno questi mi disse: "Elisabetta, usciamo dalla base". Io risposi che avevo promesso a mia madre che non sarei mai uscita. Invece uscii e da allora non sono rimasta più chiusa nella base. Fu un'esperienza entusiasmante. Capii quanto fosse importante la Difesa per la politica estera. Quando un ufficiale iracheno mi mostrò una bomba, io che fino ad allora avevo conosciuto soltanto quelle con la crema, capii che dovevo studiare. Frequentai alla Link un master in Intelligence e Sicurezza [*lo stesso di cui in seguito sarebbe diventata direttrice*], poi seguii un corso di cooperazione civile e militare al Centro Alti Studi Difesa, approfondii il tema del terrorismo e feci domanda per entrare nell'esercito come ufficiale della riserva selezionata. Grado? Un algoritmo mescolò età ed esperienza e stabilì che dovessi essere capitano.»

«Conobbi Di Maio un mese prima delle elezioni»

Nei primi cinque anni di militanza, la Trenta non ha sempre condiviso le posizioni del M5S. «Ma un Movimento evolve sempre, quindi con l'ingresso di nuove persone lo spettro delle opinioni si è progressivamente arricchito. Ho lavorato a supporto degli eletti sui fondi strutturali per lo sviluppo delle amministrazioni. Mi sono occupata anche di politica estera, ho tenuto una conferenza sulla Libia. Ma quando ce n'è stata una sulla Nato ho preferito non andare, visto che allora l'obiettivo era l'uscita dalla Nato. Al massimo potevo spingermi a dibattere sul tipo di alleanza militare che vogliamo nell'interesse dell'Italia. Ma uscire proprio no, e quindi sono stata molto contenta quando il 6 febbraio 2018 Di Maio è venuto alla Link per presentare il suo programma di politica estera e ha cambiato rotta anche sull'Alleanza atlantica.»

È vero che prima di quel giorno – a meno di un mese dalle elezioni – il capo politico del M5S non aveva mai incontrato colei che, tre settimane più tardi, avrebbe presentato come candidata ministro della Difesa?, le chiedo. «È vero» mi risponde il ministro della Difesa. «Alla fine dell'incontro alla Link, Luigi chiese di conoscere i candidati [*Trenta, Giannetakis e Daniele Piva, professore di diritto penale, poi non eletto*]. Gli feci i complimenti, mi chiese cosa facessi, gli dissi che insegnavo in quell'università e gli indicai le materie sulle quali avrei potuto dargli una mano. "Se vuoi un paper sulla Libia, te lo scrivo." Dopo una settimana, dal comitato elettorale di Di Maio mi chiamarono per avere un curriculum nell'ipotesi che dovesse rilasciare interviste sull'argomento. Poi mi telefonò una persona dello staff dei M5S: voleva fissare un incontro con Luigi per propormi una posizione di governo se il Movimento avesse vinto le elezioni. Restai basita, in silenzio. Pensai che fosse un amico che mi faceva uno scherzo. "Non mi rispondi? Non sei interessata?" chiese lui. E mi fissò un appuntamento nell'ufficio del comitato elettorale del Movimento in via Piemonte.

«Di Maio mi disse di essere rimasto colpito dal mio curriculum: nel governo ci sarebbe stato bisogno di una persona che venisse davvero dal M5S e che avesse le competenze idonee a fare il ministro degli Esteri o della Difesa. Io avevo lavorato nella cooperazione internazionale, che davvero può cambiare il mondo ed è gestita dagli Esteri, ma precisai subito che avrei preferito la Difesa perché, negli ultimi anni, avevo approfondito molto i temi della sicurezza e dell'intelligence. Luigi chiuse la conversazione con due raccomandazioni: "Non dire niente a nessuno della mia proposta, perché per ogni incarico stiamo selezionando più di una persona, e se ritieni che qualcuno possa obiettare qualcosa, dimmelo subito". Sul momento risposi che non temevo obiezioni, ma appena uscita tornai subito indietro: "Mio marito è un militare". "Non è un problema" replicò Di Maio.» (Dopo la nomina della moglie, il capitano Claudio Passarelli è stato trasferito dalla segreteria generale della Difesa al più anonimo ufficio Affari generali del ministero.)

«Tornata a casa,» ricorda la Trenta «fui accolta dallo scetticismo di mio marito: "Figurati se nominano te...". Per una settimana feci finta di non pensarci, anche se in realtà ci pen-

savo in ogni momento. Fino a quando ricevetti un'altra telefonata: "Non rispondi a Rocco?". "Rocco chi?" replicai.
Non avevo mai visto Rocco Casalino, il capo della comunicazione [*oggi portavoce del presidente del Consiglio*]. Guardai
il cellulare. C'era un sms di Casalino: "Sei nella squadra".
Questo accadeva nell'ultima settimana di febbraio. Ci fu appena il tempo di conoscersi con gli altri candidati ministri.
Fu un incontro entusiasmante, prima della presentazione
della squadra a una settimana dalle elezioni.»

Renzi ironizzò subito: «Alla Difesa l'assessore ai Gemellaggi del comune di Velletri?». Ma Elisabetta Trenta soprav-
visse alla strage dei candidati ministri.

«Io legata a Putin? Figuriamoci…»

Aveva appena giurato al Quirinale che fu accusata di essere stata un alto dirigente di una società specializzata nella selezione di «contractor», i nuovi mercenari. Quando le
giro l'obiezione, il ministro chiarisce: «Ero project manager
di SudgestAid, che si occupa di cooperazione internazionale. Alla fine del 2011, dopo la guerra civile e la morte di
Gheddafi, ci occupammo di un progetto finanziato dal ministero degli Esteri per il reintegro degli ex combattenti li-
bici. Per individuare le aree migliori in cui fare cooperazione ci rivolgemmo a una società che si occupa di sicurezza.
Ma quando nel 2014 il progetto stava partendo, ecco che
gli ex combattenti hanno ripreso a combattere e quel programma è stato sospeso. Allora progettammo la formazione di un corpo di sicurezza per i siti archeologici, che aveva
lo stesso nome del progetto precedente. Di qui l'equivoco,
le forzature e le polemiche».

L'altro elemento di polemica su di lei fu la notizia che
aveva diretto un master di intelligence presso la prima
università statale di Mosca, quella Lomonosov, amatissi-
ma da Putin, con la quale – come abbiamo visto – collabora la Link University di Scotti. Poiché insegnare a Mosca non è la stessa cosa che insegnare a Harvard, obiettò
l'ex deputato forzista Fabrizio Cicchitto, che faceva lì la

Trenta? Quando le riporto l'obiezione, il ministro scuote la testa. «Mai insegnato a Mosca, né mai previsto di farlo» risponde secca. «Ho studiato russo all'università. Ero affascinata da Gorbaciov e dal mondo che cambiava (l'altra mia grande passione era Giovanni Paolo II). Mi sono laureata in scienze politiche a indirizzo economico e ho svolto la tesi sullo sviluppo del settore agroindustriale russo. La prima volta andai a Mosca per un mese nel 1991 per fare ricerche al Goskomstat, l'Istat russo. Mi trovavo sotto la sede della principale stazione televisiva del paese quando, in agosto, ci fu il tentativo di colpo di Stato sventato da Boris Eltsin. La seconda volta ci andai alla fine di un master in "International development" allo Stoà di Ercolano [*Istituto di studi per la direzione e gestione d'impresa*]. Andai con Unido, l'organizzazione delle Nazioni Unite per lo sviluppo industriale. E restai tre mesi. Tutto qui.»

Quando ricordo alla Trenta che, appena fu nominata ministro della Difesa, l'attenzione si concentrò su un master («Globalisation, governance and international understanding») che avrebbe dovuto dirigere, lei risponde: «Mi chiesero di gestire il master, ne ho curato il progetto e il budget, ma poi mi sono candidata alle elezioni e ho lasciato». («Elisabetta Trenta ha insegnato alla Link con risultati eccellenti e lavorato – ricerca – fino al giorno della sua nomina» precisa Scotti. «Non dimentichiamo che si è ministri solo dopo la firma del decreto del presidente del Consiglio da parte del capo dello Stato. Può capitare, infatti, che si salga al Quirinale ministro e si scenda cittadino o onorevole.» La lunga esperienza maturata nella Prima Repubblica conforta le sue parole.)

Il progetto del master, partito soltanto quest'anno, fu impostato da Joseph Mifsud, un ambiguo personaggio maltese molto legato alla Russia e alla cerchia di Putin. Secondo il procuratore speciale statunitense Robert Mueller, che indaga sui rapporti tra l'entourage di Donald Trump e Mosca durante la campagna presidenziale del 2016, sarebbe stato Mifsud a riferire al consigliere della campagna di Trump, George Papadopoulos, che i russi erano in possesso di mol-

te mail imbarazzanti su Hillary Clinton. Quando i democratici scoprirono che i loro sistemi informatici erano stati violati e scoppiò il «Russiagate», Mifsud è letteralmente
scomparso (novembre 2017).

I rapporti della Link University con la Russia sono cura-
ti da Franco Frattini, ex ministro degli Esteri come Scotti e
dottore *honoris causa* all'Accademia diplomatica del ministero degli Esteri di Mosca, ma Luciano Capone ha scritto sul «Foglio» che l'8 ottobre 2016, nella capitale russa,
l'accordo con l'università Lomonosov fu firmato da Scotti, Frattini e Mifsud, e che fu quest'ultimo a caldeggiare
con i russi la collaborazione con la Link. Oggi Scotti non
solo smentisce questa ricostruzione, ma mi ha inviato copia del contratto con la Lomonosov (4 maggio 2016) in cui
compare la sua sola firma per conto del rettore della Link
Campus University, mentre non ci sono quelle di Mifsud
e di Frattini.

«Frattini è stimato nel mondo accademico russo» mi dice
Scotti «ed è stato più volte invitato dalla Lomonosov a tenere lezioni agli studenti.»

E Mifsud? «L'ho conosciuto nel 2001 quale responsabile
dell'ufficio internazionale dell'Università statale di Malta,
di cui la Link è stata una filiazione fino al 2007. Credo che
nel 2008 Mifsud abbia lasciato Malta per diventare presidente dell'università slovena Emuni. Poi si è trasferito a
Londra presso la London Academy of Diplomacy. Essendo "full professor" dell'università Stirling, lo chiamammo
insieme ad altri docenti stranieri a tenere corsi di studi internazionali alla Link. Ma poi il suo corso non si è tenuto
perché, nel frattempo, Mifsud non era più "full professor"
ed era perciò privo del titolo che gli consentiva di insegnare nella nostra università. Dopodiché è sparito dalla circolazione e non l'ho più incontrato.»

Quali sono stati i suoi rapporti con Mifsud?, chiedo a
Elisabetta Trenta. «Lui era preside del polo universitario
di Agrigento quando gestivo per SudestAid un progetto
di cui il polo di Agrigento era capofila» mi racconta. «Poi,
quando Mifsud era docente alla Link Campus, l'ho incro-

ciato ogni tanto, senza mai instaurare alcun rapporto.» La sua versione è, dunque, diversa da quella di Scotti, secondo il quale Mifsud non avrebbe mai insegnato alla Link.

Faccio alla Trenta i nomi di Ivan Timofeev, sospettato dall'Fbi di aver offerto agli uomini di Trump le mail trafugate a Hillary Clinton, e di tre pezzi da novanta dell'intelligencija putiniana: Aleksandr Chumakov, filosofo della globalizzazione russa; Yury Sayamov, consigliere diplomatico del Cremlino; e Olga Zinovieva, vedova di Aleksandr Zinoviev, uno degli ideologi di Putin. «Questi nomi» mi dice il ministro «erano inseriti nel progetto iniziale del master scritto da Mifsud, ma io non li ho mai conosciuti perché mi sono tirata fuori dal master.»

Anche qui la versione del ministro contrasta con quella del presidente della Link. «Il master in Intelligence e Sicurezza» mi racconta Scotti «fu ideato e avviato sotto la guida dei due presidenti delle repubbliche italiana e maltese [*Francesco Cossiga e Guido de Marco*] ed è stato portato avanti da eccellenti docenti, come risulta dal nostro sito e dal volume in pubblicazione sulle attività del ventesimo anno accademico della Link. Di Mifsud non c'è traccia. Il master fa parte dell'attività scientifica del nostro centro.»

Quando chiedo al ministro Trenta se le voci di questi contatti con la Russia abbiano allarmato gli americani, lei sorride: «Pensa che se questo fosse vero, sarei diventata ministro della Difesa? Ricorda l'attenzione del Quirinale al momento di nominare i titolari di alcuni ministeri?».

I contrasti con Di Maio su missioni e missili

Nell'estate del 2018 si è registrata una divergenza di posizioni tra Di Maio e la Trenta sulla presenza delle truppe italiane in Afghanistan. Il vicepresidente del Consiglio ha detto che l'Italia deve lasciare quel paese, mentre il ministro della Difesa è apparso allineato sulle posizioni del governo Gentiloni, che prevedeva la riduzione da 900 a 700 uomini. «Non è così» precisa la Trenta. «Stiamo stabilendo su quali basi decidere il nostro atteggiamento sulle missioni più importanti. Dobbiamo tener conto di alleanze, accordi internazionali, strategie di lungo periodo. Avere un'alleanza non significa fare per forza quel che chiede l'alleato, ma se cambio idea devo dargli modo di organizzarsi, evitando che venga vanificato tutto quel che ha costruito l'Italia in un certo paese.»

Dunque, in Afghanistan? «Il nostro disimpegno sarà graduale. Al momento ho disposto una riduzione di 100 uomini in Afghanistan, quindi da 900 a 800, al completamento del processo elettorale afghano, un periodo critico. La riduzione è diventata operativa il 31 ottobre. Dopodiché saranno avanzate altre riduzioni [*100 uomini nei primi mesi del 2019*], sempre di concerto con gli alleati.»

In Iraq siamo presenti con 1150 uomini, che prestano assistenza sanitaria e proteggono le imprese italiane che lavorano alla diga di Mosul. È vero che ridurremo progressivamente anche lì? «La missione di Mosul è finita, quindi ridurremo anche lì. Ne stiamo parlando con gli alleati.»

Il governo Gentiloni ha promosso tre nuove missioni in Niger, Libia, Tunisia. Qual è la situazione? «Per il Niger era stato fornito un numero di 400 uomini dal precedente governo, un passo sbagliato che irrigidì immediatamente il governo nigerino. [*In realtà, il governo nigerino chiese la missione italiana con protocollo del 1° novembre 2017. Inviammo alcune decine di uomini, che hanno dovuto limitarsi a preparare la base per i successivi arrivi, vista la spaccatura che ci fu tra le autorità nigerine.*] Noi abbiamo intavolato un altro dialogo e siamo riusciti a sbloccare una missione ferma da otto mesi, facendo partire per ora alcune decine di uomini. Quell'area rappresenta per noi il problema maggiore, visto che di là partono molti migranti. La missione in Tunisia non è mai iniziata. Escluso in modo assoluto un nostro intervento militare in Libia, manterremo l'ospedale di Misurata e l'addestramento alla guardia costiera locale.»

L'Italia guida la missione internazionale «Sophia» per salvare i naufraghi in mare. Si è parlato di sospenderla per evitare il ripetersi di casi come quelli della nave *Diciotti*. «Uscire da "Sophia"» mi spiega il ministro «significherebbe vanificare tutta l'attività svolta finora dalla nostra guardia costiera, importantissima per il controllo del traffico di migranti, ma anche di armi e di petrolio. Il rischio è che, se noi usciamo, qualcuno è pronto a sostituirci. Piuttosto, stiamo chiedendo all'Unione europea un maggiore intervento nei Balcani per fermare gli immigrati che arrivano da quella parte.» E conclude: «Alla fine, se guardiamo all'interesse nazionale, l'unica missione su cui si può lavorare per un graduale disimpegno è quella in Afghanistan. Poi c'è quella a Mosul, "Presidium", sulla quale ho disposto un taglio di 50 uomini e che abbiamo l'obiettivo di azzerare nei primi mesi del 2019. Resteremo al fianco degli alleati in Iraq all'interno della cornice Nato, per l'addestramento e la formazione delle forze irachene, ma per quanto riguarda il lavoro alla diga di Mosul può ritenersi concluso.»

A fine settembre 2018 il Parlamento ha prorogato il finanziamento delle missioni all'estero. «Riguarda gli ultimi tre mesi del 2018, fino a dicembre. Il decreto è trimestrale. Dopodiché, da gennaio sarà varato un decreto annuale che farà il punto generale della situazione, per poi procedere come di norma ai decreti trimestrali di rifinanziamento.»

Un rilevante contrasto tra l'ideologia del Movimento 5 Stelle e le necessità istituzionali e strategiche del governo si è manifestato all'inizio dell'autunno 2018. Entro il 2021 vanno sostituiti i missili Aspide, che da quarant'anni svolgono il ruolo di difesa del suolo da attacchi aerei: la contraerea di altri tempi. Proteggono aeroporti, basi militari, i nostri militari all'estero e perfino i grandi eventi civili particolarmente delicati. Le scelte europee, condivise dalle nostre forze armate, hanno indicato i missili Camm.Er. Costo previsto: 545 milioni di euro, da spendere entro il 2031, di cui 95 entro il 2021 (25 nel 2019). Il 26 settembre 2018 il «Corriere della Sera» ha riferito di uno scontro tra Luigi Di Maio ed Elisabetta Trenta. «Mezzo miliardo? Non se ne parla» sarebbe esploso Di Maio, mettendo il ministro della Difesa in fortissimo imbarazzo, anche personale («Ricordati che sei diventata ministro grazie ai 5 Stelle» le avrebbe detto).

«Sul programma missilistico per la difesa aerea c'è stato un confronto interno al Movimento» mi dice la Trenta. «La sicurezza collettiva è una delle nostre priorità, tuttavia è opportuno approfondire la natura di alcuni programmi. È in corso una valutazione, dunque, fermo restando che l'ammodernamento del nostro sistema di difesa è un principio inserito nel contratto di governo. Pertanto, sarà rispettato il contratto, compiuti – come le ho detto – le valutazioni e gli approfondimenti necessari.»

Toninelli: «Noi e la Francia bloccheremo la Tav»

Riepiloghiamo. Abbiamo incontrato due ministri tecnici (Giovanni Tria e Paolo Savona), un ministro tecnico con militanza politica (Elisabetta Trenta). Chiudiamo con un ministro politico allo stato puro del Movimento 5 Stelle: Danilo Toninelli, responsabile di Infrastrutture e Trasporti. Nato a Soresina (Cremona), 44 anni, laureato in legge, per tre anni ufficiale di complemento dei carabinieri, poi assicuratore, si è iscritto al M5S nel 2009, quattro anni dopo è stato eletto alla Camera e il 4 marzo 2018 è entrato al Senato, dove è stato presidente del proprio gruppo parlamentare fino al termine della legislatura.

Nel suo nuovo ruolo di ministro è diventato il beniamino di vignettisti e imitatori per messaggi originali sui social (memorabile lo sguardo ad alta concentrazione) e parecchie gaffe, come quella di sognare un ponte di Genova dove le persone «possano vivere, giocare, mangiare». Un solo rammarico: essersi fatto scappare «sapete quanti imprenditori italiani utilizzano il tunnel del Brennero per il trasporto su gomma?». «Non puoi crocifiggere una persona per un lapsus» mi racconta a fine ottobre 2018. «Avevo parlato mezz'ora con la commissaria europea Violeta Bulc e mi è scappata quella frase. So benissimo che il tunnel è in costruzione.»

Su un episodio mi sento di difendere Toninelli: il sorriso davanti al modellino del ponte Morandi crollato a Genova il 14 agosto. Eravamo nello studio di «Porta a porta» a un mese esatto dalla tragedia. C'era una folla di fotografi. Ministro, guardi a sinistra! No, guardi a destra! Ministro, guardi qui! Un sorriso può scapparti. Toninelli non voleva mancare di rispetto a 43 vittime, e invece fu massacrato.

«Autostrade per l'Italia non demolirà il ponte. Si limiterà a portar via soltanto le macerie» mi dice il ministro. «La demolizione sarà solo la partenza di un percorso che si completerà con la ricostruzione. Parteciperanno tante imprese pubbliche e private, ma non Autostrade per l'Italia.»

Giro a Toninelli un'obiezione. In tutto il mondo, chi rompe paga e ripristina. «Autostrade pagherà fino all'ultimo centesimo. Ma non riuscirei a guardarmi allo specchio se facessimo tornare su quel ponte chi con la sua trascuratezza ha provocato la tragedia. Io mi auguro che il nuovo ponte sia pronto entro il 2019. Ricorsi? Spero che Aspi [*Autostrade per l'Italia*] abbia la dignità di evitarli. In ogni caso, li perderebbe.»

Immaginate di revocare ad Autostrade per l'Italia la concessione di tutta la rete? «I tecnici stanno lavorando e aspettiamo le loro valutazioni, anche di tipo processuale. Se vuole un giudizio politico, posso dirle che la relazione della commissione d'inchiesta che ho costituito in agosto ha riferito che i livelli di controllo di sicurezza sui tremila chilometri gestiti da Aspi è uguale dappertutto, ponte di Genova compreso. Un dato scandaloso. Aspi affermò che la documentazione tecnica per la verifica della sicurezza del ponte Morandi era stata consegnata. Non è mai stata consegnata e credo che non esista.»

Per arginare le proteste sulla fatale prosecuzione della Tap, il gasdotto pugliese, il 26 ottobre Luigi Di Maio ha annunciato che avrebbe fermato la Tav, il cantiere dell'alta velocità ferroviaria tra Torino e Lione attraverso una galleria lunga 58 chilometri che collega la Val di Susa e la valle francese della Maurienne, un tratto fondamentale del corridoio paneuropeo Lione-Kiev. Partito nel 1994, sottoposto a modifiche e revisioni di ogni genere, l'ultimo progetto è stato consacrato il 27 settembre 2017 a Lione da Paolo Gentiloni ed Emmanuel Macron con la firma di un protocollo. Paolo

Foietta, nominato nel 2015 dal governo Renzi commissario straordinario per l'asse ferroviario Torino-Lione, ritiene che la Tav non possa bloccarsi, ma non viene ricevuto dal governo gialloverde. «Non lo ricevo perché è a scadenza» mi dice Toninelli.

La Tav costa 8,6 miliardi: il 40 per cento è finanziato dall'Unione europea, il 35 per cento dall'Italia, il 25 per cento dalla Francia. Finora sono stati realizzati 20 chilometri delle gallerie di adduzione (che saranno poi le gallerie di servizio necessarie alla sicurezza di ogni tunnel), 13 in Francia e 7 in Italia; in più, la Francia ha costruito 6 chilometri del tunnel principale. In tutto sono stati spesi 1,5 miliardi di euro: 750 milioni dall'Europa, 325 milioni dalla Francia e il resto dall'Italia.

In caso di blocco dell'opera, oltre a rimborsare questi soldi a chi li ha spesi, dovremmo restituire all'Europa 813 milioni di finanziamenti «derogati», cioè destinati alla Tav e non dirottabili su altre opere. Arriviamo così a 2 miliardi. Si devono calcolare, poi, altri 500 milioni di penali per i cantieri aperti e gli appalti assegnati. Saltando la Tav, bisognerebbe anche ammodernare la galleria esistente, per un costo di altri 1,5 miliardi. E si arriva a 4 miliardi. Tuttavia, per ragioni strutturali la vecchia galleria non potrebbe ospitare i treni più moderni, cosicché le Ferrovie (e i passeggeri) subirebbero un danno, dovendo utilizzare treni di vecchia generazione. Completare la Tav costerebbe invece all'Italia soltanto 2,6 miliardi. Questi sono i dati forniti il 28 ottobre a Ottavia Giustetti della «Repubblica» dal commissario Foietta.

Quando sente parlare di Foietta, Toninelli diventa paonazzo. Il 29 ottobre, mentre il consiglio comunale di Torino votava una risoluzione per bloccare i lavori, il ministro delle Infrastrutture smentiva seccamente: «Tutto sbagliato. Io sto aspettando le risposte dei tecnici, ma sulla Tav si dovevano fare soltanto gallerie esplorative per la ricerca geognostica, in modo da valutare i materiali necessari all'opera. Invece, hanno fatto un buco grande quanto il tunnel. In ogni caso, la geognostica è costata all'Italia soltanto 617 milioni. Il rimborso di 2 miliardi? Lo vedremo. Ma dalle prime avvisaglie direi che è una cifra che non sta assolutamente in piedi».

Gentiloni e Macron hanno firmato un protocollo. Come facciamo a dire che abbiamo scherzato? «Con la Francia faremo semplicemente un'operazione inversa.»

Sarebbe? «Ci accordiamo per non fare l'opera. Mi risulta che Macron abbia escluso la Tav dalle priorità infrastrutturali proprio dopo aver valutato costi e benefici. E non ha stanziato risorse per finanziare il percorso dalla galleria a Lione.»

Ma quando il 30 ottobre le agenzie di stampa hanno battuto le anticipazioni di questo libro, il delegato generale del comitato per la Tav francese, Stéphane Guggino, ha negato che il governo del suo Paese possa fare marcia indietro sul progetto. «Noi andiamo avanti con i lavori» ha detto al «Messaggero». «Per la precisione, scavando 15 metri di galleria al giorno.»

«Bloccare il Terzo valico costerebbe troppo»

Alla fine del 2018 sono in corso in Italia un centinaio di opere importanti, di cui dieci fondamentali. Lo Stato ha finora speso 98 miliardi di euro e, per completarle, dovrebbe sborsarne altri 35. Il 26 ottobre «la Repubblica» ne ha censite 21 tra le più significative, in gran parte ferme per il veto – a livello nazionale o locale – del M5S. Il tunnel del Brennero – galleria ferroviaria di 55 chilometri tra l'Austria (Innsbruck) e l'Italia (Fortezza, Bolzano), finanziata con 8,4 miliardi – è in fase di avanzata realizzazione. Ma prima il ministro delle Infrastrutture Danilo Toninelli ha detto che «già tanti imprenditori usano il tunnel del Brennero» (al momento incompleto e inagibile), poi il ministro per i Rapporti con il Parlamento Riccardo Fraccaro, molto vicino a Di Maio, ne ha annunciato il blocco, ritenendo i costi superiori ai benefici.

«Il collega Fraccaro» mi dice Toninelli «espone una posizione sensata che riflette la visione del M5S che s'interroga giustamente sul merito e sull'utilità di alcune grandi opere. Io, da ministro, mi trovo a gestire dossier complessi e farò in modo che le opere impattino il meno possibile sui territori interessati, dando comunque il massimo vantaggio alla competitività del paese.»

Toninelli assicura di non avere pregiudizi sulle grandi opere. «Quando sono arrivato al ministero, ho trovato una scatola vuota. Pochi tecnici, pochi ingegneri, gente nel posto sbagliato. La famosa struttura tecnica di missione messa in piedi a suo tempo da Ercole Incalza non esisteva più. Ho costituito una commissione di cinque ingegneri e specialisti nella valutazione del rapporto costi-benefici. E ho detto loro: dovete fare una valutazione sulle grandi opere che abbiamo ereditato sulla base di valutazioni oggettive, io non vi darò alcun indirizzo politico. Marco Ponti, capo del pool, mi ha detto: "È la prima volta che un ministro rinuncia a darmi il suo orientamento".»

Secondo Toninelli, ha buone probabilità di essere realizzato il Terzo valico dei Giovi (Tortona-Novi Ligure-Genova), 53 chilometri di alta capacità veloce, fondamentale per i collegamenti tra il Nord Europa e il sistema portuale ligure. È già stato realizzato per il 30 per cento e ha un costo complessivo previsto di 6,2 miliardi. «Abbiamo speso 1 miliardo e mezzo già consuntivato» mi spiega il ministro. «Devono arrivare le prime analisi sul rapporto tra i benefici e il costo dei risarcimenti e dei rimborsi all'Europa. Voglio vedere scritto nero su bianco, e prima non posso esprimermi, ma credo che lo stato di avanzamento sia tale che bloccarla costerebbe più che mandarla avanti.»

E la Gronda, il passante autostradale di Genova Ponente che da anni avrebbe dovuto alleggerire il traffico cittadino, anche quello che transitava sul ponte Morandi? «Non esiste niente. Il progetto è fermo. Aspetto anche qui l'analisi costi-benefici. Mi fa incavolare il fatto che, come accadeva negli ultimi anni, sia stata utilizzata come mezzo di scambio dal concessionario Autostrade per l'Italia per farsi prorogare la concessione. Se una concessione finisce, la rimetto a gara. Politicamente, questa storia è stata un fallimento totale.»

Ma è stata anche uno dei cavalli di battaglia del M5S, che ha voluto sempre bloccarla, obietto. «Noi siamo stati politicamente contrari, ma la Gronda è stata bloccata per parecchi motivi. Certo non sarebbe servita a evitare la tragedia del ponte Morandi, anche se si specula sulle 43 vittime.»

E le Pedemontane, volute fortemente dalla Lega? La Varese-Bergamo (157 chilometri, di cui 67 in autostrada) e la Vicenza-Treviso (95 chilometri)? «Sulla Pedemontana veneta la competenza esclusiva è della regione e noi siamo competenti sulla vigilanza. Abbiamo detto che siamo molto preoccupati per le concessioni perché sembrano molto sproporzionate in favore del concessionario e i cittadini-utenti pagano pedaggi troppo alti. Vogliamo, perciò, che vengano rinegoziate alcune condizioni della concessione. Stessa cosa per la Pedemontana lombarda. È in mano alla regione, ma vigileremo perché i pedaggi non siano sproporzionati.»

Come è possibile che nel «decreto Genova» sia stato inserito il condono per Ischia, dove le case abusive abbattute dal terremoto potranno essere ricostruite nello stesso posto a spese dello Stato?, chiedo. «Noi abbiamo fatto semplicemente una riapertura dei termini, ma i condoni erano previsti dalle leggi precedenti» puntualizza Toninelli.

Avete idea di quante strade, autostrade, ponti e viadotti in Italia abbiano problemi di sicurezza? «Per la prima volta nella storia stiamo facendo una mappatura completa, ottenendo informazioni dai concessionari privati e da regioni, province e comuni. La maggior parte delle opere sono state costruite negli anni Sessanta...»

Quali vi preoccupano di più? «Le opere costruite dalle province. Stiamo trasferendo all'Anas le strade provinciali, ma il problema è che, dopo la riforma, le amministrazioni provinciali non hanno un centesimo in cassa e perciò non hanno potuto fare la manutenzione a ponti e gallerie.»

L'ultima bordata Toninelli la riserva ancora ai concessionari autostradali. «Le concessioni sono state scritte dalle mani dei concessionari. Il ministero non ha intenti punitivi, ma vuole riequilibrare l'interesse privato con quello pubblico. Se Autostrade per l'Italia, invece di guadagnare 1 miliardo e mezzo netto (5 miliardi lordi) ne guadagna la metà, non si fa male a nessuno.»

X

Dal Leoncavallo al Viminale:
la lunga marcia di Matteo Salvini

Com'è lontana la «notte delle scope»

La sera del 20 giugno 2018 Matteo Salvini era di buonumore. Capelli corti, radissimi fili bianchi sulla barba, veniva a chiudere la ventitreesima stagione di «Porta a porta», comparendovi per la prima volta nella veste di vicepresidente del Consiglio e ministro dell'Interno. Roba forte. Tanto forte che, appena accese le telecamere, venne da sorridere a entrambi. «Non se l'aspettava, eh?» gli chiesi, accennando alle due supercariche. E lui: «Nemmeno lei, vero?». «Certo. Quanto tempo è passato dalla "notte delle scope"! [*La grande manifestazione, tenutasi a Bergamo il 10 aprile 2012, con cui i militanti leghisti e una parte del gruppo dirigente chiedevano di "fare pulizia" all'interno del partito.*]» gli dissi.

Salvini mi guardò come se stessi parlando di un altro mondo. E in effetti lo era, anche se quella notte che segnò il primo, storico passaggio di potere nella Lega precedeva di soli sei anni la sera in cui nel salotto di «Porta a porta» Salvini parlava da vicepresidente del Consiglio e ministro dell'Interno. Il più potente di sempre, almeno nel primo scorcio della legislatura, visto che con una sola decisione (niente attracco in Italia per la nave *Aquarius*, carica di migranti) aveva determinato lo sconvolgimento delle cancellerie europee.

L'ascesa di Matteo Salvini era cominciata la sera di venerdì 13 gennaio 2012. Roberto («Bobo») Maroni aveva lasciato da due mesi il posto di ministro dell'Interno del terzo governo Berlusconi. Alle 8 di sera, mentre stava per andare a tavola nella sua casa di Varese, lo chiamò al telefono Salvini, che all'epoca era il suo braccio destro. «Bobo, Giancarlo [*Giorgetti, segretario della Lega lombarda*] ci ha appena comunicato che, per ordine di Bossi, non puoi più partecipare a incontri pubblici e a comizi con i militanti.» «Stai scherzando, vero?» replicò Maroni. «No» rispose Salvini. «Siamo tutti incazzati e abbiamo deciso di reagire. Ho già radunato dodici segretari su sedici [*uno per ogni capoluogo di provincia lombardo, più quattro città minori*] e sono pronti a far casino.» L'ex ministro chiamò Giorgetti, uomo di mediazione nato, il quale minimizzò: «Lascia perdere: sono parole scritte sull'acqua…».

Maroni, però, volle andare fino in fondo e Salvini dimostrò una spettacolare capacità organizzativa. La sera stessa gli annunciò che, l'indomani, in quasi tutta la Lombardia ci sarebbe stata una mobilitazione in suo favore. La notizia uscì sui giornali e, alle 10 del mattino, Salvini aveva già ottenuto da 80 sezioni un invito per Maroni. Gli inviti diventarono 165 a mezzogiorno e 320 alle 3 del pomeriggio: si era ribellata anche la sezione di Gemonio, il paese dove abita Umberto Bossi. Il Senatùr si rimangiò tutto, ma in tre mesi si ribaltarono i rapporti di potere in quella che era e sarebbe rimasta ancora a lungo la «Lega Nord per l'indipendenza della Padania».

In quel periodo Bossi soffriva la crescente popolarità di Maroni, ma la rottura avvenne quando quest'ultimo si oppose alla decisione di votare contro l'arresto del parlamentare forzista Nicola Cosentino, contravvenendo agli accordi di coalizione. Il duo Maroni-Salvini era visto male dal potentissimo «Cerchio magico» del Senatùr, guidato dalla moglie Manuela e dalla vicepresidente vicaria del Senato Rosi Mauro. Tra febbraio e marzo 2012 emersero oscuri traffici di denaro da parte del tesoriere della Lega Francesco Belsito, versamenti in favore di membri della famiglia Bossi e, poi, la fantastica storia di un investimento di fondi del partito in diamanti custoditi in Tanzania. Il 3 aprile il sostituto procuratore di Napoli, Henry John Woodcock, inviò uno stuolo di carabinieri nella sede leghista di via Bellerio a Milano, incriminò Belsito e, in seguito, anche Bossi e familiari. Salvini gridò: «Ci sono sezioni che chiedono ai militanti 100 euro per pagare l'affitto e poi leggiamo della Tanzania». Il 5 aprile Bossi si dimise da segretario della Lega, dopo ventotto anni di potere assoluto. Lo sostituì temporaneamente Maroni, che nella «notte delle scope» annunciò: «Chi rompe le palle, fuori dalle palle». Il Cerchio magico fu liquidato in un batter d'occhi e a dicembre Matteo Salvini diventò segretario federale della Lega lombarda.

Dai Comunisti Padani alla conquista della Lega

Erano trascorsi quindici anni da quel 1997 in cui il ventiquattrenne fondatore e leader della corrente leghista Comunisti Padani, già frequentatore del centro sociale Leoncavallo di Milano, conquistava 5 seggi sui 210 del mitico Parlamento della Padania, con sede a Mantova. («Con me c'erano un camionista di Reggio Emilia, un ambulante di Modena, un torinese e un altro che non ricordo» mi avrebbe raccontato Salvini anni dopo.) Quando nel 2016 gli chiesi di spiegarmi questo passaggio dalla sinistra alla destra europea, mi rispose senza esitazione: «Ci sono più valori di sinistra nella destra europea che non nella sinistra storica. Metà dei voti di Marine Le Pen arrivano da agricoltori, pescatori, operai, artigiani. Anche Alternative für Deutschland [*il partito tedesco di estrema destra*] ha un elettorato operaio e piccolo-borghese, in nome di una difesa del lavoro, che fu della sinistra, e dell'identità nazionale contro una globalizzazione senza radici e senza patria».

Salvini era diventato consigliere del comune di Milano nel 1993, ad appena 20 anni. Sembra incredibile, ma nei primi tempi a palazzo Marino – come ha raccontato Basilio Rizzo, ex presidente del consiglio comunale milanese, ad Alessandro Franzi e Alessandro Madron, autori di *Matteo Salvini #Il Militante* – Matteo era un ragazzo timido e taciturno. (D'altra parte, Mussolini da piccolissimo era muto. «Parlerà, signora, parlerà» disse il pediatra alla madre.) Diplomato al liceo classico Manzoni di Milano, Salvini ha preso a 17 anni la tessera della Lega. «Al Manzoni, uno dei licei più rossi di Milano, mi avevano dato un volantino su quanto i lombardi pagavano di tasse e quanto ricevevano indietro dallo Stato. Andai nella sede della Lega di via Vespri Siciliani e mi iscrissi.»

È stato iscritto per sedici anni alla facoltà di storia della Statale di Milano («Arriverà prima l'indipendenza della Padania della mia laurea» disse nel 2008) e ha interrotto gli studi quando gli mancavano cinque esami per la laurea, che rimpiange di non aver conseguito («Ma non potevo continuare a pagare le tasse a vuoto per anni» mi avrebbe spiegato nel 2014). Giornalista professionista, ha lavorato alla «Padania» e ha diretto Radio Padania Libera. Ha due figli, il primo (Federico) avuto dalla moglie, la seconda (Mirta) da un'altra relazione. Nel 2018 il suo fidanzamento con Elisa Isoardi, notissima conduttrice televisiva, già in corso da tempo, ha assicurato alla coppia un forte risalto mediatico.

Salvini fu a lungo un militante molto attivo, ma sempre fuori della cerchia dei fedelissimi di Umberto Bossi. Dal 2004 siede nel Parlamento europeo di Strasburgo, da cui si è dimesso soltanto nel 2018 dopo il trionfo elettorale italiano. Nel 2008 confermò la sua fede di sinistra dicendo al raduno leghista di Venezia: «Io non ho cambiato le mie idee. Perché c'è ancora bisogno di una sinistra seria in Italia. E faremo campagna elettorale su temi di sinistra che la sinistra ha abbandonato». Il Senatùr non doveva amarlo (troppo vicino a Maroni, forse), tant'è vero che nel 2011, all'ultimo momento, lo sostituì con Roberto Castelli, già bravo ministro della Giustizia, come vicesindaco di Milano.

Il 2013 fu l'anno di svolta nella vita del figlio di un dirigente d'azienda e di una casalinga che, a 12 anni, aveva partecipato a «Doppio slalom» con Corrado Tedeschi su Canale 5 e, a 20, a «Il pranzo è servito» di Davide Mengacci su Retequattro. Le elezioni politiche andarono malissimo per una Lega per la prima volta orfana del Senatùr. All'inizio Maroni disse che il partito si sarebbe presentato da solo, con Flavio Tosi candidato premier, poi però entrò nella coalizione di centrodestra, proponendo come capolista per il Senato Giulio Tremonti. Alle urne la Lega dimezzò i voti di cinque anni prima, scendendo al 4,09 per cento: perse il 54 per cento dei propri elettori (44 in Lombardia, 64 in Piemonte, 68 in Liguria). Contestualmente, il centrodestra vinse le elezioni regionali in Lombardia, e Maroni, diventato governatore, lasciò al suo delfino la segreteria della Lega Nord. Alle primarie leghiste del 7 dicembre 2013 Salvini batté Bossi con l'82 per cento dei voti, ma il 18 ottobre 2014, davanti alla grande folla che gremiva piazza del Duomo a Milano, gridò: «Senza di lui non saremmo qui». («È stato un grande visionario trent'anni fa» mi disse poco dopo. «Non amo né i rottamatori, né i dimenticatori. Piazza del Duomo? Gremita all'inverosimile, è stata la mia soddisfazione più grande. C'erano duecento pullman organizzati dalla Lega, ma anche tanta gente che non era mai stata in piazza. Le casalinghe, i sindacati di polizia, i circoli ambientalisti, Casa Pound, perfino gente del Pd...»)

È cominciata così la Grande Rincorsa, che il 4 marzo 2018 ha portato la Lega (ormai nazionale) a più che quadruplicare il voto del 2013. Rincorsa bene alimentata negli ultimi anni. Già nel 2015 Salvini voleva togliere la parola Nord dal nome della Lega (Maroni era contrario). Quell'anno mi raccontò, per il mio libro *C'eravamo tanto amati*, che voleva uscire dall'euro in favore di una moneta nazionale («Un paese che non batte moneta non ha il controllo della propria economia»). Era inoltre favorevole a una flat tax del 15 per cento, che – rispondendo a una mia obiezione – elevò al 17-18. Dal 2015 iniziò una sorta di sganciamento da Forza Italia («Loro stanno nel Partito popolare europeo, ma i vincoli di Bruxelles sono insopportabili»). E quando, nell'autunno del 2017, feci notare a Berlusconi che Salvini voleva fare l'allenatore al posto suo, il Cavaliere rispose: «Per sua natura, Salvini è un goleador, come la Meloni, che vedrei bene all'ala. Il regista sono io. L'allenatore? Lo farà chi prenderà più voti». Infatti.

La svolta di Macerata

Matteo Renzi lo capì per primo: «Macerata porta voti alla Lega». Era lunedì 5 febbraio 2018 e il «paese legale» fremeva d'indignazione perché due giorni prima un giovane di destra, Luca Traini, 28 anni, aveva terrorizzato la città sparando per due ore a qualunque persona di colore gli capitasse a tiro e ferendo 6 immigrati di età compresa tra i 20 e i 32 anni. Aveva inoltre esploso colpi d'arma da fuoco contro un circolo del Pd. Traini, che aveva tatuato sulla tempia destra il simbolo del movimento fascista Terza posizione e faceva il saluto romano, negli ultimi tempi simpatizzava per la Lega e, quando fu finalmente arrestato, era avvolto in un tricolore.

Il «paese reale» – quello che vota – era invece quasi per intero dalla parte di Traini, perché lui voleva vendicare la morte di Pamela Mastropietro, una ragazza romana di 18 anni fuggita da una comunità di recupero. Ora, se uno sceneggiatore intendesse scrivere una storia per alimentare l'odio contro gli immigrati, non riuscirebbe a idearne una esemplare come questa. Gli ospiti delle comunità di recupero non sono detenuti, quindi possono allontanarsi quando vogliono, e ai gestori della struttura non resta che avvertire i genitori dei ragazzi.

Uscita dalla comunità, Pamela fu avvicinata da Innocent Oseghale, un nigeriano di 29 anni che, arrivato in Italia nel 2015, era stato assegnato al Gus (Gruppo umana solidarietà) di Macerata come richiedente asilo. Ci volle un anno perché la sua domanda fosse esaminata e respinta, ma i dirigenti del Gus capirono subito che il giovanotto non aveva alcuna voglia di integrarsi, essendo uno spacciatore professionista. Perciò Oseghale uscì nel 2017 dal «percorso protettivo» e fu segnalato alla polizia, diventando uno delle centinaia di migliaia di «clandestini» che girano per l'Italia in attesa di un rimpatrio molto improbabile. Eppure, il giovane nigeriano era bene inserito nella comunità cattolica maceratese: il 14 gennaio, nella Giornata del Migrante, aveva ricevuto coperte e generi di prima necessità dai parrocchiani di Santa Croce e fu chiamato addirittura sull'altare per ringraziare la città.

L'identikit per il nostro sceneggiatore è dunque perfetto. Ma il meglio (cioè il peggio) deve ancora venire. Una volta giunta in casa di Oseghale, Pamela – secondo gli investigatori – ebbe un rapporto sessuale con lui. Secondo l'accusa, sarebbe stata stuprata sotto l'effetto di eroina, ma i giudici sono divisi sulla circostanza. Secondo Oseghale, fu la ragazza a chiedere eroina; secondo l'accusa, le fu iniettata per stordirla. È un fatto che la ragazza fu colpita alla testa con un oggetto contundente e poi uccisa a coltellate. Al delitto avrebbero assistito altri due giovani nigeriani, Desmond Lucky (22 anni) e Awelima Lucky (27), prima accusati di concorso in omicidio, poi soltanto di spaccio di eroina.

L'accusa sostiene che Oseghale abbia mutilato il corpo di Pamela per eliminare la prova della violenza sessuale. L'imputato sostiene che la ragazza sia morta a causa dell'eroina e ammette comunque l'aspetto mediaticamente e criminologicamente più sconvolgente: fece a pezzi con una sega il corpo di Pamela e lo infilò in due valigie, che lasciò sul ciglio della strada a Pollenza, nei pressi della città marchigiana.

Salvini cavalcò la vicenda («Chiunque spari è un delinquente, ma la responsabilità morale è di quelli che hanno riempito di profughi il nostro paese»), seguito da Giorgia Meloni («Così si è ridotta l'Italia in mano alla sinistra») e dallo stesso Berlusconi («Sembra il gesto di uno squilibrato, ma richiama di nuovo all'attenzione il problema della sicurezza nelle città»). Macerata è una città di 42.000 abitanti, ha un'antica università e un prestigioso festival estivo di musica lirica. La gente si disse: se non si può stare tranquilli nemmeno a Macerata, dove si può?

Dopo due giorni di silenzio, si associò alle proteste Luigi Di Maio, usando toni molto forti sull'immigrazione, ma accusando il Cavaliere di aver riempito l'Italia di clandestini.

A dimostrare il cambiamento di clima politico nel paese fu un'altra circostanza: nel giro di due giorni non si parlò più della sparatoria razzista di Traini, ma solo dell'orrendo delitto di Oseghale, elevato a simbolo di ciò che sono capaci di fare i clandestini quando sono abbandonati a se stessi. Romano Carancini, un avvocato dai toni moderati che dal 2010 fa il sindaco di Macerata per il Pd, riconosce che il «buco» tra il momento della bocciatura della domanda di asilo e il «dopo ... dà l'idea di un fenomeno fuori controllo».

Aveva, perciò, visto lungo Renzi – parte lesa per la sparatoria contro la sede del Pd – a sfogarsi: «Tanta, troppa gente la pensa come Salvini, mentre noi perdiamo voti. Questo episodio ci mette in difficoltà, perché sono loro a imporre il terreno di gioco».

I sondaggi confermano l'influenza della vicenda di Macerata sul voto del 4 marzo. Ma facciamo un passo indietro. Alle elezioni europee del 2014 (quelle del 41 per cento di Renzi), Forza Italia aveva 10 punti di vantaggio sulla Lega (16 per cento contro 6). Tuttavia, secondo il sondaggista Antonio Noto, nei sei mesi precedenti le elezioni Salvini era riuscito a raddoppiare i consensi del suo partito. Nel corso dello stesso anno, la forbice si era accorciata fino a poco più di 4 punti, per ridursi ulteriormente nel 2015. Dice Alessandra Ghisleri, direttrice di Euromedia Research: «È l'anno in cui l'Italia assiste a un fenomeno comune a tutti i paesi europei e occidentali: l'ascesa dei movimenti chiamati "populisti", di destra o di sinistra, e "apolitici o postideologici". Dal Front National di Marine Le Pen, il vero leader populista di questi anni, fino a Podemos di Pablo Iglesias in Spagna, passando per Syriza di Alexis Tsipras in Grecia, l'Ukip di Nigel Farage nel Regno Unito [*il padre della Brexit*] e Alternative für Deutschland in Germania. Movimenti più o meno omogenei, anti-sistema, anti-Unione europea e, se di destra, anti-immigrazione. Movimenti che, nelle diverse elezioni nazionali, hanno sparigliato le carte fino ad allora distribuite dalle forze politiche tradizionali di centrodestra e di centrosinistra».

Nel corso del 2016 Lega e Forza Italia viaggiarono appaiate intorno al 13 per cento, con una maggiore visibilità di Salvini nella bocciatura del referendum costituzionale di Renzi. La situazione restava stabile nel 2017, con un consolidamento del centrodestra, grazie anche all'indebolimento del leader del Pd, ma con una leggera flessione della Lega. Nel gennaio 2018, a poco più di un mese dalle elezioni, Salvini veniva quotato dai due istituti che abbiamo citato tra il 12 per cento (Noto) e il 14 (Ghisleri), sotto Forza Italia. Macerata fece la differenza. «Fino a quel momento» dice la Ghisleri «immigrazione e sicurezza erano rimaste sullo stesso piano delle tematiche economiche. Dopo la vicenda Pamela-Oseghale l'immigrazione fece da spartiacque.» Il comportamento fascistoide di Traini riaprì il dibattito fascismo-antifascismo, ma i sondaggi anche qui furono impietosi: quasi il 60 per cento degli italiani ritenne il tema deviante o non interessante, e soltanto 1 su 5 convenne che si tratta di valori fondamentali. Salvini svettò in testa al gradimento nei sondaggi per la scelta del leader che aveva usato i toni più convincenti sui fatti di Macerata e, in pochi giorni, ribaltò a proprio favore il decisivo rapporto con Forza Italia (17 per cento contro 14), sconvolgendo il «quadro politico» e aprendo le porte al governo gialloverde.

Quando Prodi ordinò il blocco navale
nelle acque albanesi

«Perché andiamo a prenderli? Perché non vanno a Malta? Perché non vanno in Spagna? Perché non li riportiamo indietro?» Era l'autunno del 2008 quando Nina, una bravissima manicure russa immigrata ormai da trent'anni in Italia («Ma non clandestina!»), mi poneva le domande che tutti si facevano fino al primo stop di Marco Minniti nel giugno 2017 e, soprattutto, fino a quando Matteo Salvini, appena insediato al ministero dell'Interno nel giugno 2018, ha invertito bruscamente la rotta dei migranti. «Vede, Nina,» risposi dieci anni fa «ieri, mentre nuotavo in piscina, ho visto cadere nell'acqua una farfalla. L'ho presa con dolcezza, l'ho adagiata sul bordo della vasca e, poco dopo, la farfalla ha ricominciato a volare. Era una farfalla, Nina, solo una farfalla. Fosse stato un uomo, avrei dovuto lasciarlo annegare?»

Nel 2008, per *Viaggio in un'Italia diversa*, andai a Lampedusa per incrociare lo sguardo della gente che sbarcava, parlare con gli scafisti e i soccorritori, tastare il polso a una realtà ora dolorosa ora arrogante che già sembrava aver toccato il livello di guardia. Quell'anno sbarcarono infatti da noi 38.000 immigrati, quasi il doppio dei 20.000 del 2007.

Pochi ricordano le dimensioni della prima grande ondata migratoria che colpì l'Italia. Era il 1991 e, due anni dopo la caduta del Muro di Berlino, il crollo della Repubblica socialista d'Albania, ultimo bastione del comunismo europeo, riversò sulle nostre coste un'ondata di migranti inarrestabile. Nella sola giornata del 7 marzo ne sbarcarono a Brindisi 27.000. L'8 agosto ne seguirono a Bari altri 2000. Molti furono respinti, molti accolti. Giulio Andreotti, presidente del Consiglio, «adottò» due ragazzi e chiese a me – attraverso un sacerdote che provvedeva allo smistamento dei profughi – di adottarne un altro. Lo facemmo studiare, andava alle partite della Roma con i miei figli. Lo abbandonai al suo destino quando, diventato maggiorenne da qualche anno, i suoi datori di lavoro mi dissero che non aveva voglia di alzarsi presto al mattino e si presentava tardi.

L'Albania tentò di risollevarsi, ma fu messa in ginocchio dalla crisi finanziaria del 1997. Nel frattempo gli scafisti si erano organizzati in modo molto professionale: accompagnavano i migranti con uomini armati, alcuni dei quali spararono contro la capitaneria di porto di Brindisi.

Il governo italiano guidato da Romano Prodi, con Lamberto Dini agli Esteri, Beniamino Andreatta alla Difesa e Giorgio Napolitano all'Interno, autorizzò le nostre unità navali a sparare anche in acque albanesi. Le imbarcazioni venivano respinte dalle unità della marina attuando un blocco navale concordato con il governo albanese, ma criticato dall'Alto commissariato Onu (le Nazioni Unite sono sempre state specialiste nelle censure, però non si sono mai seriamente impegnate per risolvere il problema dell'immigrazione alla radice).

Il 28 marzo 1997 una motovedetta albanese rubata dagli scafisti, con 120 persone a bordo, fu invitata più volte – e senza esito – a fermarsi dalla fregata *Zeffiro*. Fu allora presa in carico da un'unità più piccola e agile, la corvetta *Sibilla*, che, incaricata di fare un'«opera di dissuasione», la strinse in cerchi sempre più stretti, fino a uno speronamento che causò 108 vittime. Ospitai a «Porta a porta» alcuni dei superstiti e il loro portavoce fece un racconto così singolare dell'incidente (chiamando a testimoniare i morti) che il resoconto di un'enorme tragedia si trasformò in una pièce surreale. Dopo sedici anni il comandante dell'unità albanese fu condannato a tre anni e mezzo di reclusione per aver fatto manovre spericolate, e quello della *Sibilla* a due.

Quando si constatò che gli albanesi non fuggivano da guerre o persecuzioni, ma avevano soltanto il legittimo desiderio di una vita migliore, il governo precisò che «non trattandosi di profughi, ma di immigrati non in regola», essi andavano respinti. Dinanzi alla crescente insofferenza dell'opinione pubblica, Prodi dichiarò: «La sorveglianza dell'immigrazione clandestina attuata anche in mare rientra nella doverosa tutela della nostra sicurezza e nel rispetto della legalità che il governo ha il dovere di perseguire».

Mai l'Europa ci diede una mano

Le cose peggiorarono nel 1998. Mentre in ottobre avveniva la staffetta a palazzo Chigi tra Prodi e D'Alema, l'invasione degli albanesi proseguiva. In autunno raccolsi per «Panorama» uno sfogo di Rosa Russo Iervolino, che aveva sostituito Napolitano al Viminale: «Arrestare gli scafisti che vengono dall'Albania non è facile. Ma se non ne acchiappiamo qualcuno in flagrante, non lo processiamo per direttissima, non gli rifiliamo una pena sonora e non gli requisiamo la barca, come ci consente di fare la legge sull'immigrazione, non riusciremo a spaventare nessuno».

Allora i respingimenti funzionavano. Dopo la pubblicazione, il 16 ottobre, di un decreto flussi del governo per regolarizzare 38.000 clandestini, ci piovvero addosso decine di migliaia di albanesi, che si aggiungevano alla folla già presente sul territorio italiano. Ne respingemmo oltre 14.000 in quasi undici mesi e ne espellemmo altri 6000. Dei 4000 immigrati che tentarono di passare il confine ai valichi alpini, 2100 se li riprese la Francia, 1100 la Svizzera e l'Austria, mentre sull'altro versante 600 li restituimmo alla Slovenia. L'Europa, tanto per cambiare, non ci diede una mano. E non lo avrebbe fatto nei vent'anni successivi: in Italia si sono alternati otto governi di tutti i colori possibili, ma in Europa non è cambiato nulla. («Al Consiglio dei ministri che si è tenuto a Bruxelles il 3 dicembre 1998» mi disse la Iervolino «ho ringraziato i miei colleghi per la solidarietà verbale. Ma ho chiarito che se non arriva una solidarietà operativa, le parole non mi interessano.»)

Dopo la punta di 50.000 sbarchi nel 1999, l'accordo del governo italiano con l'Albania aveva fatto crollare gli arrivi a 13-14.000 nei due anni successivi. Dal 2001 l'immigrazione albanese cessò e cominciò quella africana, tenuta sotto controllo fino al 2007, con 14-23.000 arrivi all'anno.

Nel 2008 la corsa verso l'Italia riprese in pieno. Nella mia notte a Lampedusa vidi scendere per prime da una motovedetta due ragazze, forse nigeriane: la prima, dai movimenti flessuosi, dava una certa dignità sensuale al suo misero paio di jeans e alla maglietta zebrata, che lasciava intuire un seno florido. L'altra aveva il passo istintivamente aristocratico e portava con eleganza naturale un lungo, semplicissimo camice nero. Che fine avranno fatto? La fuga verso un paese del Nord, la fortuna di un lavoro decente, o un marciapiedi sul quale prostituirsi per la fortuna di un protettore (una nigeriana come quelle rende a chi la sfrutta 60.000 euro all'anno)? Incontrai un ragazzo e un uomo, entrambi già espulsi e tornati via mare. Avevano fatto il calcolo: un paio di mesi in un centro d'accoglienza e poi via, in giro, fino al prossimo inutile fermo e all'improbabile rimpatrio. Mangiai con loro gnocchi, pollo, verdure, una mela. Più che dignitosi.

Nel solo centro d'accoglienza di Lampedusa, l'ospitalità costò quell'anno oltre 4 milioni di euro, il doppio dell'anno prima e di quanto previsto nell'offerta per la gara d'appalto. Sentii fin da allora, nelle cooperative che gestivano l'accoglienza, l'odore del business. (Il gestore della cooperativa era simpatico ed efficiente. Ho poi scoperto che ha cambiato cinque partiti, cominciando con il Pci e finendo al Pd, via Psi, Forza Italia e Margherita.) Il centro aveva 844 letti e, nei giorni successivi alla mia visita, arrivò a ospitare 1963 profughi. Ci volle un ponte aereo per smistarli in altre località italiane.

E Mustafà Bilaze («Con la zeta, mi raccomando» mi implorò), che incontrai al Centro di identificazione di Roma, che fine avrà fatto? Quando lo fermarono e gli presero le impronte digitali, il computer scaricò quattro pagine di precedenti, 26 nomi diversi, 6 arresti per reati gravi e 3 espulsioni. Sconosciuto a tutti i paesi del Nord Africa, non poteva essere rimpatriato perché apolide. Dopo essere arrivato nel 1991 da Casablanca con un visto turistico, aveva gettato il passaporto e si era dato alla «libera professione». Era stato condannato per tre volte a sei mesi di reclusione per atti di libidine, rissa aggravata, danneggiamento, estorsione, lesioni, resistenza a pubblico ufficiale. Qualche mese di carcere, e via di nuovo a spasso. Mi disse che di lì a poco sarebbe uscito dal centro in cui era ospitato. Prima tappa Foggia, per la raccolta dei pomodori («In cinque ore riempio ottanta casse di pomodori e il padrone mi dà 7-8 euro l'ora contro i 10 euro a giornata che prendevo in Marocco»). Poi le olive in Calabria (1600 euro al mese) e le arance in Sicilia. I documenti? «Se in Sicilia sentono parlare di documenti, ti mandano subito via» mi disse Mustafà. E i funzionari di polizia mi raccontarono che in Puglia i caporali assumono una quindicina di migranti per volta, di cui solo tre o quattro regolari. Se arrivano i controlli, mentre questi ultimi mostrano i documenti gli altri possono scappare.

Dall'accordo Berlusconi-Gheddafi alla stretta di Minniti

Per capire perché oggi mi sarebbe meno facile raccontare negli stessi termini a Nina l'apologo della farfalla, dobbiamo ricostruire in poche righe la storia dell'immigrazione in Italia negli ultimi dieci anni. Quando nell'estate del 2008 andai a Lampedusa, si stava vivendo un'emergenza che, nel corso di quell'anno, avrebbe portato in Italia 37.000 immigrati: sembrava un numero insostenibile, mai immaginando che cosa sarebbe accaduto pochi anni più tardi.

Il 30 agosto 2008 Silvio Berlusconi andò a Tripoli per firmare uno storico accordo con Gheddafi («Cessano quarant'anni di malintesi» disse il Cavaliere). Blocco dei clandestini, pattugliamento congiunto delle coste, 5 miliardi di euro per risarcire i danni del colonialismo, 250 milioni all'anno per vent'anni per opere pubbliche in Libia finanziate dall'Italia e costruite da imprese italiane. Risultato: nel 2009 arrivarono nel nostro paese 9500 clandestini, scesi a 4400 nel 2010. Tra il 2010 e il 2011 la Primavera araba sconvolse Tunisia ed Egitto, abbattendone i regimi filo-occidentali, ma la vera tragedia accadde in Libia tra il 17 febbraio e il 23 ottobre 2011.

La sera del 15 febbraio ero a cena a Tripoli con mia moglie e una coppia di amici nella residenza dell'ambasciatore italiano Vincenzo Schioppa (poi distrutta dai rivoltosi), a conclusione di un meraviglioso viaggio nel deserto libico. L'indomani sarebbe stato il quinto anniversario della sciagurata iniziativa del ministro Roberto Calderoli, che in televisione aveva mostrato di indossare sotto la camicia una maglietta con una vignetta su Maometto: rivolta anti-italiana a Bengasi, 11 morti, commemorazione e proteste di piazza a ogni anniversario. Quella sera, al diplomatico la situazione sembrava sotto controllo, a parte la consueta, prevista manifestazione di Bengasi. All'alba del giorno dopo, enormi gigantografie con la stretta di mano tra Gheddafi e Berlusconi ci accompagnarono verso l'aeroporto, presidiato da paracadutisti abbastanza tranquilli. Poche ore dopo sarebbe scoppiata la rivoluzione. Francia e Gran Bretagna bombardarono il quartier generale di Gheddafi.

Berlusconi – in una drammatica riunione notturna all'Opera di Roma, il 12 marzo, mentre Riccardo Muti dirigeva il *Nabucco* – tentò invano di opporsi alla richiesta del presidente Napolitano di partecipare all'operazione. Morale: in quello stesso 2011 i migranti arrivati in Italia dalla Libia schizzarono a 62.000. Dopo un'attenuazione nei due anni successivi, la nascita dell'Isis e il suo controllo di parte del territorio di Siria e Iraq portarono nel 2015 in Europa 1 milione di persone, di cui 153.000 sulle coste italiane. Nel 2016 si verificò una circostanza allarmante: il numero dei profughi verso l'Europa si dimezzò, ma in Italia ne sbarcarono 181.000.

La crisi esplose a metà del 2017. Al punto che il 29 giugno il ministro dell'Interno Marco Minniti, in viaggio verso gli Stati Uniti su un aereo di Stato, durante uno scalo tecnico in Irlanda decise di rientrare perché era stato informato che nelle successive trentasei ore sarebbero arrivate in Italia contemporaneamente 25 navi, con a bordo quasi 12.500 persone. La previsione di sbarchi per l'intero 2017 era di 250.000 migranti e la rivolta dei sindaci dei comuni che avrebbero dovuto ospitarli sarebbe stata insostenibile. («Ho temuto che ci fosse un rischio per la tenuta democratica del paese» disse il ministro.) Minniti rilanciò allora il vecchio accordo tra Berlusconi e Gheddafi del 2008, pagò come si conviene le milizie libiche e, soprattutto, impedì che le navi delle Organizzazioni non governative (Ong) continuassero a fare i «taxi del mare», andando a prelevare i migranti nelle acque territoriali libiche, in sostanziale accordo con gli scafisti.

La stretta di Minniti scatenò molte polemiche, sia nella componente cattolica del governo (come il ministro dei Trasporti, Graziano Delrio) sia nella comunità internazionale, dopo un'inchiesta della Cnn che documentava la condizione di semischiavitù di molti profughi trattenuti in Libia. Nel secondo semestre del 2017 l'arrivo di migranti in Italia si ridusse di oltre la metà rispetto al primo e il saldo definitivo fu di 119.000 persone, su un totale di 172.000 arrivate in Europa. Si confermava che, blindate le frontiere degli altri paesi, il nostro diventava di gran lunga la destinazione preferita. Aumentava, intanto, il numero dei migranti che facevano richiesta dello status di rifugiato politico, nonostante fosse stato assegnato fino ad allora soltanto al 5 per cento delle domande (un altro 25 per cento dei diritti di asilo viene concesso per ragioni umanitarie).

Chi viene o cerca di venire in Italia? Da quali paesi e perché? Scappano tutti da guerre, stupri, condizioni di miseria insostenibile? Il 13 giugno 2018 l'Ufficio delle Nazioni Unite per il controllo della droga e la prevenzione del crimine ha pubblicato un volume di 170 pagine, intitolato *Studio mondiale sul contrabbando di migranti*. Il rapporto si riferisce al 2016, anno in cui i trafficanti di esseri umani hanno trasportato nel mondo 2,5 milioni di persone, di cui 375.000 hanno attraversato il Mediterraneo approdando in Europa (la metà, come abbiamo visto, è giunta in Italia). L'Onu ha calcolato che nel 2016 il traffico ha fruttato ai gestori tra i 5,7 e i 7 miliardi di dollari.

La storica dell'Africa Anna Bono e il giornalista Paolo Bracalini offrono qualche risposta in un libriccino dal titolo provocatorio, *Immigrazione. Tutte le bugie*, uscito a fine estate del 2018. Innanzitutto, chi può pagare cifre elevate per tentare l'avventura in Europa? Una delle nazioni dalle quali arrivano più migranti in Italia è il Senegal, paese politicamente stabile, sicuro e in forte crescita economica, dove negli ultimi tre anni si è registrato un aumento del pil tra il 6,5 e il 6,8 per cento. Il ministro dei Senegalesi all'estero, Souleymane Jules Diop, ha raccontato che ad andarsene sono persone con una buona posizione sociale ed economica: insegnanti, impiegati pubblici, docenti universitari. «Qui la gente non parte perché non ha niente» dice il ministro. «Se ne va perché vuole meglio e di più.» Giusto, ma a che prezzo e con quali prospettive? Bono e Bracalini citano l'intervista concessa nel 2015 alla Bbc da un imbianchino che ha accumulato per quattro anni i soldi per l'imbarco, è arrivato ad Agadez, in Niger, punto di raccolta dei migranti, ha attraversato il Sahara su un'auto che poi si è rotta, con la conseguenza che 3 dei suoi 24 compagni di viaggio sono morti di fame e di sete. È stato catturato in Libia dai ribelli, si è rifiutato di chiedere alla famiglia i 340 dollari del riscatto, è fuggito, è stato arrestato dalla polizia libica che gli ha rubato tutto quello che possedeva e, dopo tre mesi di prigione, è stato rispedito in Senegal con 404 connazionali. Costo del viaggio senza destinazione, 3000 euro.

Il Centro Astalli – il servizio dei gesuiti per i rifugiati – ha certificato che nel 2018 il 2 per cento dei migranti in viaggio verso l'Europa muore in mare. Quelli che arrivano sono per l'87 per cento maschi di età compresa tra i 18 e i 34 anni, che possono essere suddivisi in tre categorie: 1) persone che vogliono migliorare onestamente le proprie condizioni di vita; 2) delinquenti professionisti che sanno di trovare in Italia una giustizia permissiva e carceri più decenti di quelle dei propri paesi; 3) persone che delinquono in mancanza di lavoro e di prospettive. I primi patiscono molto spesso terribili delusioni.

Bono e Bracalini riportano la testimonianza di un regista ghanese («Il mio paese cresce al ritmo del 7 per cento all'anno e non ci sono guerre») che racconta come la mafia nigeriana alletta le persone dicendo che, con 300 euro, in quattro settimane si può venire in Italia e poi trasferirsi in altri paesi. Questa gente scoprirà a proprie spese che il viaggio durerà in media un anno, con un costo aggiuntivo di mille euro che dovrà chiedere a casa. Le donne, nella quasi totalità, saranno costrette alla prostituzione, i minori non accompagnati prima o poi scompariranno, e uomini che hanno venduto una licenza di taxi o una mandria si troveranno a lavorare in nero per 3 euro all'ora e a essere trattati come bestie. «Senza calcolare» conclude il regista ghanese «quel che perde l'Africa: risorse giovani.» Perché non tornano indietro? «Perché si vergognano di rientrare da poveri falliti nel proprio villaggio.»

La perdita di giovani che potrebbero contribuire alla crescita del proprio paese ha indotto alcuni governi africani a lanciare campagne per evitarne l'emigrazione – anche con il sostegno della Chiesa cattolica locale – verso paradisi che non esistono. È il caso del Mali, che quattro anni fa ha tappezzato le strade del paese di manifesti con lo slogan «Il nostro Eldorado è il Mali». Dal 2014 il Mali, per contrastare l'espatrio di minori non accompagnati, non solo ha invitato i paesi europei a identificarli, ma ha stanziato un fondo di 21 milioni di dollari per finanziare corsi professionali, scuole per artigiani e una campagna di promozione nelle aree del paese più esposte all'emigrazione. È il caso dell'Etiopia (200 trafficanti di uomini arrestati nel 2015), del Niger (pene severissime per i trafficanti di uomini e rimpatrio organizzato di giovani) e della Nigeria. Qui il presidente Muhammadu Buhari, nel promuovere iniziative per scoraggiare gli espatri, ha dichiarato al quotidiano britannico «Daily Telegraph» che i giovani nigeriani emigrati hanno difficoltà a farsi accettare in Europa e negli Stati Uniti a causa dell'alto numero di loro compatrioti detenuti per traffico di droga e di esseri umani.

In quasi tutti i comandi provinciali dei carabinieri, infatti, troverete testimonianze su trafficanti di droga e sfruttatori nigeriani delle 10.000 prostitute connazionali attive in Italia. Il giornale nigeriano «Vanguard» ha pubblicato una statistica secondo la quale i nigeriani detenuti all'estero sarebbero 170.000. L'esplosiva, incontrollabile reazione della pubblica opinione per il massacro della giovane Pamela a Macerata nasce da questa pessima reputazione, che ha finito per coinvolgere anche i molti nigeriani perbene che vivono e lavorano in Italia.

Due poliziotti per rimpatriare un migrante

Nonostante venga accolta soltanto una minima percentuale delle richieste d'asilo presentate in Italia, da noi i migranti vengono volentieri (anche soltanto come prima tappa) perché cavilli burocratici ed esercizio della giurisdizione garantiscono inevitabilmente una lunga permanenza e un dignitoso mantenimento che costa allo Stato 35 euro al giorno e 45 per i minori. Quando la richiesta di asilo viene respinta (cioè quasi sempre), è possibile il ricorso in tribunale, poi in Corte d'appello e infine in Cassazione. Chi paga le spese? Lo Stato italiano, grazie al gratuito patrocinio, proprio come avviene per gli italiani indigenti. Per gli avvocati è una festa e nessuno certo si affretterà ad accorciare i famigerati «tempi della giustizia». La decisione di saltare il grado di appello per accelerare le pratiche si è scontrata con il rischio di incostituzionalità e, comunque, il decreto Minniti che lo abolisce è sempre in vigore. Per ridurre a quattro mesi il primo grado di giudizio, che richiedeva da un anno a un anno e mezzo, il 17 febbraio 2017 il governo Gentiloni istituì 26 sezioni specializzate nei principali tribunali italiani. Ma i nuovi uffici sono stati letteralmente travolti dagli arretrati, sicché nel 2018 in alcuni di essi si esaminavano ancora ricorsi del 2015.

Quasi tutti i migranti vengono da zone in cui non c'è guerra. Anche in Nigeria, la setta di stupratori e carnefici che va sotto il nome di Boko Haram controlla la zona settentrionale del paese, ma la gran parte di chi espatria viene dal Sud. Che cosa raccontano i migranti per ottenere l'asilo? Bono e Bracalini citano situazioni incredibili. Nigeriani che si dicono perseguitati dal malocchio, che hanno uno «zio cattivo» che vuole fargliela pagare o un parente potente con cui sono in disgrazia, o che sono perseguitati perché gay o lesbiche. Con qualche anima santa di giudice che chiama l'Arcigay per una complicata perizia. Complicata e inutile perché non si può indagare a fondo sulle tendenze sessuali di una persona e poi perché la Corte di giustizia europea ha detto di lasciar perdere questo tipo di test.

Molti magistrati riconoscono che il racconto dei richiedenti asilo non ha elementi di credibilità, ma glielo concedono ugualmente per ragioni che nulla hanno a che vedere con il caso specifico. Un uomo dice di essere perseguitato in Guinea per aver organizzato scioperi in campagna elettorale? La commissione respinge la richiesta perché non suffragata da alcuna prova, il giudice è dello stesso avviso, ma concede l'asilo perché in Guinea «ci sono restrizioni alla libertà di espressione e riunione pacifica». Stessa cosa per il Bangladesh. Questo significa che tutta la popolazione dei due paesi avrebbe diritto a essere ospitata da noi? E perché non i turchi, ammesso che lo desiderino? Non è necessario che siano perseguitati, basterebbe elencare le restrizioni in vigore nel loro potente paese. E un cinese che dicesse: «Io non ho mai manifestato la mia opposizione al regime di Xi Jinping, ma poiché se lo facessi avrei delle conseguenze, eccomi qua»?

Chi si vede respinta la richiesta dello status di rifugiato può provare a chiedere la «protezione sussidiaria», che si riconosce a coloro che, tornando nel proprio paese, andrebbero incontro al rischio di subire un grave danno. Unico tra i paesi europei insieme alla Slovacchia, l'Italia riconosceva anche il permesso di soggiorno per «motivi umanitari», e qui le maglie fatalmente si allargano. (Adesso Salvini le ha ristrette, limitando questo tipo di soggiorno a casi eccezionali: gravi problemi di salute, calamità naturali nel paese d'origine, protagonista di atti di grande valore civile.)

Quando perdono tutti i ricorsi, non è detto che i migranti tornino a casa: nel 2016, su 305.000 espulsi dai diversi paesi europei, soltanto 176.000 sono stati effettivamente rimpatriati. Nei quattro anni compresi fra il 2014 e il 2017, in Italia sono sbarcate via mare 623.000 persone. Nel 2015 l'Unione europea aveva varato un piano per il ricollocamento dei richiedenti asilo (siriani, eritrei e iracheni) arrivati in Italia e in Grecia, ma questo piano non ha funzionato: Danimarca, Slovacchia, Repubblica Ceca, Ungheria e Polonia non hanno accolto nessun rifugiato arrivato in Italia, l'Austria ne ha presi 43, la Bulgaria 10, l'Estonia 6.

Fino al 2016 la Grecia ha avuto un maggior numero di presenze, ma da quell'anno l'«imbuto» è soltanto italiano, perché un accordo tra Unione europea e Turchia (3 miliardi di euro subito, fino a un massimo di altri 3 entro il 2018) ha quasi azzerato il transito in territorio ellenico, ripreso in parte nell'estate 2018 quando l'Italia ha chiuso di fatto i suoi porti. Lo spostamento in altri paesi si è rivelato progressivamente impossibile, perché le frontiere sono state chiuse dappertutto. Nel 2017 le richieste di protezione sono state 130.000 e, per la prima volta dal 1997, hanno superato il numero degli arrivi via mare. Nello stesso anno sono state esaminate 90.825 domande e ne sono state accolte 35.130, a vario titolo: status di rifugiato, protezione sussidiaria e umanitaria. Sarebbe questo, più o meno, il numero di immigrati di cui – partendo da zero – l'Italia avrebbe bisogno ogni anno per colmare i vuoti determinati dal rifiuto degli italiani di svolgere alcuni lavori.

Riportare a casa i migranti irregolari è praticamente impossibile. Come ha scritto Fiorenza Sarzanini sul «Corriere della Sera» del 21 giugno 2018, occorre il riconoscimento dell'identità dello straniero da parte dello Stato di residenza. Il paese più collaborativo è la Tunisia: vengono rimpatriati dall'Italia 80 clandestini alla settimana in due voli charter da 40 posti. (Il costo dei charter è rimborsato dall'agenzia europea Frontex.) Il Marocco collabora all'identificazione, ma per ragioni misteriose non accetta charter, come del resto Pakistan, Bangladesh e i paesi sudamericani. Ogni immigrato deve essere accompagnato da due poliziotti, e il viaggio, compresi pernottamenti e indennità di missione per gli agenti, può costare fino a 10.000 euro.

L'aspetto sconcertante è che, almeno negli ultimi dodici anni, nelle procedure di rimpatrio non è cambiato nulla. Nel 2006, rientrando dal Marocco incontrai due poliziotti in business class di un volo Alitalia: avevano accompagnato a casa un immigrato. Uno. «Accidenti quanto ci è costato!» commentai con gli agenti, mai immaginando che dodici anni dopo il problema si sarebbe perfino aggravato, nonostante a palazzo Chigi si fossero alternati sei presidenti del Consiglio. È vero che c'è un contributo economico dell'Europa (circa la metà), ma insomma... Alla fine, nel 2017 – quasi sempre con tale costo a persona, ignoto alla gran parte della pubblica opinione – sono stati rimpatriati 6340 immigrati (5300 nel 2016). Con questo ritmo occorrerebbero 83 anni per risolvere il problema. Mentre restano pur sempre in piedi i vecchi «decreti flussi»: per il 2018 è prevista l'ammissione di 30.850 ingressi, di cui 18.000 per lavori stagionali.

Perché, alla fine, è arrivato Salvini

Fino a poco tempo fa la meta più ambita dai migranti, insieme alla Germania, era la Svezia, il paese del welfare e dell'assistenza «dalla culla alla tomba». Nel 2015 accolse

163.000 immigrati, ai quali è stato riconosciuto lo status di rifugiati. Un anno dopo, soltanto 500 avevano trovato un lavoro regolare, e poiché gli altri continuavano a dipendere dall'assistenza pubblica, dal 2016 la Svezia ha chiuso le porte e programmato un gigantesco piano di rimpatri per decine di migliaia di migranti.

In altri paesi i rifugiati sono più numerosi che in Italia: basti pensare alla Germania, che ne ha 478.000. L'Italia ne ha soltanto 131.000, ma si tratta appunto di persone alle quali negli anni è stato riconosciuto lo status di rifugiati. Si tenga conto che la Germania deve coprire 1 milione 200.000 posti di lavoro e soltanto 400.000 sono occupati da tedeschi. Necessita, quindi, di una gran quantità di immigrati. Quando nel settembre 2015 Angela Merkel pronunciò il celebre: «Ce la faremo», ospitando 1 milione di immigrati (in larga parte siriani bene istruiti), non immaginava certo che, un anno dopo, questa apertura – che non aveva soltanto ragioni umanitarie – le avrebbe reso impossibile una maggioranza per fare il governo.

Il problema è che, da noi, arrivano legioni di immigrati privi in gran parte del titolo per l'accoglienza, anche se la situazione è migliore rispetto a dieci anni fa. Nel 2006 furono regolarizzati 170.000 migranti, l'anno successivo 127.500 in due mandate, su un totale di 724.000 domande. Il «Sole-24 Ore» calcolò in 650.000 gli irregolari che lavoravano nelle città italiane senza permesso di soggiorno, cioè 11 ogni 1000 abitanti. Nel 2009 furono regolarizzati 238.260 immigrati, nel 2012 altri 109.094. Oggi gli stranieri che non hanno titolo di restare in Italia sono 600.000.

Ma i continui sbarchi hanno portato a una nuova saturazione che ha allarmato la stessa Chiesa cattolica, per ragioni etiche favorevole a quanta più accoglienza possibile, tenendo conto che, come abbiamo detto, il numero di immigrati necessari ogni anno a coprire il deficit produttivo del paese non supera le 30.000 unità. (Nel 2018 è stato autorizzato l'ingresso a 30.850 lavoratori non comunitari.) Degli immigrati occupati, oltre la metà risiede al Nord, un quarto al Centro e meno del 20 per cento tra Sud e isole.

L'aspetto insopportabile per l'opinione pubblica – in quel 40 per cento di città e paesi i cui sindaci hanno accettato di ospitare gli immigrati – è vedere migliaia di uomini giovani ciondolare nelle strade senza far nulla e leggere ogni tanto delle loro proteste se c'è un guasto al wi-fi.

Per capire quanto sia diffuso – e talvolta ingiustificato – l'allarme immigrati, cito il racconto fattomi da Paola De Micheli, una parlamentare piacentina del Pd che è stata sottosegretaria all'Economia nei governi Renzi e Gentiloni, e commissaria per i terremoti del Centro Italia. Durante la campagna elettorale del 2018 la De Micheli è andata a Zerba, il comune più «anziano» d'Italia, ai confini tra Emilia e Piemonte, 900 metri sul mare, 77 abitanti, con un'età media di 65 anni. «Appena sono arrivata» mi racconta «ho chiesto quale fosse il problema maggiore. "Quello dell'Italia sono gli immigrati." Ma a Zerba non ne è mai arrivato uno.» Il 4 marzo, su 72 aventi diritto, hanno votato in 34. Il Pd ha preso 10 voti, tallonato dai 5 Stelle (9), mentre la Lega – che non esisteva – è arrivata a 6.

Il tasso di delinquenza degli immigrati – professionale o occasionale – cresce al punto che dei 60.000 detenuti nelle carceri italiane 20.000 sono stranieri. I primi cinque paesi sono Marocco, Romania, Albania, Tunisia, Nigeria. I rumeni (tra i quali peraltro si trovano anche bravi imprenditori e artigiani eccellenti) rappresentano il pericolo più inquietante, perché sono cittadini comunitari con piena libertà di movimento.

Il 30 ottobre 2007 la brutale violenza di un rumeno influenzò in modo decisivo le elezioni comunali di Roma, così come nel 2018 è accaduto a livello nazionale per il caso di Pamela a Macerata.

Giovanna Reggiani aveva 47 anni ed era la moglie di uno degli ammiragli più brillanti della nostra marina militare. Quella sera pioveva e, per evitare il traffico impazzito della capitale, la signora Reggiani aveva preso il trenino pendolari che collega piazza del Popolo a Viterbo. Dalla fermata di Tor di Quinto, per raggiungere le palazzine di servizio degli ufficiali di marina bisogna percorrere a piedi poco più di seicento metri, di cui i primi duecento al buio. E qui l'assalì un balordo rumeno di 24 anni, Romik Mailat, residente in un vicino campo rom. Non si accontentò della borsa. Al rifiuto della donna di andare oltre, la seviziò e l'uccise. Condannato a 29 anni, dal 2015 sconta la pena nelle carceri rumene, che non sono certo più confortevoli delle nostre.

Il sindaco Veltroni, appena eletto segretario del nuovo Pd, ordinò la demolizione delle baracche lungo il Tevere dove abitava Romik, ma quando nel 2008 mi recai nel campo rom di Tor di Quinto, punto di riferimento dei nomadi della zona, non trovai né cordoglio né disagio. «Pensi che se avessero ammazzato me se ne sarebbe parlato così a lungo?» mi disse una zingara bruna con lo sguardo gelido. Nel suo spazio erano parcheggiate una Bmw nera da 50.000 euro e un camper da 60.000. Le chiesi come avrei potuto spiegare tanta opulenza agli italiani che andavano (già prima della crisi del 2008!) alle mense della Caritas. «Noi abbiamo solo quelle» rispose senza battere ciglio, indicando le auto. «Gli italiani investono in modo diverso, magari comprando una casa…»

Allora l'annuncio di misure forti da parte del governo provocò una ribellione nel Nord: «Noi da anni abbiamo questo problema e ne parlate solo perché questa storia è accaduta a Roma» tuonò il governatore del Veneto, Giancarlo Galan. Il caso Reggiani portò Gianni Alemanno (Alleanza nazionale) dritto in Campidoglio al posto di Francesco Rutelli, certissimo di ritornarci per il Pd, e diede il colpo finale al già vacillante governo Prodi.

In dieci anni non c'è stato nessun miglioramento radicale. La crisi economica più lunga della nostra storia e meno afflittiva soltanto di quella greca ha aumentato povertà e disagio e ingigantito l'intolleranza verso l'enorme esercito dei «500.000 invisibili», come il «Corriere della Sera» titolò nell'autunno del 2017 un reportage di Goffredo Buccini. Da un'inchiesta condotta da una speciale commissione parlamentare emerse che in Italia le abitazioni occupate abusivamente erano 49.000. Nella sola Roma risultavano occupati illegalmente 99 palazzi e soltanto nell'estate del 2018 è iniziata una lenta operazione di sgombero. Ancora oggi ci sono posti in cui perfino polizia e carabinieri preferiscono non entrare.

Ecco perché – tira oggi e tira domani – il 4 marzo è arrivato Matteo Salvini.

Naturalmente Salvini, arrivando a palazzo Chigi, si è accorto che è impossibile risolvere certi problemi dall'oggi al domani. In attesa di nuove norme, gli immigrati irregolari continuano a muoversi liberamente. I primi quattro indagati per la morte di Desirée Mariottini (Roma, 19 ottobre 2018) sono due senegalesi, un nigeriano e un ghanese che non avrebbero dovuto trovarsi sul nostro territorio. L'Italia ha scoperto che nel quartiere universitario di San Lorenzo, non lontano dalla stazione Termini e dal centro, luogo di movida e di ritrovi giovanili, esiste nella più completa impunità un supermarket dello spaccio e della prostituzione finalizzata al consumo di droghe. Una sfida aperta che Salvini ha mostrato di voler raccogliere. Vedremo.

XI

Il Capitano dei social che ha battuto Trump

In un appartamento da single, nel centro di Roma

L'appartamento di servizio del ministro dell'Interno è in una zona tranquilla del centro storico, non lontano da piazza Venezia. È un'area protetta, ma non ci sono all'esterno i segni visibili che caratterizzano indirizzi anche meno sensibili di questo. «Terzo piano» grida dall'alto Matteo Salvini, ignorando la mia abitudine di fare le scale a piedi, nel patetico tentativo di buttar giù qualche grammo. T-shirt nera su pantaloni in tinta, sta chiudendo il trolley per una breve trasferta dedicata agli industriali italiani in Russia. L'appartamento è ampio, con una piacevole terrazza utilizzata molto di rado. Ed è disordinato come uno immagina l'appartamento di un single disordinato. Camicie bianche fresche di lavanderia sono appese qui e là, abiti appoggiati dove si può, sui tavoli segni di una vita vissuta in fretta. La fidanzata Elisa Isoardi abita altrove e si vede che Salvini viene qui solo per dormire, fra una trasferta e l'altra. Da Mosca andrà direttamente in Trentino Alto Adige, dove il 21 ottobre 2018, per la prima volta nella storia repubblicana, il centrodestra ha sconfitto il centrosinistra grazie al forte traino leghista.

Il Capitano – come lo ha battezzato il suo geniaccio dei social Luca Morisi – ha ridisegnato completamente il ruolo tradizionale del titolare dell'Interno. Il «ministro di Polizia» è tradizionalmente sedentario, affonda in una grande poltrona circondato da telefoni provvisti di tastiere enormi e misteriose. Il mio primo «cliente» al Viminale, Paolo Emilio Taviani, negli anni Sessanta troneggiava sulla scrivania come un pontefice regnante. Dieci anni dopo, il tecnologico Francesco Cossiga smanettava su una centrale di comando e controllo. Non esistevano i telefonini (l'auto di Giovanni Spadolini, per dire, era un albero di Natale semovente, per il numero di antenne che vi erano appese). Ma nessuno si muoveva più di tanto.

Salvini, invece, è un globe trotter: ha costruito la fortuna della Lega battendo il territorio e non vuole rinunciarci. Prepara un caffè (io no, grazie) e avviamo una conversazione non disturbata da telefonate (è ancora mattina presto), ma con il padrone di casa che si alza, prende tre camicie continuando a parlare, le infila nel trolley, si risiede, si alza di nuovo e controlla che spazzolino da denti e rasoio (fuori del nécessaire) non escano dalla retina interna, continua a parlare mentre cerca una giacca – nera anch'essa – per completare la tenuta da viaggio e, finalmente, chiude il trolley e lo piazza ritto davanti alla porta, pronto per la partenza.

Siamo soli. «Non c'è nessuno che metta a posto?» chiedo. «Bah,» bofonchia lui «ogni tanto arriva qualcuno...»

Dalla «Aquarius» alla «Diciotti»

Cominciamo dalla nave *Aquarius*, la scintilla che ha portato la Lega a esplodere nei sondaggi. «La prima domenica dopo una settimana di governo, in giugno,» mi racconta Salvini «ero in Valtellina nell'agriturismo di un amico a un'ora da Milano, dove porto spesso i bambini. Il proprietario ha regalato a mia figlia Mirta una mucca, che lei ha chiamato Mirtina. Mentre stavamo con la mucca, uno dopo l'altro mi annunciano l'arrivo di una, due, tre grandi barche cariche di migranti. La gente cominciava a dire: "È arrivato Salvini e non cambia nulla...". Mi chiamano al telefono: ministro, dove li facciamo sbarcare? È obbligatorio?, chiedo. Si è sempre fatto così, mi rispondono. Datemi una mezz'ora, dico. Il caso più importante era quel-

lo della *Aquarius*. Lascio bambini e mucca e, dopo un po',
mi metto al telefono: questa nave non avrà mai un porto
in Italia. Vediamo l'effetto che fa, pensai con Jannacci. Arrivarono pressioni inimmaginabili da organi istituzionali
italiani ed europei, e alla fine la Spagna, che è più buona,
disse: "Va bene, venite da noi". Morale: nel 2017, da inizio giugno a fine ottobre, nonostante la stretta di Minniti,
arrivarono 50.000 migranti. Nello stesso periodo del 2018
ne sono arrivati 8000.»

L'Europa non apprezzò, gli ricordo. «L'Europa da un lato
ci rimprovera per la chiusura dei porti, dall'altro ci invita a
rinchiudere i clandestini perché non vuole che se ne vadano a spasso e magari sconfinino negli altri paesi. Lo faremo
con il raddoppio dei Centri per i rimpatri, dai quali – al contrario di quanto accade oggi nei Centri d'accoglienza – non
si potrà uscire liberamente. [*A fine ottobre 2018 sono attivi sei
Centri di permanenza per i rimpatri, che possono ospitare complessivamente 880 migranti. Il programma per la fine del 2018
era di aggiungere quattro nuovi Cpr, per un totale di 400 posti.*]
In ogni caso, da quando abbiamo chiuso i porti, per la prima volta in Grecia e in Spagna arriva più gente che da noi.
Abbiamo programmato di ridurre il costo dei 148.000 ospiti delle strutture da 35 euro al giorno a 22-23, con un risparmio nel triennio di 1 miliardo e mezzo di euro. Pensi che,
per assumere 10.000 persone in più nelle forze dell'ordine,
bastano 350.000 euro all'anno.»

Nel giro di un paio di mesi, nell'estate del 2018, Salvini
ha fatto scomparire dal canale di Sicilia le navi delle Organizzazioni non governative che, negli ultimi anni, avevano fatto la spola con la Libia. E ha fortemente ridimensionato anche il ruolo della nostra guardia costiera, dopo il
clamoroso caso della nave *Diciotti* alla quale per due volte
(in luglio e in agosto) l'accesso a porti italiani è stato consentito dapprima per il discreto ma decisivo intervento del
capo dello Stato e poi per la disponibilità della Chiesa e di
altri due paesi (Albania e Irlanda) ad accogliere i migranti. (Indagato per sequestro di persona, il 1° novembre 2018
ha avuto una richiesta di archiviazione da parte della Pro-

cura di Catania, che ha considerato insindacabile la scelta politica del ministro dell'Interno.) L'immediato allontanamento volontario di gran parte di loro dalla struttura pontificia di Rocca di Papa che li ospitava (nemmeno il tempo di assaggiare i ventimila gelati inviati da Sua Santità) ha confermato che i migranti non vengono per sfuggire alla fame, ma per trovare migliori opportunità di lavoro.

Tre mesi prima delle elezioni, la commissione parlamentare d'inchiesta sui migranti consegnò al Parlamento una relazione impietosa sulla gestione delle 151.000 persone che richiedevano asilo politico, l'82 per cento degli sbarcati in Italia. Una cifra irreale, che si è trasformata in un business per i pochi privati che hanno offerto ospitalità, in larga parte dopo affidamenti diretti, in centinaia di casali, alberghi, affittacamere, residence, ostelli, tensostrutture, case famiglia. Federico Gelli (Pd), presidente della commissione, ha detto a Fabio Tonacci della «Repubblica» che 8 migranti su 10 sono ospiti di Centri di accoglienza straordinaria (Cas) gestiti da privati (il resto va in strutture militari e religiose), ma colpisce che in Trentino Alto Adige un solo gestore curi 49 Cas, un altro 21 in Umbria, mentre nelle Marche e in Friuli il rapporto è di 1 gestore ogni 10 centri. Come accade in ogni guerra, calamità, disgrazia, l'emergenza arricchisce sempre qualcuno.

Naturalmente, per risolvere il problema alla radice occorre intervenire in Africa. «Ho programmato viaggi in Algeria, Ghana, Emirati Arabi» mi racconta Salvini «per la stipula di accordi intergovernativi di assistenza e sviluppo in accordo con il commissario europeo all'Immigrazione [*Dimitris*] Avramopoulos, il nostro ministero degli Esteri e l'Eni. Abbiamo individuato con il Ghana un progetto per gruppi di 400 persone alla volta: con una spesa individuale di 12 euro al giorno a queste persone si può garantire vitto, scuola, assistenza sanitaria e avviamento al lavoro. Il piano punta a coinvolgere 100.000 persone all'anno.»

Nel numero di «Time» che ha dedicato la copertina al segretario federale della Lega (24 settembre 2018), Vivienne Walt ha riportato il giudizio di Daniel Gros, direttore del

Centro per gli studi politici di Bruxelles: «Salvini ha una sola freccia nel proprio arco, l'immigrazione. Con il crollo degli arrivi dei migranti, la sua ossessiva attenzione su questo tema non ha più senso. Eppure l'isteria è cresciuta». Gros sembra dimenticare che soltanto l'«ossessiva attenzione» di Salvini su questo tema ha fatto crollare gli arrivi. Il riscontro nell'elettorato è perfetto, come emerge da un sondaggio condotto dall'associazione Itanes (Italian National Election Studies). Gli immigrati sono un pericolo per la cultura nazionale per l'83,5 per cento di chi ha votato Lega, contro il 47 di tutti gli elettori e il 68 degli altri partiti di centrodestra. Gli immigrati sono un pericolo per l'occupazione per l'85 per cento dei leghisti, il 47 di tutti gli elettori e il 79 del centrodestra. L'immigrazione è il problema più importante per il paese per il 26,5 per cento dei leghisti, contro l'11 dell'intero elettorato e il 18 del centrodestra.

Il Sud culla del governo gialloverde

Nei giorni dei fatti di Macerata, Monica Rubino della «Repubblica» chiese a Salvini: da quando anche la Lega si è avvolta nel tricolore, un tempo così disprezzato? La risposta fu: «Da quando ci hanno chiamato anche tanti cittadini del Sud. Per me è motivo di orgoglio». L'aspetto più sorprendente dell'affermazione elettorale della Lega è infatti il contributo del Mezzogiorno al risultato nazionale. Dal Molise in giù, il partito di Salvini ha ottenuto il 5,3 per cento: un risultato straordinario, se si pensa che Fratelli d'Italia, da sempre con una forte base meridionale, si è fermato al 3,7 e Liberi e Uguali, con D'Alema presente in Puglia, non è andato oltre il 3,2. La Lega è passata dall'8,7 del Molise (dove poi il centrodestra ha vinto le elezioni regionali) al 4,3 della Campania (il risultato meno brillante), al 6,3 e 6,2 di Basilicata e Puglia, al 5,6 della Calabria, al 5,1 della Sicilia. Si tratta di un risultato sorprendente perché la riconversione nazionale di quella che fino al 27 ottobre 2017 era ancora la Lega Nord è avvenuta in poco più di tre anni e ha fruttato 1 milione 600.000 voti meridionali, che nel 2013 non esistevano e sono stati determinanti perché la Lega superasse Forza Italia di 1 milione in valore assoluto. Insomma, è stato il Sud a partorire il governo gialloverde.

Per dimostrare quanto clamorosa sia l'attenzione del Mezzogiorno per Salvini, cito i dati di ascolto della prima puntata di «Porta a porta» della stagione 2018-19, che hanno stupito anche noi del mestiere. Nonostante l'ora tardissima, la puntata con il leader della Lega è stata vista, almeno in parte, da 4 milioni 300.000 persone. Ma se nel Nord la quota di pubblico che ha assistito alla trasmissione si è aggirata intorno al 16 per cento, come nel Sud, nel Centro-Sud (Lazio, Abruzzo, Campania) ha superato il 20. Al 15,3 della Lombardia si è contrapposto il 22,6 del Lazio, al 13,2 del Veneto si è affiancato il 20,8 della Campania, al 16 del Piemonte il 19,5 della Sicilia, al 16,3 della Liguria il 23,7 della Basilicata. Testimonianza di un interesse ben distribuito a livello nazionale.

Questo sembrerebbe contrastare con quanto sostenuto dagli accademici Gianluca Passarelli e Dario Tuorto, autori del durissimo *La Lega di Salvini. Estrema destra di governo.* A loro giudizio, infatti, gli elettori del Sud sarebbero «illusi da Salvini e adescati da un rampante populismo che incita alla lotta tra poveri» perché «la Lega era e rimane un partito del Nord e per il Nord, le cui politiche non farebbero che aumentare le disuguaglianze e la distanza tra Nord e Sud fino a generare una secessione de facto». È vero che, come risulta dalle tabelle contenute nel libro, la Lega è risultata il primo partito nel 94 per cento dei comuni veneti, nell'87,7 di quelli lombardi, nel 72,6 dei friulani e giuliani e nel 64,7 di quelli piemontesi. Ma, a parte la presenza ormai molto radicata in Emilia Romagna (la Lega è prima in un comune su tre) e la netta crescita in Umbria, la possibile leadership nazionale di Salvini è legata solo ed esclusivamente a una forte presenza anche nel Sud. E infatti abbiamo appena visto come il voto meridionale sia stato decisivo nel consegnare a Salvini l'«azione d'oro» per salire al Viminale con i 5 Stelle.

Altra sorpresa, notata nella puntata di «Porta a porta» con il ministro dell'Interno: su 100 persone sintonizzate sui 200 canali satellitari e digitali, oltre 17 hanno visto Salvini. Bene, questo 17 è formato per meno del 16 per cento da uomini e per il 18,5 da donne, anche di giovane età. Il suo fidanzamento con Elisa Isoardi ha evidentemente avvicinato alla politica chi abitualmente ne è poco interessato, come le donne tra i 18 e i 34 anni. Nel 2018 la quota femminile dell'elettorato della Lega ha superato quella maschile con uno scarto maggiore rispetto a ogni altro partito. Non è un caso che, quando siamo scesi insieme dal suo appartamento, il ministro dell'Interno è stato fermato da una signora con uno smaccato accento romanesco che gli ha manifestato un consenso incondizionato. I tempi di «Roma ladrona» sono evidentemente lontani.

Salvini è stato a lungo un nordista duro e puro. La sua passione giovanile per la radio lo ha portato a diventare un autentico mattatore di Radio Padania, dove alla fine degli anni Novanta ha condotto una trasmissione dal titolo «Mai dire Italia». Nel 2002 promosse una manifestazione alternativa al 4 novembre, festa nazionale e, fino al 1977, giorno festivo che ricorda la vittoria italiana nella prima guerra mondiale e, in qualche modo, l'unità nazionale. Radio Padania quel giorno trasmise «soltanto canzoni delle nostre storie e nei nostri dialetti». Sulla stessa linea, Salvini si rifiutò nel 1999 di stringere la mano al presidente della Repubblica Carlo Azeglio Ciampi in visita al comune di Milano e nel 2011 di celebrare i 150 anni dell'unità d'Italia. «No grazie, dottore, lei non mi rappresenta» gli disse. Non avrebbe mai immaginato di essere ricevuto sette anni dopo da protagonista al Quirinale, anche se certo Sergio Mattarella non lo ama, ricambiato.

Nel 2004, da consigliere comunale, aveva contestato l'incontro tra il sindaco di Milano Gabriele Albertini, suo alleato nel governo della città, con il collega romano Walter Veltroni: «L'educazione è un conto, ma accogliere a braccia aperte il rappresentante di una città che per Milano è un cataclisma è tutto un altro paio di maniche». Al raduno di Pontida del 2009, festeggiando con i giovani padani la sua rielezione al Parlamento di Strasburgo, aveva intonato: «Senti che puzza / scappano anche i cani / Stanno arrivando / i napoletani». Annotazione meno cruenta degli storici appelli di tanti militanti che invitavano Vesuvio ed Etna a eliminare con un'eruzione vecchia maniera il superfluo che abita nei paraggi.

Nel 2014, la grande svolta. Salvini ha una testa politica di serie A e deve aver capito per tempo che non si può aspirare a una leadership nazionale chiudendosi sopra il Po. In un mondo globalizzato, da Milano e Venezia si può sparare su Roma con una cerbottana, mentre la politica viene decisa a Bruxelles.

«L'apertura al Mezzogiorno» mi dice il leader della Lega «è avvenuta subito dopo la mia elezione a segretario, alle europee del 2014. Ricordo i primi comizi in Puglia e a Lamezia Terme, ancora con il simbolo della Lega Nord. Le sale erano piene, più che altro per curiosità. Ma mi accorsi che c'era interesse sui temi europei, della sicurezza e del lavoro, quando nessuno se ne occupava. E una voglia di conoscenza reciproca, che portai avanti, nonostante mille resistenze all'interno della Lega.»

Salvini: «Voglio essere l'alternativa a Renzi»

Arrivarono così le scuse ai napoletani in un'intervista allo storico giornale locale, «Il Mattino». E arrivò la Grande Abiura in un'intervista alla principale radio italiana, Rtl 102.5, il 1° dicembre 2014. «Che cosa mi ha fatto cambiare idea sui meridionali? I fatti. Probabilmente il Sud lo conoscevo poco, ho fatto e abbiamo fatto degli errori.» Commentò l'indomani sulla «Stampa» Alberto Mattioli: «Sullo sbarco al Sud il capitano leghista si gioca molto. Far uscire la Lega dalle sue riserve padane significa lanciare una doppia sfida: a Berlusconi sulla leadership del centrodestra e a Renzi su quella del paese. Da qui i distinguo di Salvini, che non solo non smentisce ma rilancia: "Confermo tutto. La critica rimane, anzi è ancora più dura, sui politici del Sud. Ma lì c'è anche tanta energia positiva, gente che vuole solo lavorare in pace. E ne ha piene le scatole di falsi invalidi, forestali inutili e pizzo alla camorra. Il Sud va salvato dalla sua classe dirigente". ... Resta il problema di trovarne un'altra, di classe dirigente. "Al 95 per cento sarà formata di gente nuova, professionisti, imprenditori, insegnanti, persone senza esperienza politica. Poi ci potrà essere una piccola parte di politici, ma dovrà essere impeccabile. Non vogliamo riciclati"».

In politica, questa è una missione impossibile. Già alla fine del 2017, tre mesi prima delle elezioni del 2018, quando si sapeva che la Lega sarebbe cresciuta molto, 6 dei suoi 22 deputati erano profughi meridionali di provenienza Forza Italia o centrista. Tre siciliani (Attaguile, Lo Monte e Pagano), due pugliesi (Altieri e Marti, già amici di Raffaele Fitto), una campana (Giuseppina Castiello, già PdL, destinata a diventare viceministro per il Sud).

La sfida nazionale di Salvini del 2014 era particolarmente ambiziosa. Pur migliorando del 50 per cento il voto delle politiche dell'anno precedente, alle elezioni europee di quell'anno la Lega era comunque sempre ferma al 6 per cento, mentre il Pd era al fantascientifico 40,8, il Movimento 5 Stelle al 21 e Forza Italia al 17.

Non fu facile far digerire la svolta a molti militanti del Nord. Due giorni dopo l'annuncio su Rtl, Paolo Francesconi raccolse per il «Gazzettino» le opinioni dei fedelissimi della Liga Veneta, molto perplessi su quella che Bepi Covre, 25 anni di tessera leghista in tasca, chiamava «conversione sulla via di Bari». Massimiliano Panizzut, consigliere comunale a Budoia (Pordenone), si era dimesso alle prime avvisaglie di cambiamento e Renato Miatello, sindaco di San Giorgio in Bosco (Padova), rieletto con il 70 per cento dei voti, lamentava: «Abbiamo gridato al lupo al lupo per anni e adesso sono diventati tutti agnelli?». Daniele Stival, assessore regionale in Veneto, gettava la palla in angolo parlando di malinteso: «Non è la Lega che sbarca al Sud. Per questo ci sarebbe voluto un congresso. Ho tranquillizzato molti militanti dicendo che sarà un partner, un soggetto autonomo diverso dalla Lega che proverà ad allargarsi al

Sud, diventato nel tempo anche lui più indipendentista». Insomma, borbottava il vecchio Covre: «Salvini avrebbe dovuto avere l'avvedutezza di preparare i militanti. In politica si può sempre dire: compagni si cambia, ma dipende da come spieghi e proponi la svolta».

All'inizio la svolta sembrava graduale, fatta di un'alleanza di federalismi, come sperava l'assessore Stival. Quando, in quel 2014, lo incontrai per *Italiani voltagabbana*, Salvini mi disse: «La nuova Lega del Centro-Sud si chiamerà "Lega dei popoli" e sarà il segno di un rinascimento leghista che, senza cambiar pelle, porterà in tutta Italia una battaglia europea. Contro l'euro e contro l'invasione dei clandestini. E poi, anche nel Sud ci sono movimenti indipendentisti, dal Salento alla Campania». Dal famoso comizio di piazza del Duomo del 18 ottobre 2014, tre anni e mezzo prima delle elezioni del 4 marzo, Salvini sostituì al grido «Padania libera!» quello di «Italia libera!». «Libera dai clandestini, da Maastricht, dall'euro, dai vincoli soffocanti che già allora avevano riportato indietro l'economia italiana al 2000» e che, nei quattro anni successivi, avrebbe visto allargarsi la distanza dagli altri paesi europei.

Fin da allora Salvini si smarcò da Berlusconi, costretto nella camicia di forza istituzionale dell'adesione al Partito popolare europeo in cui era (è) fortissima la pressione della Germania di Angela Merkel. «Non mi interessa più il centrodestra» mi disse il leader della Lega. «Voglio essere io il punto di riferimento, la vera alternativa a Renzi.» E aggiunse profeticamente: «Non credo alla ripresa. La disoccupazione a questi livelli durerà a lungo». Già allora annunciò il suo programma elettorale: «L'uscita dall'euro, l'abolizione degli studi di settore e una flat tax, una tassa uguale per tutti compresa tra il 15 e il 20 per cento». E quando gli obiettai che l'uscita dall'euro non era realistica, rispose: «Non dico che dall'oggi al domani si debba tornare alla lira. Penso a un percorso per via parlamentare che porti almeno a un euro a due velocità. Nelle condizioni attuali, la moneta unica è insostenibile».

Feci notare a Salvini che uscita dall'euro e lotta ai clandestini erano esattamente il programma di Beppe Grillo. «Lui non è affidabile» replicò. «Gli ho chiesto di incontrarci e mi ha risposto che non è interessato. E poi, lui dice una cosa e i suoi ne fanno un'altra...» E infatti, tre anni dopo, Di Maio...

«Lega-5 Stelle? Un'alleanza senza prospettive politiche»

Chiedo a Salvini se quello con i 5 Stelle è un governo rivoluzionario. «Per certi versi lo è» risponde. «È frutto di un contratto mai visto prima. Può piacere o non piacere, ma già nei primi mesi di governo abbiamo giocato partite mai tentate da anni. È un governo non etichettabile a destra o a sinistra ed è diverso da tutti gli altri anche per come è nato, per alcuni ministri scelti sulla base di un curriculum...»

Mai rischiata una rottura?, gli domando. «Mai. Certo, anche nella preparazione della manovra economica abbiamo discusso parecchio, senza mai urlare. Se ripenso a certe riunioni del centrodestra, be', erano più impegnative. Qui nessuno ha mai lavorato per far saltare il governo. Non vedo rischi.»

Non trova un po' duro il decreto dignità? «Noi e i 5 Stelle abbiamo impostazioni di fondo diverse. Per la Lega, il lavoro lo creano le imprese e i privati, e non i vincoli e i controlli. Ciascuno di noi ha dovuto accettare cose imprescindibili per gli altri. Noi il decreto dignità e il reddito di cittadinanza; loro la stretta sull'immigrazione, lo smantellamento della Fornero, la flat tax. Occupandoci dei temi fondamentali per l'altra parte, cerchiamo dei punti d'incontro. Abbiamo accompagnato e aggiustato il decreto dignità, per esempio con i voucher. Tutto è migliorabile, se non si stravolge l'impianto di base. Come per me è il decreto immigrazione. Se gli alleati mi piazzano 81 emendamenti come fossero un partito di opposizione, è un problema.»

In effetti, per voi, anche accettare il reddito di cittadinanza non deve essere stato facile. «Non era nel nostro progetto, ma se firmo un accordo lo rispetto. Abbiamo messo dei paletti sul reddito e sul quoziente familiare dei beneficiari, e sulla necessità di rispondere alle offerte di lavoro. Cercheremo di avvicinarci il più possibile al reddito di autonomia della Regione Lombardia, che funziona benissimo ed è stata premiata a Bruxelles come esempio delle politiche attive. Finora i centri per l'impiego sono stati utili soltanto ai formatori. Se sui formatori investiamo 1 miliardo, ci avviciniamo alle medie europee. Ce la faremo ad attuarlo in poco tempo? Di Maio è convinto di sì, io posso garantire quel che seguo personalmente. Si è parlato poco, per esempio, della cedolare secca sugli immobili commerciali, che è molto importante. Nessuno ha notato che abbiamo tolto la sovrattassa retroattiva sulle sigarette elettroniche, che rischiava di mandare a casa ventimila persone.»

Sulla flat tax, che era uno dei vostri cavalli di battaglia, avete fatto pochino, obietto. «Be', abbiamo cominciato dai piccoli, calcolando che con un forfait fiscale del 15 per cento il beneficiario (impresa o individuo con partita Iva) risparmia 7-8000 euro in un anno, che può investire per crescere. Ridurre subito le aliquote dell'Irpef da 5 a 3, non toccando la più alta e la più bassa per favorire i ceti medi, ci sarebbe costato parecchi miliardi. Lo faremo per l'anno fiscale 2020, mentre ora abbiamo preferito concentrare gli sforzi sulla legge Fornero. Per ogni pensionato, con le nuove norme dovrebbe essere assunto un ragazzo e mezzo.»

Quali sono, realmente, i suoi rapporti con Di Maio? «Ho trovato una persona seria e rispettosa. Ci sentiamo quasi tutti i giorni. Anche Conte è una persona corretta. Mai incontrato Casaleggio e Di Battista. Grillo una sola volta, per caso e per pochi minuti, in una saletta d'aeroporto. Avevamo avuto anche qualche piccola controversia giudiziaria…»

È ancora in piedi il centrodestra? «Siamo insieme in centinaia di comuni e in tante regioni. Certo, nei primi cinque mesi di governo Forza Italia e Partito democratico si sono mossi allo stesso modo. Prendersi insulti per tanto tempo non fa piacere. In ogni caso, l'accordo con i 5 Stelle è un contratto prematrimoniale tra due soggetti che vogliono governare insieme per cinque anni, senza prospettive di alleanze politiche.»

Ricordo a Salvini che ha suscitato un certo scalpore il fatto che si sia presentato a qualche comizio stringendo fra le mani il rosario e, una volta, mostrando il Vangelo. «Non c'è dietro nessuna costruzione mediatica» mi spiega. «Il rosario che porto sempre con me è di don Aldo Buonaiuto, della Comunità Papa Giovanni XXIII di don Benzi, ed è appartenuto a una donna liberata dalla schiavitù della prostituzione. L'unico dissenso con don Aldo è che io vorrei regolamentare la prostituzione e lui vorrebbe abolirla.» E il Vangelo? «Sabato 24 febbraio 2018, pochi giorni prima delle elezioni, dovevo tenere un comizio in piazza del Duomo a Milano. Avevo dormito a tratti durante la notte, mettendo mano al discorso. Al mattino ho visto la Madonnina e ho detto ai miei di comprare un Vangelo in una libreria della piazza. Ero convinto che avremmo preso una valanga di voti, nonostante sondaggi molto prudenti, e l'immagine della Madonnina era troppo evocativa per non chiedere sostegno anche in alte sfere...»

E poi il leader della Lega giurò solennemente sul Vangelo: «Mi impegno e giuro di essere fedele al mio popolo, a sessanta milioni di italiani, di servirlo con onestà e coraggio. Giuro di applicare davvero la Costituzione italiana, da molti ignorata, e giuro di farlo rispettando gli insegnamenti contenuti in questo sacro Vangelo. Io lo giuro. Giurate insieme a me?... Grazie, andiamo a governare e a riprenderci questo paese».

Più follower su Facebook di Merkel e Macron

Dunque, lei sarebbe la Bestia?, chiedo divertito a Luca Morisi. Fisico minuto, occhi mobilissimi, lui risponde con un sorriso: «Ma no, tutti parlano della Bestia come del simbolo della potenza mediatica populista. In realtà, ho dato io il nome alla nostra struttura copiandolo da "The Beast", il sistema informatico usato da Obama nella campagna presidenziale del 2012. Allora dominava Facebook. Twitter non si usava: sarebbe esploso con Trump».

Morisi dimostra meno dei suoi 45 anni. Nato nel 1973, è coetaneo di Salvini ed è il motore di una straordinaria campagna social che, dopo le elezioni del 4 marzo 2018, ha portato il capo della Lega a sfondare il muro dei 3 milioni di seguaci su Facebook, superando di slancio la Merkel (2,5 milioni), Marine Le Pen (terza, con 1 milione e mezzo) e tutti gli altri leader europei, nettamente sotto il milione di follower. «Trump ha 22 milioni di follower,» puntualizza Morisi «ma Matteo lo batte in fatto di *engagement*, di coinvolgimenti con il proprio pubblico: 2,6 milioni in una settimana contro 1 milione e mezzo. È vero che in Italia i telefonini si sono sviluppati prima che negli Stati Uniti (abbiamo 46 milioni di utenti unici), ma lì c'è una popolazione cinque volte la nostra e Trump è il presidente.»

In Italia, nell'ottobre 2018, Matteo Salvini è nettamente in testa per numero di follower su Facebook con 3 milioni 233.000, seguito da Luigi Di Maio (2 milioni 100.000), Beppe Grillo (2 milioni 16.000), Alessandro Di Battista (1 milione 570.000), Matteo Renzi (1 milione 128.000), Silvio Berlusconi (1 milione 56.000), Giorgia Meloni (967.000) e Giuseppe Conte (758.000): un buon risultato, visto che fino a giugno il segretario della Lega era semisconosciuto al grande pubblico.

Salvini è seguito da 1 milione di persone su Twitter e da 700.000 su Instagram. «Twitter è molto osservato dagli addetti ai lavori,» mi spiega Morisi «ma il popolo lo raggiungi con Facebook, che in Italia è seguito da 31 milioni di persone.»

Sbaglio o molti giovani lo stanno abbandonando? «Le fasce di età più giovani stanno trasferendosi su Instagram e su altri sistemi di messaggistica come WhatsApp o Telegram. E sa perché? Perché hanno scoperto che i genitori li seguono su Facebook e allora scappano...»

Morisi è invisibile e discreto per quanto Salvini è mediaticamente onnipresente. Lavorano entrambi dalla mattina a notte fonda, ma l'uno agisce nell'ombra affinché l'altro abbia l'esposizione migliore al sole mediatico. Non concede interviste, per discrezione personale e professionale. Dobbiamo questa eccezione a una sorprendente fedeltà di lettura per l'autore di questo libro (da *Telecamera con vista*, uscito nel 1993, quando Morisi aveva vent'anni) e alla scintilla accesa da una puntata di «Porta a porta» del 2012. «Vidi Matteo in studio con il suo iPad dialogare in diretta con i suoi seguaci. Per me fu una folgorazione.»

L'uomo che mi siede di fronte è stato definito un «nerd». Prima di occuparmi di lui non avevo mai sentito questo termine. Quindi ho pensato che fosse l'acronimo di North Eastern Research and Development. Poi ho capito che questa industria canadese non c'entra nulla con Morisi e con altri milioni di nerd, reali o presunti. E infine ho saputo che questa parola viene usata addirittura dal 1951 negli Stati Uniti per indicare giovani un po' fuori dal mondo, non necessariamente introversi, ma tendenzialmente isolati, che si riscattano con eccellenti risultati negli studi e soprattutto nell'informatica.

Non so quanto Morisi si riconosca in tale ritratto, ma è un fatto che questo geniaccio mantovano a 10 anni ha cominciato a programmare con un Commodore 64. Ha poi studiato filosofia a Verona (laurea e dottorato di ricerca) dove ha insegnato per dieci anni informatica filosofica. Che significa?, gli chiedo. «Come la rivoluzione digitale rideterminia anche i temi classici del pensiero occidentale.»

Esperienza politica? «Mi sono iscritto alla Lega a 19 anni, nel 1992, e sono stato subito eletto consigliere provinciale a Mantova mentre Salvini entrava nel consiglio comunale di Milano. Ho lasciato la politica nel 1999 e ho fondato una società che si occupa di sviluppare il software per il web. Mio socio storico è Andrea Paganella, oggi capo della segreteria di Salvini al Viminale, mentre io sono consigliere strategico per la comunicazione.» (Il peso di Morisi si è testato nella partecipazione al tavolo del contratto di governo, dove ogni parola aveva un'enorme rilevanza ai fini della comunicazione.)

Eppure non è stata la politica ad avvicinarlo a Salvini. «Ci siamo conosciuti su Facebook dopo la "folgorazione" di "Porta a porta"» mi racconta «e incontrati di persona in Galleria a Milano nel settembre 2012. Da allora è iniziata una collaborazione che non è mai cessata. L'attività della società è stata azzerata e abbiamo dedicato a Salvini tutto il nostro tempo e tutte le nostre energie.»

Intorno a Morisi gravita una squadra di una decina di persone, «tutte poco più che ventenni, tutte molto motivate»: «Il nostro lavoro non richiede una presenza fisica comune, ma adesso, almeno alcuni giorni, stiamo tutti a Roma. Ci vediamo in un luogo vicino al Viminale, ma fuori dei palazzi istituzionali, che chiamiamo il "bunker". Seguiamo le attività di Salvini e cerchiamo di amplificarne il messaggio. Siamo presenti ventiquattr'ore al giorno per sette giorni alla settimana».

Morisi è professionalmente innamorato di Salvini. «Matteo è il dominus, l'ispiratore della sua comunicazione, dei post, di ogni scelta. Pratica l'autografia. Noi cerchiamo metodologie per valorizzare e amplificare quello che dice lui.»

E come si fa? «Hai una notizia di agenzia, un video, una presa di posizione? Valorizzare significa trasformare questo messaggio in un post che sia appetibile. La soglia di attenzione degli utenti è bassissima. Sono bombardati, devi colpirli con un messaggio molto attraente, cucinare le notizie nel modo più appropriato. Di qui i video, i suoni e quant'altro.»

Come Morisi inventò il Capitano

Salvini, dice Morisi, è stato il primo in Italia a diffondere video autoprodotti. «La diretta Facebook piace moltissimo. Abbiamo inventato l'acronimo Trt: televisione, rete, territorio. Facciamo interagire questi tre ambiti in un gioco di specchi reciproci, un gigantesco "zoom della comunicazione".

«I tre ambiti si valorizzano l'un l'altro. Un esempio. Matteo va a "Porta a porta". La sua presenza viene annunciata in modo martellante. Durante la trasmissione le frasi chiave vengono immediatamente trascritte su Facebook e su Twitter. Su Facebook trasferiamo in tempo reale grafici e "screenshot", cioè foto riprese dallo schermo. Su Twitter lavoriamo di più con i testi. Accade che persone che non stanno guardando la televisione vadano ad accendere l'apparecchio. Al tempo stesso, chi sta guardando la Tv e vede che Matteo ha un iPad in mano va sui social per poter approfondire. Dopo l'annuncio e la diretta, si estraggono le clip più rilevanti e si postano sui social. Così anche chi non aveva visto la trasmissione, ne capisce il senso politico.»

Morisi mi fa avere un dossier di 117 pagine sulla campagna del Capitano per la conquista del potere. La «formula Trt» è illustrata così: «Circolo virtuoso. Tv-Rete-Territorio fisico. Cross-medialità. Ibridazione. Annuncio (Pre), Screenshooting e Live Tweeting (Live), Commenti e clip (Post). Spolpare ogni evento o citazione importante su altri media fino all'osso. Gioco di specchi». Copertura live nei tour di Salvini: foto, candid video, streaming. «Sconfinare in ambienti extrapolitici (anche polemicamente). Eterodossia per comunicare la tua ortodossia. Abbracciare chi fa satira su di te...» A metà ottobre, per esempio, sono state affiancate due foto: il sindaco di Milano, Giuseppe Sala, al timone di una grossa barca a vela e Matteo Salvini che divora un panino con una birra in mano. Sala era alla Barcolana di Trieste e non su uno yacht, ma il segnale su chi sta in mezzo al popolo era molto esplicito.

Morisi mi mostra un'immagine sul telefonino. In un cerchietto a destra c'è la piccola scritta «Stop Fornero». In caratteri molto più grandi viene lanciato il messaggio politico concreto che incornicia Salvini sulla poltrona bianca di «Porta a porta»: *Pensioni a 62 anni. Quota 100. Diritto alla pensione, lavoro ai giovani.* In tutto, 12 parole per un messaggio decisivo nella comunicazione leghista nell'autunno 2018. «Gli orari di punta su Facebook» mi spiega «sono alle 13 e alle 21. A quell'ora ritrasmettiamo l'intera puntata, se è il caso, o scegliamo le cose più importanti.»

Alla base di un messaggio globale, c'è la tempestività («Non esistono sabati, domeniche o feste. Un giorno sui social vale una settimana dell'era pre-social»). La necessità di un messaggio che parli al Nord come al Sud e l'assoluta semplicità. Morisi mi mostra una decina di «copertine»: *Prima gli italiani, Stop Fornero, Stop invasione, Legittima difesa sempre!* e così via. E poi micidiali montaggi di immagini. Foto di un'anziana sofferente con lo sguardo perso nel vuoto. Didascalia: «Anziani italiani rovistano nei rifiuti per sopravvivere». Sotto, un gruppo di immigrati neri. Didascalia: «Colazione, pranzo e cena non sono buoni».

Dopo la televisione e la Rete, il terzo elemento decisivo è il territorio. In campagna elettorale, tutti i leader vanno ovunque (tranne Berlusconi, e alle politiche del 4 marzo è stato penalizzato per questo). Al contrario degli altri, Salvini si muove sempre e privilegia il territorio rispetto a qualunque altro impegno. Ricordo che una sera rinunciò a un importante invito televisivo per non annullare una manifestazione a Viterbo. Viterbo, non Varese o Milano.

«Matteo è un campione della comunicazione polarizzata» mi dice Morisi. «Va in mezzo alla gente anche quando gli spara col bazooka. Abbraccia lo scontro. Per questo riesce a coinvolgere chi lo segue perfino più di Trump. Se tu vai in vacanza e ti piace un ristorante, metti un like ma difficilmente ci torni. Il segreto di Salvini sta nell'essere riuscito a catalizzare un'attenzione costante su di sé. La continuità del contatto è la cosa più importante. E poiché gli piace stare in mezzo alla gente, la contaminazione è più facile. Salvini ha un fiuto pazzesco e ama comparire, farsi fotografare o accettare centinaia di selfie anche in ambiti extrapolitici: il calcio, il cibo, le vacanze.»

Obietto che, a volte, le pose del leader sono troppo informali. A «Porta a porta» si presenta in giacca e cravatta, altrove si lascia andare, addirittura c'è qualche foto ufficiale che lo ritrae a gambe aperte. «E questo dimostra che non ha uno spin doctor. È evidente che il suo modo di proporsi non è assolutamente studiato e la gente apprezza la sua naturalezza. Su Twitter ci sono utenti che hanno un certo complesso di superiorità intellettuale nei confronti del popolo e non apprezzano certi atteggiamenti non in linea con il galateo istituzionale. Ma la gran parte...»

Chiedo a Morisi se «Prima gli italiani» – la parola d'ordine decisiva per il successo politico dell'ultimo Salvini – sia una sua creazione. Credo di sì, ma lui si schermisce: «Non ricordo, si dialoga. È mia la definizione di Capitano. L'idea è nata nell'estate del 2014, dopo le elezioni europee. Il

nostro obiettivo era di superare lo sbarramento del 4 per
cento. Arrivammo al 6 e da allora è cominciata una crescita
costante. Per tutti, Bossi era il Capo. Ho chiamato Matteo
Capitano perché lui realmente dirige il gioco di squadra.
Lui ascolta molto, poi prende le sue decisioni».

Attribuendo a Salvini la qualifica di Capitano, Morisi
pensò al Professore (Prodi) e al Cavaliere (Berlusconi). «Capitano, senza virgolette, l'uomo che ha saputo trasformare gli elettori in fan.»

Il guru social leghista si diverte molto quando gli avversari politici pensano che lui abbia «metodi strani per diffondere il messaggio. Retroscena assurdi come disporre di
un sistema informatico per analizzare i sentimenti della
gente e suggerire a Salvini i temi sui quali intervenire. La
manovalanza naturale che c'è sui social è nata dalla creazione continua e dall'allargamento di famiglie di follower.
I social non sono altro che aggregatori di persone che la
pensano allo stesso modo. È questa l'epica del Capitano».

Chiedo a Morisi se sia Salvini a suggerire le campagne o
se lui cavalchi sentimenti suggeriti dall'opinione pubblica.
«È il cane che si morde la coda. Profezie che si autoavve-
rano. Ci vogliono fiuto ed esperienza, e anche noi sul lato
social ormai li abbiamo. Se hai la capacità di leggere e interpretare i commenti anche su canali terzi – gli articoli di
giornale – riesci a capire molte cose. I social, se bene usati,
sono sondaggi in tempo reale. Qualche volta Matteo detta
i temi dell'agenda, qualche volta li amplifica.»

Dopo la vicenda di Macerata, la Lega conquistò in un mese
4 o 5 punti nei sondaggi, che la portarono con il 17 per cento a superare Forza Italia. Salvini cavalcò l'onda. «Le modalità di quel delitto furono di una gravità assoluta» mi dice
Morisi. «Ci fu un'ondata di indignazione popolare. L'immigrazione, che fino a quel punto era uno dei temi della campagna elettorale, ne diventò il tema centrale.»

La presenza ossessiva di Trump su Twitter ha azzerato gli
spin doctor, i persuasori occulti. È lui che scrive, è lui che
parla. La stessa cosa vale per Salvini. «La gente si accorge
subito se non sei tu che intervieni in prima persona» mi spie-

ga Morisi. «Noi amplifichiamo il messaggio, ma il messaggio lo trasmette lui. D'altra parte, Matteo è giornalista. Anni di esperienza a Radio Padania gli hanno insegnato a stare sulla notizia. Legge le agenzie di stampa, le home page dei quotidiani e capisce subito quali sono i temi da utilizzare. Va dappertutto, frequenta tutti gli ambienti possibili, perché questo gli fornisce maggiori elementi di conoscenza.»

Morisi tende a non seguire Salvini negli spostamenti. Preferisce stare nella War Room della comunicazione davanti a quattro monitor a guardare social e giornali online e a gestire tecnologie in continua evoluzione. «Con i suoi *engagement*, i suoi coinvolgimenti maggiori di quelli di Trump, la pagina Facebook di Salvini vale più di tutti i quotidiani italiani messi insieme. Il giornale online che si avvicina di più è "la Repubblica": vale il 9 per cento di Salvini. In condizioni normali mettiamo in rete un post ogni due ore, oltre un centinaio alla settimana. In campagna elettorale, uno all'ora. Dalla mattina alla notte.» Crescono i follower, crescono gli *engagement*… e crescono i consensi nei sondaggi.

L'incontro di Salvini con Trump, pronosticato perdente

Si è molto discusso sui rapporti tra Salvini e la Russia di Putin, ma il Capitano è stato il primo uomo politico italiano a fare il tifo per Donald Trump e a incontrarlo in tempi non sospetti. Nell'agosto 2015, quando le primarie repubblicane non erano ancora iniziate, Morisi fece notare a Salvini che The Donald aveva una comunicazione formidabile e perciò sarebbe andato molto bene nella competizione. Quell'estate crebbe il numero degli sbarchi degli immigrati in Italia e Salvini fu molto colpito dal fatto che Trump, per risolvere lo stesso problema, avesse lanciato la campagna per innalzare un muro ai confini con il Messico.

Un primo appuntamento fu fissato per gennaio alla Trump Tower. Se ne occuparono Guglielmo Picchi (ancora deputato di Forza Italia ma in avvicinamento alla Lega), oggi sottosegretario agli Esteri del governo Conte, e Amato Berardi, ex deputato del Popolo della Libertà eletto nella circoscrizione Nord America, nonché due membri repubblicani della Camera dei rappresentanti, Lou Barletta e Tom Marino, che avevano puntato sul candidato repubblicano quando nessuno se lo filava. Trump avrebbe ricevuto Salvini e Giancarlo Giorgetti, responsabile Esteri della Lega, dopo una conferenza stampa alla Trump Tower, sulla Quinta Strada di New York. Ma la metropoli fu sconvolta da una tempesta di neve e tra i voli annullati c'era anche quello del leader leghista.

Dall'America giunse poi un nuovo invito per un incontro all'inizio di marzo, ma incrociava il giorno del compleanno del Capitano, che preferiva festeggiarlo in Italia. Alla fine si combinò per il 25 aprile 2016 in Pennsylvania.

L'incontro, di cui si occupò Berardi, che risiede a Philadelphia dove fa il broker assicurativo, sarebbe avvenuto a Wilkes-Barre, una piccola e sperduta località a tre ore di automobile dall'aeroporto di Newark. Salvini, Giorgetti e Picchi salirono su un aereo della Continental e presero posto in classe economica. Durante il volo incrociarono il deputato democratico Michele Anzaldi, che viaggiava in business e chiese loro: «Non andrete per caso a trovare Trump?». I tre, ovviamente, negarono.

Il candidato repubblicano faceva cinque comizi al giorno e l'incontro con gli esponenti della Lega fu inserito in diversi «slot» (finestre) tra un comizio e l'altro: fosse saltato il primo, si sarebbe passati al secondo e così via, fino al mattino dopo.

Il lungo trasferimento verso Wilkes-Barre fu un viaggio attraverso il nulla: nessuna città, nessun paese significativo, rare presenze umane qui e là. Misteri della grande America. In mezzo al nulla, apparvero a un certo punto un palazzetto dello sport, gremito da 15.000 persone, e una fila lunga tre chilometri di altre che tentavano invano di entrarvi. I tre italiani rimasero stupiti perché sapevano che, per ragioni di sicurezza, i comizi di Trump venivano annunciati con sole ventiquattr'ore di anticipo. Ciononostante, quattro o cinque ore prime della manifestazione, l'area predisposta era già affollata da famiglie festanti che trangugiavano quintali di hamburger ed ettolitri di Coca-Cola.

Un assistente di Lou Barletta introdusse nel palazzetto Salvini, Giorgetti, Picchi e Berardi, i quali, insieme allo stesso Barletta e a Marino, assistettero al lunghissimo show che precedeva il comizio. «Restammo impressionati» ricorda Picchi «dalla carica emotiva degli spettatori: quindicimila persone che battono insieme i piedi sul cemento armato del palazzetto facevano scuotere la struttura assai più di quanto avrebbe fatto un terremoto.» Tra un inno e l'altro, i politici locali intrattenevano la folla. Finché, un'ora prima dell'arrivo di Trump, gli ospiti italiani furono introdotti nel backstage previsto per il saluto al candidato e per essere immortalati in una foto insieme a lui, accanto alle bandiere degli Stati Uniti e della Pennsylvania. Poi arrivò, come da scaletta, il turno della «delegazione» italiana, per la quale era previsto uno slot di dieci minuti, e tanti furono. Soltanto a Salvini fu consentito di avvicinarsi a Trump: l'incontro fu molto cordiale, e si parlò naturalmente di immigrazione, con scambio di opinioni e di strategie.

«Ci siamo visti soltanto quella volta,» mi dice il ministro dell'Interno «ma stiamo studiando la sua politica economica, il regime dei dazi. Sa, un paese che cresce a ritmi del 4 per cento all'anno...»

Quando Salvini incontrò Trump, pochi avrebbero scommesso un centesimo sulla sua elezione. Entrato alla Casa Bianca, il nuovo presidente ha riservato naturalmente una speciale attenzione ai governi sovranisti, come ha dimostrato la cordialità manifestata in più occasioni al nostro premier Giuseppe Conte.

Il Capitano: «Mai preso un rublo da Putin»

Attenzione e simpatia per il nuovo governo italiano ha avuto anche Vladimir Putin, contraccambiate da Salvini ben prima del suo ingresso al Viminale. La storia dei rapporti tra Salvini e la Russia è molto lunga e comincia il 15 dicembre 2013, giorno in cui il Capitano viene eletto segretario federale della Lega Nord. Al congresso erano stati invitati uomini del Rassemblement National di Marine Le Pen, Heinz-Christian

Strache (segretario del Freiheitliche Partei Österreichs, Fpö, il partito della destra austriaca) e due esponenti di Russia Unita, il partito di Putin: Aleksej Komov, rappresentante russo nel Forum mondiale delle famiglie, e Viktor Zubarev, parlamentare della Duma. Komov, portavoce del patriarcato di Mosca, è un tradizionalista a tutto tondo: la famiglia è composta da un marito e da una moglie, figli maschi e figlie femmine, e così via. «Le stesse idee di Salvini» mi dice Gianluca Savoini, vecchio amico del Capitano, che conosce da quando entrò giovanissimo nel consiglio comunale di Milano. Moglie russa, anticomunista dichiarato, presidente dell'Associazione culturale Lombardia-Russia, è lui l'uomo di collegamento tra la Lega e Putin.

Salvini incontrò Putin per la prima volta il 17 ottobre 2014. Il presidente russo era a Milano per un convegno di capi di Stato e di governo su Mediterraneo ed Eurasia. «Eravamo rientrati da due giorni dalla visita in Russia di una delegazione della Lega» ricorda Savoini. «Era la prima delegazione occidentale a visitare la Crimea dopo la riunificazione e fummo ricevuti dal presidente Sergej Aksionov. Alla Duma, il Parlamento russo, Salvini era stato accolto come una star. Quando ci affacciammo dalla tribunetta degli ospiti, il presidente Sergej Narishkyn [*oggi ai vertici dei servizi di sicurezza*] interruppe la seduta, ci presentò e disse che la Lega italiana era contraria alle sanzioni contro la Russia. I parlamentari si alzarono in piedi e tributarono un'ovazione.» Il Capitano si presentò indossando una felpa propiziatoria con la scritta «No sanzioni alla Russia».

«La mattina del 17 ottobre mi telefona l'ambasciatore russo» continua Savoini. «"Dov'è il suo segretario?" mi chiese. A Milano, risposi. "C'è il nostro presidente che vorrebbe incontrarlo. Ha mezz'ora di tempo oggi pomeriggio al Westin Palace."»

Il clima non era dei migliori, perché Putin era reduce da un burrascoso colloquio con il presidente ucraino Petro Poroshenko, ma all'arrivo di Salvini – disse l'ambasciatore russo a Savoini – si rasserenò subito. I due si videro prima a quattr'occhi, poi fecero entrare Savoini e Claudio D'Amico, un ex parlamentare leghista oggi assessore alla Sicurezza del comune di Sesto San Giovanni (l'ex Stalingrado d'Italia: come cambiano i tempi...). E alla fine Salvini regalò a Putin una statuetta in bronzo di Alberto da Giussano.

«Ho incontrato Putin soltanto quella volta» mi racconta Salvini. «Spesso, invece, ministri e uomini di governo. Quando nella seconda metà di ottobre sono andato a Mosca su invito degli imprenditori italiani, ho detto che le sanzioni sono una follia. Da soli non riusciamo a fermarle, ma almeno stiamo evitando che diventino permanenti senza una discussione periodica. [*In quell'occasione il leader della Lega disse:* «*In Russia mi sento a casa mia, mentre in alcuni paesi europei no. I problemi del 2018 si risolvono sedendosi al tavolo e non con i carri armati ai confini*», *sposando così la tesi di Putin su un'eccessiva pressione Nato sui paesi baltici.*]» E precisa: «Finanziamenti russi? Mai visto un rublo. La storia è nata quando Marine Le Pen ha avuto un prestito da una banca russa, visto che in Francia non le facevano credito per ragioni ideologiche».

Allora la Lega era all'opposizione e le elezioni politiche erano lontane, e quindi questi incontri non fecero notizia. Ci fu invece una forte curiosità dopo che, il 6 marzo 2017, l'allora giovane segretario di Russia Unita, Sergej Zheleznyak, responsabile dei rapporti con i partiti stranieri, firmò a Mosca con Salvini un protocollo d'intesa tra Lega e Russia Unita. (Sono passati solo quarant'anni da quando Vadim Zagladin, responsabile del Pcus per i rapporti con i «partiti fratelli», veniva a rimbrottare Enrico Berlinguer per cercare di riportarlo sulla retta via ortodossa.) Il protocollo prevede «un partenariato paritario e confidenziale tra la Federazione Russa e la Repubblica italiana. ... Le parti si consulteranno e si scambieranno informazioni su temi di attualità della situazione nella Federazione Russa e nella Repubblica italiana». E l'attualità copre ogni campo, dalla legislazione all'economia, al commercio, agli scambi tra i due paesi. L'accordo dura cinque anni e ha una scadenza prevista nel 2022.

Dopo le elezioni del 4 marzo 2018, scattarono gli allarmi. Alla vigilia della formazione del governo gialloverde, in Germania il presidente della Commissione servizi segreti del Bundestag, Armin Schuster, si chiese se l'accordo tra Salvini e Putin non dovesse far interrompere i rapporti di intelligence tra i due Stati. E Fabio Martini adombrava sulla «Stampa» del 17 maggio, citando la preoccupazione degli americani, la possibilità che al ministro dell'Interno designato venisse addirittura negato il «nulla osta di sicurezza», cioè l'accesso alle pratiche più riservate. Cosa impensabile per il titolare del Viminale. Ma poi la realpolitik ha consigliato di archiviare ogni sospetto.

Alla guida del network dei sovranisti europei

«La Lega e il Movimento 5 Stelle hanno fatto insieme qualcosa di straordinario, lavorando su un programma e mettendo da parte le proprie posizioni personali. Ora devono continuare su questa strada. Loro sono stati respinti dalle potenze straniere, non dal popolo italiano, che li ha appoggiati totalmente. È la prima volta che succede nella storia che destra e sinistra si uniscano. Perché ora la sfida è tra sovranisti e globalisti.» Così Steve Bannon ha festeggiato l'alleanza di governo gialloverde. Bannon, 65 anni, nato in Virginia da una famiglia operaia, ha fondato negli Stati Uniti il sito di estrema destra Breitbart ed è stato lo stratega della campagna elettorale di Donald Trump, attingendo anche ai dati della società Cambridge Analytica (di cui è stato vicepresidente), accusata di aver utilizzato illegalmente i dati di milioni di utenti di Facebook. Arrivato ai vertici dello staff presidenziale dopo la vittoria di The Donald, Bannon è stato licenziato su due piedi nell'estate del 2017 su pressione dell'ala moderata della Casa Bianca. Da allora è tornato a Breitbart ed è stato definito dal presidente americano «un tipo sciatto alla ricerca di un nuovo lavoro».

Bannon è tra coloro che vogliono disintegrare l'attuale Unione europea e ha fondato «The Movement», con sede a Bruxelles, che ha l'obiettivo dichiarato di «innescare una rivolta populista di destra». Per questo ha preso contatto con tutti i leader dei partiti sovranisti europei e, naturalmente, anche con Matteo Salvini e Giorgia Meloni. «Qui si definisce la politica europea del XXI secolo» dirà a Federico Fubini del «Corriere della Sera» il 22 ottobre 2018. «Alle europee in molti guarderanno a Salvini.» E ha aggiunto: «Ai sovranisti europei per il voto di maggio 2019 posso fornire una War Room e analisi dei dati per scovare gli elettori». Alla domanda del giornalista su dove trova i soldi, ha risposto: «Ho donazioni di personaggi facoltosi di origine operaia che vogliono cambiare l'Unione europea».

In settembre Bannon ha partecipato alla convention Atreju di Giorgia Meloni, che ha dichiarato di aderire al «Movement». E ha rivisto Salvini, che aveva già incontrato subito dopo le elezioni di marzo incoraggiandolo a formare un governo con i 5 Stelle. Ad Atreju, Bannon era accompagnato da Mischaël Modrikamen, il leader del Partito popolare belga, che ha partecipato alla fondazione di «The Movement». Modrikamen, un austero signore con il pizzetto bianco, è una delle pedine che Salvini sta muovendo in Europa per costruire dopo le elezioni europee del 2019 una forza in grado di condizionare la nuova maggioranza comunitaria, spostandone a destra il baricentro politico.

Il Capitano può contare sul sostegno di Marine Le Pen, ormai rassegnata al ruolo di numero due delle forze sovraniste europee (in Francia c'è addirittura un account Twitter che rilancia tutti i messaggi di Salvini tradotti). In Gran Bretagna il padre della Brexit, Nigel Farage, ha fatto del leader della Lega il personaggio di riferimento dei sovranisti britannici, sostenendolo sui social con autentiche campagne. In Germania è acquisito l'appoggio di Alternative für Deutschland, il partito emergente di destra di Jörg Meuthen e Alexander Gauland, incubo della cancelliera Angela Merkel, diventato nei sondaggi il secondo partito tedesco soppiantando i socialdemocratici. In Austria è molto forte Heinz-Christian Strache, a capo del Fpö, che occupa addirittura la carica di vicecancelliere. Nella Repubblica

Ceca c'è Tomio Okamura, il leader di origine giapponese di Coalizione nazionale (Úsvit), il partito sovranista ceco: lo chiamano il Trump di Praga. In Svezia, Jimmie Åkesson, leader dei Democratici, piazzatisi al terzo posto alle elezioni del settembre 2018 con il 18 per cento dei voti, mettendo in crisi le alleanze tradizionali.

Ci sono poi i quattro di Visegrad (Ungheria, Polonia, Repubblica Ceca, Slovacchia), che non hanno alcuna gratitudine per l'Europa che li ha accolti a braccia aperte dopo la caduta del Muro: ricevono parecchi soldi in più di quelli che danno all'Unione e dettano condizioni in materia di politica economica e sociale. In Ungheria c'è il premier Viktor Orbán, il quale afferma che lui e Salvini sono «compagni di destino», ma il suo paese ha 10 milioni di abitanti e il nostro 60. Per questo Emmanuel Macron – autoproclamatosi leader dell'Europa così com'è da sessant'anni, più di quanto lo sia una Merkel ormai indebolita e condizionata dai conservatori – ha scelto il leader della Lega come avversario da battere. La qual cosa eleva enormemente di rango il Capitano, che per ora resta pur sempre soltanto un ministro dell'Interno. Ma mentre Salvini ha il vento in poppa, come dimostra il trionfo alle recenti elezioni in Trentino Alto Adige, Macron – stella europea dalla primavera 2017 – ha visto dimettersi sette ministri, ha una popolarità in netto calo e non riesce a fare le riforme, tra cui quella delle pensioni, in un paese in cui i pensionati vengono retribuiti meglio dei lavoratori dipendenti.

Naturalmente Salvini, che potrebbe essere il candidato unico dei sovranisti alla presidenza comunitaria, non si illude di fare il presidente della Commissione al posto del detestato lussemburghese Jean-Claude Juncker, ma è convinto di raccogliere forze sufficienti per allontanare i socialisti dalla stanza del potere e stringere un accordo con l'ala conservatrice del Partito popolare europeo. Per esempio, con Manfred Weber, attuale capogruppo del Ppe al Parlamento europeo e uomo della Csu, il partito conservatore bavarese, peraltro severamente bastonato alle elezioni del suo Land nell'ottobre 2018.

«Punto su un'alleanza tra popolari e populisti, con l'esclusione dei socialisti che già stanno estinguendosi da soli dappertutto» mi dice Salvini. «Prenderemo i voti degli italiani all'estero, dall'Europa al Brasile.» (Salvini ha un ottimo rapporto con Jair Bolsonaro, il nuovo presidente brasiliano, che gli ha promesso l'estradizione del terrorista Cesare Battisti.)

Dico a Salvini che, con i populisti al potere, si rischia una somma di egoismi. Basta vedere come stanno comportandosi con i migranti i diversi paesi europei a guida sovranista. «Costringerò l'Europa a riformarsi» risponde. «Poche cose ben fatte: sicurezza, antiterrorismo, difesa dei confini, giustizia fiscale. Il resto si lascerà ai singoli paesi.»

La pressione delle forze populiste e sovraniste porterà al ridimensionamento, se non alla scomparsa, dell'Europa unita e solidale immaginata nel dopoguerra da Alcide De Gasperi, Konrad Adenauer e Robert Schuman. Quell'Europa si è lasciata morire a poco a poco, oppressa da egoismi politici e da pastoie burocratiche, soffocata da regolamenti assurdi e da una miopia irresponsabile, esplosa nella pessima gestione della crisi greca e nell'incapacità di compiere quello scatto che sarebbe poi provvidenzialmente arrivato soltanto per merito di Mario Draghi e della Banca centrale europea. Ma anche l'Italia ci ha messo del suo. Se non cresciamo dalla fine del Novecento, è difficile attribuirne la colpa solo all'euro e all'Europa.

Come respingere il fantasma del fascismo

Non è affatto detto, però, che la nuova Europa sarà migliore di quella attuale. Il sovranista non è solidale, pensa unicamente a sé. Se ne è accorto Salvini: Orbán, sui migranti, ha ormai i confini chiusi (in passato, in effetti, ne ha presi troppi) e gli austriaci blindano le frontiere, salvo poi proporre il loro passaporto agli altoatesini.

Sarà, dunque, un'Europa più chiusa e meno libera? Quando negli anni Novanta il trattato di Schengen entrò gradualmente in vigore, arrivai da casa mia alla Porta di

Brandeburgo a Berlino senza che nessuno mi chiedesse i documenti. Avevo vissuto gli anni dei visti, dei bolli, perfino delle perquisizioni. Telefonai a mio figlio: «Oggi ho capito che cos'è la libertà». Potremo ancora dirlo tra qualche anno o ciascun paese si blinderà in casa propria, lasciando aperta una gattaiola per far entrare e uscire le merci sopravvissute a dazi e protezionismi di vario tipo? Si rischia anche un restringimento delle libertà democratiche?

Come tutti gli uomini forti, Matteo Salvini è molto amato e molto odiato. Conosce bene i segreti della comunicazione e abbraccia l'insulto per rilanciarlo e moltiplicare la propria visibilità. (Il suo guru Luca Morisi ce ne ha spiegato meccanismi e risultati.) Alcuni, all'estero forse più che in Italia, gli danno del razzista. «La storia ci affiderà il ruolo di salvare i valori europei» ha detto Salvini a «Time». «Le radici giudaico-cristiane, il diritto a lavorare, il diritto alla vita. Se riuscirò a ridurre i crimini legati all'immigrazione e la stessa immigrazione illegale, mi chiamino pure razzista tutte le volte che vogliono.»

In un video pubblicato sulla sua pagina Facebook nell'ottobre 2018 il ministro dell'Interno ha dichiarato: «Stiamo pensando alla chiusura entro le 21 dei negozietti etnici, che la sera diventano ricettacolo di spacciatori, di gente che beve fino alle tre di notte, che piscia e caga». Con un linguaggio meno ruvido, questo post si è trasformato in un emendamento del decreto sicurezza. Ovviamente, la cosa non è passata sotto silenzio nemmeno all'estero. Il quotidiano britannico «The Independent» gli ha risposto con un articolo di Sean O'Grady, che parla di analogia con le persecuzioni nazifasciste contro i negozi degli ebrei e di un ritorno del fascismo in Italia un secolo dopo la marcia su Roma. Lui ha replicato con durezza, leggendo queste accuse come un tentativo di indebolire l'Italia in favore dei grandi speculatori internazionali.

Già in estate il «Financial Times» (22 giugno 2018) aveva messo al centro di un paginone foto molto volitive di Donald Trump, del cancelliere austriaco Sebastian Kurz e di Matteo Salvini sopra il titolo *The 1930s playbook* (Un copione anni

Trenta). Sommario: «La democrazia liberale e l'alleanza occidentale stanno scollandosi. Mentre gli Stati Uniti cominciano le guerre commerciali, Trump e alcuni leader europei stanno organizzando gruppi di minoranza». Nell'articolo, il riferimento agli anni Trenta riguarda l'intento di colpire minoranze per delitti che non hanno commesso. L'accusa è diretta alla politica di Trump contro gli ispanici. Ma partendo dal duro confronto tra Salvini e Roberto Saviano, Emma Bonino ha dichiarato al quotidiano britannico: «Stiamo vivendo un vero e proprio attacco alla democrazia rappresentativa, all'ordine liberale e alla Costituzione» e ha parlato di «dittatura della maggioranza».

Il pericolo della rinascita di un fascismo travestito è avvertito soprattutto nel mondo anglosassone. In un solo numero (11 aprile 2018), sotto il titolo *The fascism revisited?*, il «Financial Times» ha recensito ben cinque libri sull'argomento usciti in Gran Bretagna e negli Stati Uniti. Il più importante è *Fascism. A Warning*, se non altro per il peso dell'autrice, Madeleine Albright, segretario di Stato con Bill Clinton. Secondo la Albright, ebrea di origine cecoslovacca, quando la gente è spaventata, arrabbiata o confusa, è tentata di rinunciare alla libertà, o almeno a quella degli altri, e cerca leader che promettano ordine e sicurezza. Diteci verso dove dobbiamo marciare, è la richiesta. Chi è un fascista? Uno che rivendica di parlare a nome di una nazione, non è interessato ai diritti degli altri ed è pronto a usare qualsiasi mezzo, anche la violenza. La domanda del libro è: siamo alla vigilia di un nuovo inizio?

Nel citato *La Lega di Salvini*, Passarelli e Tuorto scrivono: «Già da alcuni anni il partito ha assunto i tratti di una formazione di estrema destra, con tratti razzisti, xenofobi, politicamente e socialmente violenti». Non crediamo onestamente che questo giudizio sia corretto. «Salvini non viene dall'estrema destra, non ha bisogno di scusarsi per il suo passato» ha detto alla «Stampa» Jean-Yves Camus, veterano francese degli studi sulla destra europea, riconoscendo al leader leghista «l'abilità con cui nel tempo ha modificato l'originaria agenda secessionista della Lega in una proposta che intercetta le paure dell'intero paese». Secondo Camus, Salvini «è l'esperimento di maggior successo dell'Europa occidentale». Perché? A nostro avviso, perché ha saputo intercettare meglio di altri la crisi del liberalismo.

«I liberali hanno tradito i loro stessi ideali» scrive Jan Zielonka, docente di politiche europee all'università di Oxford, in *Contro-rivoluzione. La disfatta dell'Europa liberale*. «Hanno posto l'accento più sugli individui che sui gruppi, ignorando il fatto che le persone vivono in certi territori, hanno certi legami che richiedono fiducia personale, che la storia e la cultura hanno importanza, che gli individui non sono astratti, ma vivono in comunità e vogliono rapportarsi gli uni agli altri.»

Se Salvini vuole che la fiammata improvvisa che lo ha lanciato si trasformi in una fiamma più bassa ma costante e proficua, non deve dimenticare l'ammonimento di Mussolini: «La folla è una puttana. Va col maschio che vince». Deve gestire l'immigrazione con la responsabilità che richiede un fenomeno epocale, rispettare i diritti di chi si comporta correttamente (qualunque sia il colore della sua pelle), non svilire i consensi moderati che ne hanno arricchito il bottino, agire con decisione senza arroganza, pensare che le nostre porte devono restare aperte, purché nella totale sicurezza. L'egoismo dell'Europa sui migranti è stato deplorevole e ha autorizzato anche le nostre scelte più estreme. Ma la nuova Europa dovrà tornare a parlarsi.

XII

Il fantasma di Matteo Renzi
nel Pd in cerca d'autore

Renzi e la maschera del guerriero

Martedì 30 ottobre 2018, quando vado a trovare Matteo Renzi nel suo studio di ex presidente del Consiglio a palazzo Giustiniani, sulla «Nazione», il giornale della Toscana, è apparsa una pagina comprata da suo padre Tiziano: «Oggi dico basta. Vendo tutto». In un'altra pagina, il quotidiano riporta la richiesta di archiviazione della Procura di Roma per il suo coinvolgimento nell'affare Consip. «Il mio babbo» mi spiega il figlio senatore «quarant'anni fa si è dimesso da un incarico di insegnante a tempo indeterminato per fare l'imprenditore. Da quando è iniziata l'inchiesta giudiziaria conclusa con il proscioglimento, la sua azienda [*Eventi6, società attiva nel settore del marketing operativo*] ha cominciato a perdere clienti. La sua presenza la indebolisce e così ha dovuto arrendersi. Ha incaricato tre professionisti di occuparsi della cessione e vediamo come va.»

Tiziano Renzi ha cominciato a vincere le prime cause civili per diffamazione («il Fatto Quotidiano» è stato condannato in primo grado, ma con sentenza esecutiva, a pagare 95.000 euro), ma il percorso è ancora lungo. «La falsificazione di atti giudiziari per colpire il presidente del Consiglio e i suoi familiari fa parte di una storia ancora tutta da scrivere. Ma nessuno batte ciglio. Intendiamoci: anche senza la

Consip avrei perso il referendum e le elezioni. Ma questa pagina ha ancora molti aspetti poco chiari e chiunque abbia responsabilità in Italia non può restare indifferente rispetto a una vicenda che riguarda una delle istituzioni più importanti del paese. È una cosa enorme, e invece chi deve saperlo fa finta di non saperlo. Dopo la notizia della richiesta di archiviazione ho ricevuto migliaia di messaggi di cittadini comuni, ma nessuno da personaggi delle istituzioni. Incredibile. E silenzio di tomba anche da chi aveva grandi responsabilità istituzionali quando questa vicenda esplose. Molti zitti anche nel Pd, insomma.»

Chiedo a Renzi se suo padre abbia commesso qualche errore. «Poteva essere più sospettoso e guardingo, certo. Ma qui stiamo parlando di pezzi dello Stato che tramano contro il premier fabbricando prove false, non di mio padre. Il quale peraltro ha pagato un conto talmente salato per cui non auguro a nessuno di vivere una esperienza del genere. E le conseguenze le hanno pagate i suoi figli sul lavoro, i suoi nipoti a scuola, i suoi amici nel paese. Una vicenda umana che ci ha scosso molto. Perciò gli ho voluto scrivere su un post, vincendo un certo pudore: ti voglio bene, babbo. Ma, mi creda: gli aspetti personali fanno male ma sono meno rilevanti. Questa dei servizi che fabbricano prove contro il premier è una roba che tanti fanno finta di non aver visto. Ma è un precedente gravissimo.»

Matteo Renzi è uomo che incassa e non dimentica. «Indosso la maschera del guerriero e faccio finta di niente. La cosa più meschina è il comportamento dei compagni di strada: quando sei premier ti dicono che va tutto bene, appena lasci fanno il processo al governo di cui essi stessi hanno fatto parte. Una mancanza di coraggio che li definisce per quelli che sono. Giulio Andreotti, che era oggettivamente un gigante rispetto a questa mediocrità, disse una volta a un mio amico che me lo ha riferito: guardati dalla sindrome rancorosa del beneficato. È una malattia che colpisce quelli a cui dai un incarico e che, dopo qualche mese, ti si rivolteranno contro. Del resto, per ogni incarico che darai farai mille arrabbiati e uno ingrato affetto da sindrome rancorosa del beneficato. E io, di incarichi, ne ho dati tanti.»

L'ex segretario del Pd ha scolpiti nella memoria volti, frasi, gesti, circostanze di quello che considera l'*annus horribilis*, il 2017. «Dovevamo votare subito dopo il referendum del 4 dicembre 2016, ma ero l'unico a volerlo. Dicevano: vuoi la rivincita e non capivano che stava arrivando l'ondata populista. Avessimo votato subito, oggi il paese avrebbe avuta tutta un'altra storia. Era evidente che si sarebbe prodotto un effetto simile a quello del 2001 con il governo Amato. Ma c'è una differenza: noi non avevamo allora un dato negativo per le elezioni. Avevamo preso il 40 per cento alle europee e – certo, con modalità diverse – il 40 per cento al referendum. Avevamo ancora, insomma, uno zoccolo duro di consenso. Perché il governo dei mille giorni è partito con il 40,8 per cento delle europee ed è arrivato con il 40,8 per cento del referendum. Non abbiamo perso durante gli anni del governo. La botta, terribile, è arrivata quando abbiamo scelto una campagna elettorale tutta basata sulle divisioni interne e senza un messaggio forte. Con la personalizzazione si prende il 40 per cento, con la spersonalizzazione si prende il 18.»

Ci fu un momento in cui sembrò che le elezioni potessero tenersi nel giugno 2017, ma poi – di rinvio in rinvio – l'ipotesi cadde. Fino al disastro del 4 marzo 2018. «La mattina presto del 5» racconta Renzi «ero in casa a Roma con Luca Lotti, reduci dalla lunga notte elettorale, e mi chiama al telefono Dario Franceschini: "Matteo, devi andartene". Faccio notare che le dimissioni sono scontate, ma trovo sorprendente il suo tono sbrigativo: chi mi chiama non è il generale vittorioso, visto tra l'altro che io ho vinto nel mio collegio e lui ha perso nel suo. Non capisco la logica del messaggio, non capisco a nome di chi Dario sta parlando. Hai perso un collegio blindato come Ferrara: prima di dettare condizioni, parliamoci. Ma in realtà ho capito solo dopo che c'era una parte del Pd che, fin dalla notte elettorale, immaginava che noi dovessimo metterci d'accordo con i 5 Stelle. C'era un'ala della vecchia sinistra democristiana che si proponeva di romanizzare i barbari. [*Subito dopo la conferenza stampa in cui Renzi annunciava le dimissioni, Luigi Zanda, capogruppo del Pd al Senato, lo invitò a non porre condizioni per le alleanze.*] Si aggiunga che nel Movimento 5 Stelle, nel Mezzogiorno e in Sicilia, erano state elette persone abbastanza vicine all'area della sinistra dc. C'era, insomma, da una parte dei nostri una convergenza verso un accordo con loro.»

«C'era un'intesa tra Martina e Fico»

Fu a questo punto, come abbiamo visto nel secondo capitolo, che Renzi fu avvicinato da Vincenzo Spadafora, uno dei più stretti collaboratori di Di Maio. «Lo conoscevo dai tempi di Rutelli e poi l'avevo rivisto quando era presidente dell'Unicef» mi racconta l'ex segretario del Pd. «Avemmo un dialogo molto civile. Volevano un accordo che partisse da Di Maio premier. Non mettevano veti, anzi si auguravano che portassi la mia esperienza in Italia o all'estero. Manco morto. Gli dissi: "Vincenzo, ti capisco. Ma io non ci sono, noi non ci siamo. Avete fatto la campagna tutta contro di noi. Per voi è meglio tentare un accordo con la Lega oppure fate un governo istituzionale per fare le riforme, visto che questo risultato elettorale dimostra che all'Italia serve un sistema diverso."» (In realtà, i *boatos* vedevano Renzi o Gentiloni agli Esteri, Minniti all'Interno, Franceschini alla Cultura. Voci al vento, ma insomma qualcuno ci pensava…)

Renzi s'insospettisce quando nota che per gli incarichi esplorativi a Elisabetta Casellati, presidente del Senato, vengono concesse soltanto 36 ore per verificare la possibilità di un'intesa tra 5 Stelle e centrodestra, e a Roberto Fico, presidente della Camera, un tempo ben più lungo per testare la possibilità di un accordo con il Pd. «Appena vedo che si sta stabilendo un'intesa tra Martina e Fico, mi accorgo che si è creato un sistema. La strategia è molto chiara: mettono la pallina dell'accordo sul piano inclinato, non rendendosi conto che nella base del Pd nessuno vuole l'accordo, e sperano che sia troppo tardi per dire no. Questa scelta sarebbe una follia e l'ufficializzazione di un bipolarismo populista: Lega contro 5 Stelle e noi a fare i portatori d'acqua. Trionfo del populismo e fine della politica.»

E continua: «Larga parte dell'élite del Pd era favorevole all'accordo con i 5 Stelle, mentre la stragrande maggioranza della base era contraria. Ricordo che una ragazzina di Portici, Caterina, 16 anni, lanciò l'hashtag #senzadime. E decido di andare da Fazio. È domenica 29 aprile, la giornata in cui la Fiorentina, vincendo 3 a 0 con il Napoli, ne spegne i sogni di scudetto. Vado a mangiare alla Fiaschetteria Latini con Stefano Bonaccini [*il presidente della Regione Emilia Romagna*] e percorro a piedi gli 800 metri che dividono casa mia dal ristorante incrociando folle di tifosi del Napoli con le bandiere. L'Italia pensa allo scudetto, non al governo. Poi parto per Milano. I grillini si aspettano che prenda tempo. Ma tra noi e loro c'è una differenza ontologica. Potevamo metterci con quelli che dicono no ai vaccini e, sulle opere pubbliche e mille altre cose, la pensano al contrario di noi? Loro sono controllati da una srl, non dalla democrazia interna. Seguono gli algoritmi, non gli ideali. Che cosa sarebbe successo quando è crollato il ponte Morandi se, al posto di Toninelli, ci fosse stato Delrio? Con il senno di poi, mi aspetterei qualche ringraziamento per aver rifiutato quell'accordo... A proposito, a palazzo Chigi hanno fatto pulizia etnica. Negli uffici non è rimasto un renziano che sia uno. C'è soltanto il mio ritratto con tutti gli altri presidenti del Consiglio. Ma quello non possono rimuoverlo...».

Parliamo della sconfitta. Contesto a Renzi di aver penalizzato molti dirigenti del partito per blindare i suoi. «Ma che dice? Magari lo avessi fatto, invece ho dato seggi perfino a Michele Emiliano! Le candidature mi hanno sfinito. Io ho vinto due volte le primarie con il 70 per cento dei voti e mi hanno fatto la guerra. Eravamo una diga contro il populismo e questa diga è stata corrosa dall'interno prima di essere distrutta da fuori. Il fuoco amico più che i 5 Stelle ha sconfitto il Pd: chi mi ha fatto la guerra sono stati i miei, sempre. Di Maio e Salvini hanno potuto muoversi in totale libertà e autonomia. Io non ho ricevuto alcun sostegno. È una cosa sconvolgente.»

La sconfitta è stata pesante, osservo. «Certo, abbiamo perso nettamente. Mi dicono: ci hai portato dal 40 al 18 per cento. La verità è che l'eccezione era il 40. Bersani, nel 2013, aveva preso il 25 per cento. Se sommi i voti nostri, quelli di LeU e dei radicali, siamo sopra il 25. Ma abbiamo perso l'elemento attrattivo che avevamo nel 2014 e a dicembre 2016. La personalizzazione arrogante ci ha portato al 40 per cento. L'algida sobrietà e le liti quotidiane ci hanno portato al 18. Niente male.»

Per Renzi, quella che chiama la «liturgia» dei partiti tradizionali è ormai superata. «Il prete, che sarebbe il segretario, conta meno del modo con cui dice messa. Lo streaming nell'assemblea nazionale del partito, le direzioni, tutto quello in cui avevamo creduto e che ci faceva rappresentare la maggioranza e l'opposizione del paese, non funziona più. La gente vota con il telecomando, cambia partito con la facilità con cui fa lo zapping tra i duecento canali del digitale terrestre. Noi dobbiamo capire quali sono le nostre idee, non inseguire le polemiche interne.» E aggiunge: «Il consenso è molto ondeggiante. Conquistare il potere è facile, ma perderlo è facilissimo. Io ne so qualcosa».

La memoria torna al 2012, ai «quattro amici al bar» che nel 2009 avevano portato un giovanissimo democristiano a fare il sindaco della rossa Firenze e che, proprio nel momento della sconfitta alle primarie con Pierluigi Bersani, avevano trovato un leader. Il leader che, alla fine del 2013, aveva fatto un gol a porta vuota conquistando la segreteria del partito, cioè il Potere, e che all'inizio del 2014 era arrivato a palazzo Chigi. I «quattro amici al bar» erano sorpresi della facilità con cui avevano conquistato il Palazzo. Erano nuovi, giovani, acclamati. I sostenitori diventarono un esercito dopo il trionfo alle europee del 2014. Ci fu una foto memorabile in cui serviva il grandangolo per inquadrare tutti. Suggerii profeticamente a Renzi di appenderla dietro la porta del bagno, così come Berlusconi aveva fatto con il «contratto con gli italiani» firmato a «Porta a porta», e di giocarci con le freccette a mano a mano che quel consenso dei suoi compagni si sarebbe raffreddato finò a scomparire. D'altra parte, nel suo studio di sindaco di Firenze nell'autunno del 2013 gli dissi: «Attento a non cadere. Perché, se cadi, quando ti rialzi trovi soltanto Lotti e la Boschi».

Adesso, nell'ampio studio di palazzo Giustiniani, giro a Renzi la voce comune: lui resta una delle teste migliori del Paese, ma con quel carattere di m... «Va bene, avrò pure un carattere di m... Mia moglie può lamentarsi del mio carattere. I miei concittadini pure. Ma i compagni di partito che si lamentano del mio carattere sono quelli che, grazie al mio carattere, hanno avuto incarichi che non avrebbero mai sognato. Gente che ha fatto il ministro, e non solo il ministro, oggi fa l'esegesi del mio carattere? Ormai la prendo sul ridere. Peraltro, la sinistra perde ovunque nel mondo: dal Brasile alla Baviera, dall'Olanda alle Filippine. Colpa del mio carattere anche lì?»

«Quanto è facile perdere...»

A proposito della facilità con cui si può perdere il potere, Renzi sgrana un rosario di date.

«Fine febbraio 2018. Molti pensano che Pd e Forza Italia faranno il governo.

«Fine marzo. Berlusconi riesce a far eleggere la Casellati presidente del Senato. Berlusconi è il *king maker* della legislatura. Renzi è morto.

«Fine aprile. Renzi è il *king maker* grazie all'accordo con i 5 Stelle. Berlusconi è morto.

«Fine maggio. Siamo a Cottarelli. Di Maio è morto per la rottura sul Colle.

«Fine giugno. Conte è al governo e Salvini è l'eroe incontrastato che ha sconfitto l'immigrazione clandestina.

«Metà agosto. Ai funerali delle vittime di Genova, Salvini e Di Maio vengono accolti da un'ovazione.

«Fine settembre. A Genova il governo viene fischiato.

«Fine ottobre. Il pil si ferma, l'Italia non cresce più, i soldi scappano dall'Italia. Qualcuno teme che finisca come la Grecia e l'Argentina...»

Renzi è convinto che il governo gialloverde non abbia vita lunga. «Vanno a sbattere. E se vanno a sbattere loro, chissenefrega» mi dice. «Ma quel che mi preoccupa è che mandano a sbattere l'economia italiana. Vanno a farsi male sul "decreto dignità". Per fare bene il reddito di cittadinanza occorrerebbero 65 miliardi. Loro ne hanno stanziati aggiuntivi 6,5. È come se io avessi dato 8 euro dopo averne promessi 80. Eppoi i 5 Stelle, per la prima volta, rischiano di subire una divisione interna vera. Erano quelli dell'onestà e Di Maio ha preteso il condono delle case abusive di Ischia. Salvini ha fatto il condono fiscale. Hanno dovuto cedere sulla Tap perché glielo ha chiesto Trump. Sull'Ilva, Di Maio ha perso tempo e faccia. Stanno facendo indigestione di rospi e, prima o poi, qualcuno gli andrà di traverso. Sta andando tutto a carte quarantotto. Di qui a qualche mese torneranno i tecnici al governo. Quelli che io ho combattuto per ristabilire il primato della politica. Mi dispiace e mi preoccupa. Certo, mi piacerebbe vedere nella borghesia italiana l'onestà intellettuale di riconoscere che si è fatta una guerra senza quartiere al nostro governo riformista per aprire le porte a finti rivoluzionari che metteranno in ginocchio l'economia del paese.»

Per Renzi è Salvini l'uomo forte del governo, e quindi è lui l'obiettivo da abbattere. «Il suo modo di lavorare è la negazione di come si è fatto il ministro dell'Interno per settant'anni. Non puoi fare festa fino alle 3 di notte a Milano Marittima. Non devi esasperare il clima dopo un omicidio. Non puoi fare un post se un ragazzo di colore commette un reato e non farlo se il colpevole è un ragazzo bianco. Il dramma non è l'immigrazione, ma l'illegalità. Con questi atteggiamenti, rischiano di farsi male.»

Il senatore di Scandicci tiene le carte coperte sul congresso del Pd. Il suo candidato è Marco Minniti, ma lui ha la testa da un'altra parte. Vedo che ha costituito i Comitati civici, come quelli di Luigi Gedda nel 1948… «Quella era roba seria» celia Renzi. «Però, guardiamo alla Leopolda 2018 di fine ottobre: c'era il doppio delle persone dell'anno scorso. E non c'era il Pd. Io lo conosco bene. C'è altra gente… Nel 2019 riuniremo i Comitati anche fisicamente. Saranno una grande novità della politica italiana: completeranno la rottamazione, che è rimasta a metà strada. Io sono orgoglioso del lavoro che abbiamo fatto in tre anni di governo. Ma quello è il passato e io voglio occuparmi di futuro.»

Farà la scissione? Farà i Comitati civici per unire i moderati riformisti, cioè quel che non è riuscito a Berlusconi? «No» risponde. «Sono una cosa molto più ampia del Pd. Finalmente si stanno svegliando quelli che dicevano "diamo una chance ai grillini", si rendono conto che rischiamo di sbattere e provano a dare una mano. Ma con il Pd non lo fanno, con i Comitati sì.»

Si prepara, dunque, a guidare a una cosa diversa dal Pd?, gli chiedo «No. Non è un partito, non è una lista, non la guido io.»

Il gioco vero comincerà dopo le elezioni europee. Renzi sembra davvero disinteressato al congresso. Lo avrebbe voluto dopo le elezioni del 2019. Non ce l'ha fatta e non invidia il segretario che gestirà quell'appuntamento. Se non andasse bene, tutto sarà possibile.

Renzi è contento di aver recuperato la sua «libertà» intellettuale. «Sono tra i pochi politici che sono andati ai funerali di Sergio Marchionne, al tempo stesso ho invitato alla Leopolda il prete del Cottolengo. Muore Gilberto Benetton e tutti si vergognano a dire che è stato un grande italiano: io lo scrivo sul "Gazzettino". Passo due ore a Milano con Bono a parlare del futuro dell'Europa e del mondo, e raggiungo a Johannesburg Obama per ragionare di giovani e politica. Incontro le vecchiette del mio quartiere a Firenze che mi parlano delle buche e viaggio spesso, soprattutto in Cina. Guadagno molto più di prima e lavoro molto meno. Non posso certo lamentarmi della vita da ex. Io sto meglio, ma ho come l'impressione che l'Italia stia peggio. E questo mi dispiace molto.»

Eppure, in questo splendido palazzo romano di fine Cinquecento, abitato quasi per intero da ex presidenti (Repubblica, Senato, Camera, Consiglio) e da senatori a vita che hanno il doppio dei suoi anni, Matteo Renzi sta stretto.

Sullo scrittoio c'è una foto di Giorgio La Pira, che porta con sé a ogni trasloco. Tra i libri, *The Game* di Alessandro Baricco con la dedica: «A Matteo, il mondo che volevamo cambiare». E *Il fallimento della consapevolezza*, con gli auguri di Raffaele La Capria. C'è chi non dimentica. Su un mobile, sotto un poster di Bob Kennedy, c'è una ceramica della Casa Bianca con un biglietto autografo: «Matteo. Grazie per il vino e per l'olio. E grazie per la tua leadership globale. Barack». Accanto, una semicorona d'alloro scolpita: «Barack e Michelle Obama a Matteo e Agnese Renzi in ricordo della loro visita ufficiale negli Stati Uniti d'America». Quanti secoli sono passati?

Martina: «La destra alimenta rabbia e inquietudine»

Quando schiaccio il pulsante dell'ascensore che porta al secondo piano del palazzo del Nazareno dove ha sede il Pd, il ricordo va al complesso delle Botteghe Oscure, storico quartier generale del Pci, del Pds e, per un certo periodo, anche dei Democratici di sinistra. All'ingresso ti salutava Antonio Gramsci: un busto, dentro la struttura di Giò Pomodoro, tra una falce e un martello in ferro battuto e la bandiera della Comune di Parigi. (Gramsci resta lì, vincolato dalla Soprintendenza: ogni giorno, ora lo salutano dipendenti e visitatori dell'Associazione bancaria italiana, simbolo del capitalismo finanziario...)

Anche al Bottegone lo studio del segretario era al secondo piano: Togliatti, Berlinguer, Natta, Occhetto, D'Alema... Entravi e ti sentivi intimidito. Incontravi leader che – salvo l'ultimo – non sono mai stati al governo, ma avevi la sensazione fisica del loro potere: massiccio, inscalfibile, ereditario. Dopo la parentesi di Veltroni nel loft di mille metri quadrati con vista Circo Massimo, oggi un altro secondo piano, quello del Nazareno, ospita l'ufficio di Maurizio

Martina. Dopo quattro anni e mezzo di regno dell'eretico Renzi, almeno lui è stato un giovane «comunista». Bergamasco, 40 anni, figlio di operai, papà democristiano, una lunga carriera nel partito, è diventato segretario del Pd il 7 luglio 2018, alla fine di quattro mesi di reggenza in seguito alle dimissioni di Matteo Renzi successive alla sconfitta del 4 marzo.

Il segretario alloggia alla fine di un lunghissimo corridoio che ricorda l'originario convento splendidamente restaurato. La sede dei 150 dipendenti sopravvissuti alle cure dimagranti dà l'impressione di una struttura largamente superiore al 18 per cento ottenuto dal Pd alle ultime elezioni. Lo smarrimento diventa perciò palpabile, e il desiderio di riscatto nasconde la necessità fisica della sopravvivenza.

La barba ormai folta accentua la gravità di Martina, che ha ereditato da Renzi il bagaglio di un partito ancora molto strutturato, diviso oltre il comprensibile e alla ricerca di una nuova identità. Il 30 ottobre si è dimesso da segretario per aprire un congresso nel quale si candiderà di nuovo alla segreteria insieme a Marco Minniti, Nicola Zingaretti e altri dirigenti minori. Lui viene dai Ds, gli altri due dal Pci. (Per rigenerarsi a sinistra, il nuovo Pd va sull'usato sicuro e sceglie i «comunisti».) E si definisce riformista e radicale, orgoglioso dei governi a guida pd ma irrequieto per gli errori commessi.

Mi fa una certa impressione, dico a Martina, che abbiate perso le elezioni perché il Pd non è vicino ai deboli. Lui condivide la conclusione e la spiega con «la difficoltà di rappresentare al governo chi ha subìto di più la crisi di questi anni».

Perché?, gli chiedo. «In tutto il mondo, e soprattutto in Europa,» mi spiega «non è stato facile rispondere allo scossone radicale che i ceti medio-bassi hanno subìto con e dopo la crisi. Abbiamo vissuto davvero un cambio di fase storica. E la questione di come la sinistra deve ritrovare il suo percorso di rappresentanza dei più deboli è aperta ovunque.»

Voi avete perso nel voto nazionale, ma anche a Pisa, a Siena, a Imola e in altre città dove era impensabile un'amministrazione senza la sinistra. «Ogni città ha la sua storia» mi dice Martina. «Abbiamo perso Siena perché per anni abbiamo litigato e ci siamo divisi, incapaci di costruire un discorso convincente sulla questione Monte dei Paschi. A Pisa abbiamo pagato il prezzo carissimo di divisioni e la miopia di non valutare per tempo il bisogno di sicurezza e di protezione della gente. A Imola, sempre amministrata bene, abbiamo dato per scontate cose che non lo erano. Siamo stati anche qui troppo conservatori sul problema della sicurezza. A Brescia, dove pure il problema dell'immigrazione è molto avvertito, abbiamo vinto grazie alla nostra capacità di mediazione sociale. L'errore strategico di questi anni è stata la scommessa sulla disintermediazione.»

Voi vincete nei centri storici, nelle zone a traffico limitato dove abita la gente più agiata, osservo. «Lì le famiglie vivono l'impatto della crisi e della sicurezza in maniera diversa. Altrove la destra ha vinto alimentando rabbia e inquietudine sull'immigrazione invece di affrontarle con un discorso serio. D'altra parte, anche negli Stati Uniti i democratici perdono sempre quando non sanno interpretare le emozioni.»

Calenda: «Il Pd non ha capito il sentimento profondo del paese»

Per ascoltare l'opinione della minoranza liberale di un partito che la vittoria dei 5 Stelle costringerà a spostarsi più a sinistra ho voluto incontrare Carlo Calenda. Manager completo (ha lavorato in Ferrari, Confindustria, Sky, Interporto campano), Calenda si è candidato senza successo nelle liste di Mario Monti nel 2013, è stato un brillante ministro per lo Sviluppo economico tra il 2016 e il 2018, prima con Renzi, poi con Gentiloni. (Con il primo ha litigato subito: «Due mesi dopo essere diventato suo ministro» precisa. «Lì o sei del Giglio o non sei.»)

Calenda è il Giamburrasca del Partito democratico, al quale si è iscritto solo il 6 marzo 2018, dopo la più sonora sconfitta subita dalla sinistra nell'Italia repubblicana. «Dinanzi a un risultato tragico per il paese» mi dice «pensai che dovevo concretamente fare politica. L'unico posto da cui cominciare per costruire il Fronte repubblicano che ho in mente è il Pd.»

A suo giudizio, il Pd ha perso le elezioni perché non ha capito il sentimento profondo del paese. «Salvini ha compreso le paure della gente, anche Di Maio lo ha fatto. La tornata politica del 4 marzo era fondata sull'identificazione. Questi sono come me, dice la gente. Magari non fanno niente, ma almeno non mi criminalizzano perché ho paura. Gli italiani non sono razzisti, sono spaventati.»

E il Partito democratico?, gli chiedo. «Ha fatto l'opposto» risponde Calenda. «Anche la manifestazione in piazza del Popolo del 30 settembre era per l'Italia che non ha paura. E chi ha paura che deve fare?» (Sulla manifestazione, naturalmente, Martina non è d'accordo, essendone stato il promotore: «È il mio piccolo orgoglio. Dopo le sconfitte al referendum del 4 dicembre 2016 e alle elezioni del 4 marzo, non avevamo mai avuto un movimento collettivo di piazza. Tanta gente ci aspettava il 30 settembre a piazza del Popolo».)

Con Calenda parliamo seduti al tavolo della sua casa in centro a Roma, dove qualche tempo fa avrebbe dovuto consumarsi la cena con Matteo Renzi, Paolo Gentiloni e Marco Minniti. «Quando mi sono iscritto, non pensavo che nel partito non si parlassero. Martina non parla con Renzi. Renzi non parla con Gentiloni. Come si fa a fare politica in questo modo?» (Annunciata il 17 settembre, la cena fu annullata l'indomani, mentre Zingaretti aveva già montato la contraerea. «I soliti autolesionisti» commentò il mancato padrone di casa.)

Calenda ha 45 anni, una moglie (Viola) che sta superando una difficile situazione di salute (l'ha resa pubblica lui), quattro figli, di cui tre piccoli, e non ha un reddito. «Ho deciso di non accettare consulenze fino a quando farò politica. Ho guadagnato abbastanza per potermelo permettere. Poi si vedrà.»

La litigiosità, patrimonio della sinistra

«La litigiosità fa parte della storia della sinistra» mi dice sorridendo Martina. «È un codice genetico che non scopriamo oggi. Se pensa che perfino Potere al popolo! si è scisso... [*Il 28 ottobre ne è uscita la componente di Rifondazione comunista.*] Dobbiamo portare sensibilità diverse a un'unità d'azione. È questa la sfida di un soggetto politico che non è affatto superato, ma deve tenere insieme la pluralità del centrosinistra.»

Nicola Zingaretti, 53 anni, fratello minore di Luca, il famosissimo commissario Montalbano televisivo, nel decennio trascorso nelle istituzioni si è sentito estraneo ai litigi di partito. «Mi ha colpito molto la degenerazione che c'è stata all'interno dell'intera classe politica» mi dice. «Io non ho mai formato una corrente perché ho creduto nel Pd come componente unitaria. Vedo che siamo diventati subalterni alla cultura per cui, invece di criticare le idee degli altri, si demonizza chi le esprime. Al posto dell'adorazione dell'Io assoluto, dobbiamo rifondare la cultura del Noi.»

La campagna elettorale di Zingaretti è cominciata a metà ottobre con l'iniziativa «Piazza Grande». Ha alzato la voce contro Renzi più di quanto non avesse fatto nessun dirigente di peso. «Ha sbagliato dopo le elezioni europee del 40 per cento nel 2014. Un leader deve avere due capacità: indicare un orizzonte e fare sintesi tra le differenze. Lui ha tenuto presente soltanto il primo aspetto e ha creato una comunità in cui, se non la pensi come lui, sei fuori. Ha una grande difficoltà ad ascoltare le ragioni degli altri. Noi venivamo dalla storia drammatica del centrosinistra in cui alcuni ministri andavano ai cortei per manifestare contro i governi di cui facevano parte. La reazione a quell'eccesso sbagliato è stato un eccesso divisivo altrettanto sbagliato. La risposta all'armata Brancaleone non può essere un circolo di pochi ma buoni. Dobbiamo ricreare una comunità che si senta tale.»

Martina non si illude di poter tornare al 2007, ai tempi della fondazione del Pd celebrata al Lingotto sotto la guida di Walter Veltroni. «Il mondo è cambiato e in Italia non c'è più né la democrazia liberale, né l'economia di mercato pre-crisi, sulle quali era stato confezionato il Pd del Lingotto» osserva. «La strada contro questa destra è in fortissima salita, ma vedo per noi molte opportunità e molto spazio.» E prosegue: «Per troppo tempo siamo stati la versione debole e reticente di un pensiero debole nei confronti di un'economia di mercato che lasciava sul campo morti e feriti. Siamo stati deboli con un capitalismo sregolato per compiacere qualcuno...».

Chi? «Qualche Potere Forte. Abbiamo considerato affidabili alcuni centri di potere che ci hanno fatto perdere la bussola. È onesto riconoscerlo.»

Per spiegare la sconfitta, Zingaretti parte invece dai numeri. «Alle elezioni politiche del 2008, il Pd prese più di 12 milioni di voti. Dieci anni dopo, i voti si sono dimezzati: 6 milioni. Se sovrapponi questo grafico a quello della crescita delle disuguaglianze, vedrai che corrispondono. Si è affievolita l'identità che è alla base dell'esistenza stessa della sinistra e dei democratici: non allargare la forbice tra chi ha e chi non ha. Se tu non mi rappresenti, io mi rivolgo a quelli che mi rappresentano. Forse non risolveranno i miei problemi, ma intanto li seguo. Non si tratta soltanto di comunicazione sbagliata, ma della difficoltà storica della sinistra europea.» E aggiunge: «Ho riletto quel che si scrisse nel 2007 alla fondazione del Pd. Il partito si proponeva come sintesi dei riformismi del Novecento. Nel decennio abbiamo perso completamente gli scopi di questa missione, ritornando a un partito di gruppi e di capi. Il 4 marzo ha detto una grande verità: il partito dei capi e dei gruppi è fallito e va azzerato nella sua incultura politica».

Zingaretti: «Sfida ai 5 Stelle sulla questione sociale»

Zingaretti ha una carriera politica che anche per lui, come per Martina, è cominciata nella sinistra giovanile comunista. Il luminoso ufficio di presidente della Regione Lazio è il quartier generale della sua campagna per la conquista nel 2019 della segreteria del partito. Data chiave, anche per lui, il 4 marzo 2018, quando è stato confermato alla guida della Regione, ruolo da lui occupato nel 2013 dopo cinque anni di presidenza della Provincia di Roma.

«Mi sono candidato» racconta Zingaretti «perché al vuoto drammatico della notte del 4 marzo [*elezioni politiche*] è seguito l'entusiasmo del 5 [*spoglio delle elezioni regionali*]. Il 4 marzo, nel Lazio, il Pd è arrivato terzo, il 5 marzo è arrivato primo. Trecentomila persone che alle politiche hanno votato Lega e 5 Stelle, lo stesso giorno, nello stesso seggio, hanno votato per me alle regionali.»

Usciamo dal Lazio. Qual è la ricetta del Pd per battere i populisti? «Salvini» mi risponde «ha costruito un'empatia della paura. I 5 Stelle un'empatia del riscatto di quelli che non ce l'hanno fatta. Da noi ci si aspetta la costruzione di una leadership fondata sull'empatia della giustizia. Così rispondiamo sia alla paura sia al riscatto.»

Martina, dal canto suo, non rimpiange di non aver fatto l'accordo con i 5 Stelle. «Quel passaggio» dice «era inevitabile, perché il capo dello Stato aveva suggerito di provarci. Noi l'abbiamo gestito in modo condiviso da tutti [*abbiamo visto all'inizio di questo capitolo che Renzi la pensava diversamente*]. Dovevamo provarci, perché lì erano andati molti elettori del centrosinistra, e gestire quegli incontri come una sfida; ma ero consapevole dell'assoluta difficoltà di riuscire, dopo cinque anni di scontro tra noi al governo e loro all'opposizione.»

E adesso? «Il nostro obiettivo fondamentale è di far esplodere tutto. Prima di una manovra economica disastrosa che fa dei sovranisti i ladri del nostro futuro, prima del viaggio a Mosca di Conte che ha presentato un'Italia in vendita, bastava vedere il caso Genova e la distanza siderale tra la loro propaganda e le loro capacità. Toninelli che sognava un ponte sul quale giocare e tutto il resto...»

«I sovranisti» osserva Zingaretti «sono i peggiori nemici della sovranità italiana. Noi non dobbiamo passare per i difensori di quell'Europa che Lega e 5 Stelle vogliono ab-

battere. L'Europa ha perso la sua missione e va rifonda-
ta. Ha avuto paura di fare il salto verso l'Europa politica
e si è appiattita sull'ipotesi minima possibile. Ma nessun
paese può difendere la propria sovranità da solo. La differenza tra noi e i sovranisti è che loro vogliono distrugge-
re l'Europa nata a Ventotene durante il fascismo e noi vogliamo rinnovarla.»

Obietto che Lega e M5S sono stati avvantaggiati dalla
paralisi degli ultimi vent'anni. «Noi vogliamo una crescita e una redistribuzione in termini di equità. Una volta a
queste cose pensavano la Dc e il Pci» ricorda Zingaretti.
«Quando la politica non risolve i problemi in termini di
redistribuzione, nasce l'antipolitica. Dobbiamo ammettere
che, senza un'Europa che accetti questa impostazione, non
ce la faremo. I vincoli vanno superati. Ma Lega e 5 Stelle,
che pure hanno individuato giustamente il problema, pro-
pongono una risposta folle per risolverlo.» E precisa: «Noi
dobbiamo sfidare i 5 Stelle punto per punto sull'agenda sociale. Invece di fare una battaglia sulla questione salariale
abbassando il costo del lavoro, loro generano una competizione sleale e pericolosa tra lavoro legale e lavoro nero
con il reddito di cittadinanza. Quanta gente che lavora per
700-900 euro preferirà proseguire in nero pur di prendere
i famosi 780 euro? A me non interessa il dialogo con i vertici dei 5 Stelle, ma voglio convincere tanti loro elettori a
fidarsi di nuovo del centrosinistra».

Né Martina né Zingaretti vogliono qualcosa di diverso
dal Partito democratico. «Superare il Pd?» si chiede il governatore del Lazio. «No. Io uso la parola "rigenerazione".
L'intero campo del centrosinistra deve rimettersi in discussione. Riassorbire quel che resta di Liberi e Uguali? No. Rigenerazione vuol dire rivolgersi a esperienze orfane di una
rappresentanza politica che possano essere coprotagoniste
di questa nuova voglia di decidere. Questo è stato il significato di "Piazza Grande".»

Anche Martina non vuole superare il Pd, ma «cambiarlo
scrivendo una nuova pagina d'impegno che sia una nuova
lettura della questione democratica. Serve maggiore radi-

calità su alcuni fronti, per esempio nel rapporto tra economia e società. Dobbiamo fare una politica maggiormente di sinistra. La prima grande rottura con le persone che abbiamo cercato di rappresentare è stata la legge Fornero. Abbiamo portato via un pezzo di vita a tanta gente. La responsabilità nazionale ci ha portato a subire quella scelta, che ancora paghiamo. E pensare che la vera riforma della Fornero l'abbiamo fatta noi in questi anni, gestendo con 20 miliardi di euro buona parte dell'impatto più radicale della legge…».

Calenda e una lista oltre il Pd

Per reagire alla crisi del Pd, Calenda ha una ricetta diversa da quella di Martina e di Zingaretti. Propone, infatti, una grande alleanza che vada oltre i confini del Pd. «Sono convinto che alle elezioni europee ci presenteremo con una lista unica che non si chiamerà "Fronte repubblicano", perché piace solo a me, ma che dovrà rappresentare un momento di autentico rinnovamento. Nessuno ne parla in pubblico, ma tutti lo fanno in privato.»

Secondo Calenda, le elezioni europee sono l'occasione giusta per almeno un paio di ragioni. «Le personalità più importanti del Pd sono già nel Parlamento italiano e quindi il campo è più libero. Poi, alle europee prevale il voto di opinione, perciò molti elettori del Movimento 5 Stelle nel Sud non andranno a votare. È la premessa per riportare al voto una parte degli astenuti e una parte dei moderati del centrodestra. Forza Italia è sul viale del tramonto, dovremmo aprire un discorso con molti amministratori validi presenti sul territorio.»

Calenda pensa di allargare la lista a sindacalisti (la Cisl di Annamaria Furlan e Marco Bentivogli), accademici («Enrico Giovannini è il più autorevole rappresentante della sostenibilità che ci apre a un mondo vastissimo»), «ma anche Giuliano Pisapia e liberali del gruppo di Alessandro De Nicola, l'avvocato che presiede la Adam Smith Society».

Quando partirà tutto questo? «Dopo il congresso del Pd. Prima nessuno vuole scoprirsi, anche se i sondaggi ci dicono che il 30 per cento dei nostri è già favorevole all'iniziativa.»

A proposito, chi vincerà il congresso?, gli chiedo. «Nicola Zingaretti, dopo che Renzi avrà fallito nel proporre una soluzione unitaria. Ho molta stima di Marco Minniti, ma gli viene rimproverata impropriamente un'eccessiva vicinanza a Renzi e una lotta all'immigrazione troppo severa. Il nostro mondo è completamente frammentato. Avremmo bisogno di una segreteria con gente che ha una forte voce pubblica, e invece Martina ha scelto elementi con modesta forza mediatica e Renzi continua ad agire per interposta persona. Era meglio formare un governo ombra e marcare i singoli ministri sui contenuti, costringendoli a un confronto costante.»

Come ripartire, allora? È possibile che in Europa si formi una coalizione antipopulista che vada da Macron a Tsipras, dai liberali alla sinistra radicale? «È inevitabile» risponde Calenda. «Non c'è più nemmeno da discutere di ricette economiche. La lotta è tra chi vuole mantenere la democrazia liberale e chi vuole smantellarla. È lo stesso schieramento che io, in Italia, chiamo Fronte repubblicano. La mia visione è che la distanza tra un liberale e un socialdemocratico è molto inferiore a quella che divide Salvini e Di Maio.»

Un altro problema è la forte carenza di investimenti pubblici, per esempio nell'istruzione. «In Italia abbiamo il 28 per cento di analfabeti funzionali, un dato fra i più alti dei 35 paesi dell'Ocse. Gente che sa leggere, ma non capisce quello che legge. È questo il fallimento più grande della nostra democrazia liberale. Negli ultimi trent'anni non siamo riusciti a migliorare conoscenze e competenze di persone rimaste indietro rispetto alla complessità del presente e del futuro. Questa gente si è spaventata e il Pd è stato ucciso dalla retorica per cui l'unica cosa di cui aver paura è la paura stessa. La politica non deve esorcizzare la paura, ma deve capirne le ragioni e darle diritto di cittadinanza.»

Sulla politica economica del governo nell'autunno del 2018, Calenda dice: «Non mi impressionano i numeri, ma il grado di approssimazione con cui sono stati costruiti. È impressionante il silenzio dei corpi intermedi. Non era mai accaduto che il presidente di Confindustria facesse l'endorsement verso un partito [*la Lega*]. Non era accaduto nemmeno ai tempi di Antonio D'Amato, che pure era legato a Berlusconi. E nessuno ha battuto ciglio. [*Successivamente Vincenzo Boccia ha rivisto la sua posizione.*] Quando lo spread esplose con Berlusconi, "Il Sole-24 Ore" fece il titolone: *Fate presto*. Adesso i corpi intermedi sono devitalizzati. C'è un'enorme responsabilità della classe dirigente non politica».

La conclusione è amara. «Nel 2011 avevamo accanto gli Stati Uniti di Obama. Adesso siamo soli.»

Marco Minniti, l'Amleto democratico

Marco Minniti ha aspettato che il 6 novembre 2018 fosse presentato il suo libro *Sicurezza è libertà* per decidere sulla propria candidatura a segretario del Partito democratico.

Meno giovane dei suoi competitori (ha 62 anni), calabrese di Reggio, figlio di un generale dell'aeronautica, si è iscritto al Partito comunista a 17 anni per protestare contro il divieto materno al suo sogno di diventare pilota militare. Laureato in filosofia, ha fatto sempre attività politica, scalando i gradini del partito nelle diverse declinazioni. In Parlamento dal 2001, è stato il braccio destro di Massimo D'Alema a palazzo Chigi tra il 1998 e il 2000. È la testa più lucida del gruppo, si disse, non solo in omaggio al suo cranio perfettamente rasato.

Comunista riconvertito alle istituzioni, è stato un perfetto *civil servant*, sia come sottosegretario con delega ai servizi segreti (2013-16) sia come ministro dell'Interno nei due anni successivi. In questo ruolo è un perfetto anti-Salvini. Tanto Matteo è loquace, quanto Marco era silenzioso. Come abbiamo visto in questo libro, Minniti è stato il primo ad arginare l'ondata migratoria nell'estate del 2017 e questo gli ha procurato molti apprezzamenti dal fronte moderato e riformista, ma anche durissimi attacchi dalla sinistra radicale e intellettuale (Roberto Saviano). La sua posizione politica nel dibattito attuale è riassunta in poche righe di *Sicurezza è libertà*: «La differenza tra la sinistra e il populismo consiste in questo: la sinistra ascolta, mentre i populisti fanno finta di ascoltare, quando invece il loro unico obiettivo è di tenere incatenata la gente alle proprie paure».

Minniti è il candidato di Renzi, ma entrambi fanno finta che non sia vero. Renzi sbuffa quando Minniti va in giro a dire che è molto più che un renziano, e quest'ultimo è costretto a non schiacciarsi troppo sul primo, che nel frattempo è passato dall'essere il Signore intorno al quale la folla preme per toccargli la veste, al lebbroso rinnegato dai fedeli di ieri.

«La politica è sangue e merda» diceva Rino Formica (91 anni), socialista di razza, una delle teste migliori della Prima Repubblica. «Come tutti i partiti quando non sono al potere, anche quello della marchesa Raversi non era granché unito» scriveva due secoli fa Stendhal nella *Certosa di Parma*. Nel Pd (e non solo) ne sanno qualcosa.

E intanto Renzi finge di guardare al congresso con la sovrana indifferenza di un ex premier che gode di maggior considerazione nel mondo che in Italia. Il suo sogno inespresso è di essere il Grande Federatore dei delusi. Il condottiero di una marcia della «maggioranza silenziosa» contro i populisti. Ha provato a farlo dentro il Pd e non gli è andata bene. E se ora lo facesse da fuori, come gli chiedono molti dei suoi?

XIII

La seconda vita di Forza Italia, le tentazioni di sovranismo, la scomparsa dei centristi

E Giorgetti disse: «Il re è nudo»

«Nelle elezioni amministrative si ricrea la più naturale alleanza di centrodestra. Ma non si può pensare di riproporre questa alleanza tale e quale per il futuro, perché quello che sta accadendo oggi è una frattura storica, le nuove categorie non saranno quelle classiche del passato e il nuovo soggetto sarà sicuramente sovranista e populista.» In un weekend di metà ottobre 2018, alle Giornate tricolori milanesi di Fratelli d'Italia, Giancarlo Giorgetti – vice di Matteo Salvini nel governo e nella Lega – dice che il re è nudo.

«Chissà quante volte ha dovuto mordersi la lingua» gli risponde Silvio Berlusconi dagli spalti dello stadio del Monza, suo nuovo amore calcistico. Ma lo strappo del 4 marzo è diventato troppo largo per essere ricucito. I 3 punti che separarono a sorpresa Lega e Forza Italia, invertendo le previsioni della vigilia, sono diventati più di 20 nei sondaggi autunnali. Ora, i sondaggi sono voti virtuali da prendere con le molle, ma entrano nell'immaginario degli uomini e lo sconvolgono come fossero voti veri. È per questo che Salvini ha cambiato pelle, cavalcando l'onda che frange gli equilibri europei, e Berlusconi fatica a tenere insieme quella che ha definito l'«Altra Italia», fatta di moderati poco propensi alle avventure, critici verso l'Europa ma desiderosi di restarci, avidi di riforme ma con i piedi per terra.

Per i dirigenti e i militanti di Forza Italia vedere Salvini guidare la delegazione del centrodestra al Quirinale, accanto a un Berlusconi silenzioso, è stato uno shock mai più riassorbito. E l'eventualità che la Lega vada a sfracellarsi sul «reddito di cittadinanza» – cioè sulla negazione dei propri valori economici – è assai remota. L'obiettivo è, dunque, quello di conquistare insieme la maggioranza dei territori regionali, nell'attesa che la grande coalizione gialloverde un giorno si esaurisca e i due contraenti tornino l'uno al suo splendido isolamento e l'altro ai vecchi amori di centrodestra, sia pure a leadership invertita.

Questi pensieri dominano la quiete autunnale di villa San Martino ad Arcore, residenza brianzola del Cavaliere, tra prati ancora fioriti e dipinti preziosi. Nei pochi minuti di attesa in giardino, corre il ricordo ai vent'anni in cui questo edificio settecentesco dei marchesi Giulini e Casati Stampa è stato il cuore della politica italiana. Dai pranzi con i collaboratori più stretti che supplicavano Berlusconi di non entrare in politica al videomessaggio del gennaio 1994 («L'Italia è il paese che amo»), che segnò la sua vittoriosa discesa in campo. Dall'incubo delle decine di processi (cinque ancora in corso) che dal 1994 non hanno mai abbandonato il Cavaliere, nella più formidabile e duratura campagna giudiziaria della storia internazionale, ai carabinieri che bussavano qui ogni sera durante il periodo dei «servizi sociali» per sapere se Berlusconi Silvio fosse in casa, come da prescrizione del magistrato. Dall'eco dei trionfi politici interni e internazionali alle «cene eleganti» incautamente organizzate in questi saloni con ospiti inadeguate. Dalle visite di Umberto Bossi, Gianfranco Fini e Pier Ferdinando Casini, alleati in subordine, a quelle di Matteo Salvini, nuovo azionista di maggioranza della coalizione di centrodestra.

Penso alle migliaia di pagine che ho scritto su queste storie, quando sento accarezzarmi le caviglie da due barboncini maltesi bianchi: il celebre Dudù e Peter, figlio suo e della consorte Dudina. «Dormono ai piedi del mio letto» mi dice Berlusconi.

Il Cavaliere indossa bene i suoi 82 anni, è abbronzato e gli suggerisco (temo inutilmente) di venire in televisione così com'è, senza trucco, che sta molto meglio.

Berlusconi: «Salvare l'Italia dai 5 Stelle»

È il nostro venticinquesimo incontro per un mio libro. Nozze d'argento editoriali, iniziate nel 1994 nel parco di villa Certosa a Porto Rotondo, Sardegna. («Allora c'erano otto ettari di parco, adesso sono quasi cento» puntualizza il proprietario.) Un quarto di secolo in cui il Cavaliere ha governato per quasi dieci anni, tre volte dopo aver vinto le elezioni (1994, 2001, 2008) e una, nel 2005, quando si dimise dopo il pessimo risultato delle regionali per fare un Berlusconi bis.

«Venticinque anni fa» ricorda «sono entrato in politica abbandonando la professione di imprenditore, che mi appassionava moltissimo, perché c'era il rischio che l'Italia finisse in mano ai comunisti, figli dell'ideologia più criminale e disumana nella storia dell'umanità. Adesso guardo nello specchio e vedo un signore della mia età che, per strane vicende del destino, sembra essere ancora chiamato a salvare l'Italia dai 5 Stelle, da una compagine pericolosa perché aggiunge al veterocomunismo giacobino del vecchio Pci una incompetenza e una ignoranza assolute. Per di più, le loro azioni sono sempre ispirate dall'invidia e dall'odio sociale.»

Nel 1994 il segretario del Pds, Achille Occhetto, si sentiva già seduto a palazzo Chigi, e invece ci andò Berlusconi. Nel 2018 il Cavaliere era certo di dover trattare con Matteo Renzi una Grande Coalizione frutto di una legge che non prevede vincitori, ed entrambi hanno assistito basiti al trionfo della strana coppia Di Maio-Salvini. «Basito» è il termine che il Cavaliere usa per descrivere la sua reazione al risultato del 4 marzo.

Gli faccio notare che ha sbagliato campagna elettorale, non andando in giro sul territorio. Lui non ha bisogno di grandi comizi, la gente lo avvolge ovunque vada. «È vero,» riconosce «tuttora fermo il traffico. Mi è successo perfino in Russia, dove ormai mi riconoscono tutti. Avevo affidato ai miei uomini il compito della campagna elettorale sul territorio, mentre io sarei andato in televisione. Ho fatto in media due presenze al giorno in Tv, diventate quattro, sei, dieci negli ultimi giorni. Credo di aver esposto con grande chiarezza il nostro programma per riprendere la crescita e aumentare il benessere. Ero convinto che avremmo migliorato rispetto alle elezioni precedenti e che il risultato sarebbe stato molto diverso da quel 14 per cento che mi ha lasciato basito.»

È mancato il territorio, gli altri sono stati più forti sui social. «Riconosco che oggi la comunicazione politica percorre canali diversi da quelli tradizionali. Se è vero che 46 milioni di italiani frequentano le piazze di Internet e che questo è il mezzo preferito dai giovani, devo ammettere che, da uomo di due generazioni fa, sono legato ai mezzi comunicativi tradizionali.»

Berlusconi ha dominato la scena per più di vent'anni innovando la comunicazione politica con i giganteschi manifesti grandi quanto un miniappartamento, e con slogan semplici e secchi («Meno tasse per tutti»), ripetuti poi in televisione con un linguaggio diverso da quello troppo articolato e barocco della Prima Repubblica. Salvini l'ha capito con «Prima gli italiani» e con una formidabile presenza sul territorio.

«Ecco perché ha vinto la Lega»

«Le motivazioni del nostro insufficiente risultato sono precise» spiega Berlusconi. «1) Io non ero candidato, e questo ha contato moltissimo. 2) L'impossibilità di essere indicato come candidato premier ha inciso negativamente, secondo quanto ci dicono i sondaggi: la nostra gente vuole Berlusconi, vota Berlusconi e ha avuto la sensazione che Berlusconi stesse per mollare. Il che, naturalmente, non era e non è. 3) La vendita del Milan è stata percepita in modo molto negativo dai tifosi: 2 milioni e mezzo di milanisti hanno voluto punirmi per aver abbandonato i colori rossoneri. Ovviamente io non ho abbandonato alcunché, continuo a essere il primo e più grande tifoso del Milan, ma i costi del calcio mondiale non sono più sopportabili per una singola famiglia.»

Osservo che ci sono state anche motivazioni politiche nella vittoria di Lega e Movimento 5 Stelle. «C'è stata rabbia» replica. «Un voto contro la politica, dopo quattro governi non eletti dai cittadini. Poi molte persone della borghesia italiana, quelle che io chiamo l'"Altra Italia", sono rimaste a casa, visto che io non ero in lista e visto anche come si presentavano gli altri partiti. Infine, nel Sud ha contato molto la promessa elettorale dei 5 Stelle sul reddito di cittadinanza.»

Il Cavaliere mi racconta un episodio accadutogli a San Giuliano di Puglia, il paese del Molise dove il 31 ottobre 2002 morirono per il terremoto sotto le macerie della loro scuola 27 bambini e la maestra. Lui era presidente del Consiglio e si prodigò molto in quella vicenda. «Ero tornato più di una volta a San Giuliano e, quando ci sono andato il 13 aprile 2018 per la campagna delle regionali molisane, ho rivisto e abbracciato tante mamme che avevo conosciuto. Poi sono stato circondato da una decina di miei coetanei. Mi vogliono bene perché, dopo il terremoto, ho realizzato in tempo record un villaggio dotato di tutti i servizi, dove si erano trasferiti con grande soddisfazione. "Per chi avete votato alle politiche?" ho chiesto. E loro mi hanno risposto con assoluta naturalezza: "Ma per i 5 Stelle. Ci hanno garantito che un mese dopo le elezioni avremmo avuto 780 euro a testa...". Questo episodio mi ha fatto capire quanto il reddito di cittadinanza sia stato interpretato come una promessa certa e indiscutibile.»

Ricordo al presidente di Forza Italia che il nostro paese non cresce da vent'anni e che in questo periodo ha governato anche lui. «Scusi, ma devo contestare con forza l'idea che i governi che si sono succeduti possano essere messi tutti sullo stesso piano. I governi che ho avuto l'onore di guidare – a differenza degli altri – non hanno mai messo le mani nelle tasche dei cittadini con le tasse. Nonostante questo, abbiamo realizzato straordinarie infrastrutture, basti pensare alla rete ferroviaria ad alta velocità grazie alla quale si va da Roma a Milano in meno di tre ore. Abbiamo gestito in modo esemplare grandi emergenze, come il terremoto all'Aquila – un dramma che lei purtroppo conosce bene – offrendo in poche settimane una casa solida e decorosa a migliaia di senzatetto, oppure la crisi dei rifiuti a Napoli, che abbiamo risolto in pochi giorni dopo anni di discussioni inconcludenti da parte di chi ci aveva preceduto. Abbiamo investito al Sud più di qualsiasi altro governo nella storia della Repubblica. Ancora, 36 grandi riforme che hanno cambiato a fondo molti aspetti della vita pubblica, e gli effetti delle quali si sono visti negli anni: dalla riforma scolastica all'abolizione del servizio militare – una vera tassa sulla gioventù che oggi, incredibilmente, qualcuno immagina di reintrodurre –, dalla legge Biagi al poliziotto di quartiere, dalla lotta alla contraffazione a difesa del made in Italy fino a norme che hanno salvato migliaia di vite umane, come la patente a punti o il divieto di fumo nei locali pubblici. Consideri, poi, che noi abbiamo governato nel pieno della peggiore crisi economica del dopoguerra, ma siamo riusciti a mettere in sicurezza i conti pubblici e a mantenere sani i fondamentali dell'economia, compreso un tasso di disoccupazione inferiore di 2 punti alla media europea. Da quando il nostro governo è stato fatto cadere, sappiamo come, la disoccupazione è salita ed è sempre rimasta di 2 punti sopra quella dell'eurozona. Questo nonostante il fatto che negli ultimi anni lo scenario economico internazionale sia stato particolarmente favorevole, e tutto il resto del mondo occidentale abbia ricominciato a crescere.

«Questa situazione» prosegue Berlusconi «è sfociata nel reddito di cittadinanza. Se ci sono, secondo l'Istat, 5 milioni 600.000 persone in povertà assoluta e 10 milioni 400.000 in condizioni di povertà relativa, è scattato il voto di protesta verso i partiti politici tradizionali ed è stata determinante la speranza nei confronti dei movimenti considerati nuovi.»

In ogni caso, malgrado il deludente risultato elettorale, Berlusconi si dice lieto che «dopo le elezioni si è tornati alla vecchia tradizione che vuole assegnata all'opposizione una delle due Camere. Quando si è affacciato il nome di

Elisabetta Casellati, lei ha prevalso per le sue qualità riconosciute da tutti e confermate nel primo semestre di legislatura. Abbiamo avuto il privilegio di indicare una donna alla seconda carica dello Stato per la prima volta nell'intera storia italiana».

«*Temo per la libertà dei cittadini*»

Quando faccio notare a Berlusconi che alcuni punti caratterizzanti del programma elettorale del centrodestra, come la revisione della legge Fornero e la flat tax, sono stati inseriti nel contratto di governo di Lega e 5 Stelle, lui risponde: «La revisione della Fornero era una richiesta della Lega che noi avevamo accettato con molte riserve e proponendo molte modifiche nella sua attuazione pratica. La flat tax costituiva, nelle nostre intenzioni, una profonda riforma del sistema fiscale. Doveva essere una tassa piatta uguale per tutti (individui, famiglie, imprese) con un'aliquota realistica. Lo scopo era quello di ottenere una forte riduzione dell'evasione e dell'elusione fiscale, per le quali sarebbero aumentate le pene. Piuttosto che rischiare una pena molto severa, i contribuenti avrebbero preferito pagare. Ebbene, quell'idea di flat tax è stata completamente disattesa nel Documento di programmazione economica del governo. È stata solo ridotta la tassazione a un numero molto esiguo di contribuenti. Niente a che vedere con la vera flat tax, quella che in tanti paesi del mondo ha garantito risultati straordinari in termini di crescita».

Esiste almeno un provvedimento dell'attuale maggioranza che Forza Italia potrebbe votare? «Francamente no, tranne forse alcune misure sulla sicurezza, ma attendiamo di vederle in concreto e nei dettagli: devono essere realmente efficaci, non semplici norme manifesto, e rispettose dei diritti dei cittadini.»

Che immagine ha del governo? «Prendo in prestito un'immagine non mia: un'Armata Brancaleone.»

E che cosa la preoccupa del suo programma? «Prevede di aumentare il deficit dello Stato attraverso il reddito di cittadinanza. Noi però sappiamo bene che le misure assistenziali non hanno mai fatto crescere il prodotto interno lordo, eppure il governo garantisce che questa spesa produrrà una lievitazione del pil. Ma soprattutto la bocciatura del documento di bilancio da parte degli organismi europei e delle agenzie di rating porterà i titoli di Stato italiani vicini al livello di "spazzatura", con il rischio che né le istituzioni finanziarie internazionali né la Banca centrale li acquistino ancora.

«Ma quel che mi preoccupa di più nelle dichiarazioni e negli annunci dei 5 Stelle» prosegue il Cavaliere «riguarda la libertà dei cittadini. Per loro, i negozi dovranno essere chiusi la domenica, limitando così la libertà dei negozianti di organizzarsi secondo convenienza, quella dei dipendenti che magari desiderano arrotondare lo stipendio con degli straordinari e quella dei consumatori che, lavorando sei giorni su sette, non avranno più la possibilità di fare acquisti nel giorno festivo. Hanno annunciato di togliere ai piccoli giornali quel poco che resta dei contributi pubblici, sapendo perfettamente che le aziende del settore ne hanno bisogno per sopravvivere e garantire il pluralismo dell'informazione. Hanno annunciato l'ordine alle aziende partecipate dallo Stato di togliere la pubblicità ai giornali nemici. Anche i 780 euro del reddito di cittadinanza non potranno essere spesi in certe direzioni. Tutto questo è un'anticipazione di Stato etico, che non vuol dire uno Stato che non ruba ma uno Stato che stabilisce che cosa è bene e che cosa è male per i cittadini ai quali impone le sue decisioni, trasformandoli in sudditi. Se si aggiungono le minacce ai funzionari del ministero dell'Economia che muovono obiezioni alla politica del governo, al presidente dell'Inps che obietta sulla Fornero, alla Banca d'Italia che è preoccupata per i conti dello Stato, mi pare che ci siano tutte le premesse per una deriva autoritaria. Gli italiani non se ne rendono ancora conto, ma sento stringersi un cappio soffocante. D'altronde, la libertà è come l'ossigeno che respiriamo: ci si rende conto di quanto sia prezioso solo quando viene a mancare.»

«Difficile l'alleanza tra Lega e Popolari europei»

Allarghiamo lo sguardo all'Europa. Crede che Salvini voglia allearsi con l'ala più conservatrice del Partito popolare europeo per scalzare i socialisti dalla prossima Commissione?, chiedo al Cavaliere. «È probabile che Salvini prospetti questa ipotesi, ma mi pare francamente difficile da realizzare. Sarebbe un matrimonio innaturale. Il Partito popolare europeo è fortemente europeista. Non gli piace questa Europa, ma vuole essere il motore del suo cambiamento. Noi consideriamo indispensabili due traguardi per l'Unione europea: una politica estera comune e una politica di difesa comune. Una volta mi chiamò George W. Bush. "Silvio," mi chiese "a chi devo telefonare per sapere qual è la posizione dell'Unione europea su un certo tema?" Vergognandomi gli risposi: "Ai 27 premier dei paesi che la compongono". È assurdo. Se avessimo una politica di difesa comune, oltre a risparmiare complessivamente un centinaio di miliardi, diventeremmo un'autentica potenza militare in grado di sedersi al tavolo alla pari con gli Stati Uniti, la Cina e la Federazione Russa per decidere i destini del mondo.»

Berlusconi si dice amareggiato per l'ininfluenza dell'Europa: «Oggi sul piano internazionale non contiamo niente. De Gasperi, Adenauer e Schuman la consideravano uno spazio di libertà e di benessere al suo interno, ma la volevano anche faro di civiltà, di democrazia e di libertà nel mondo. Quel ruolo che ancora oggi l'Europa dovrebbe darsi nel nome della nostra storia, della nostra cultura, della nostra tradizione e della nostra religione».

E prosegue: «Vede, bisogna evidenziare una cosa importante. L'Europa non è, non può ridursi a essere, un gruppo di funzionari che da Bruxelles dettano norme per regolamentare in modo asfissiante la vita dei cittadini. Il rigore è importante, ma l'Europa che noi vogliamo non è una squadra di ragionieri intenti a misurare lo "zero virgola" nei bilanci degli Stati.

«L'Europa nella quale io credo è il punto di arrivo delle più alte espressioni di civiltà create dall'uomo. È la Grecia

antica, dove è nata l'idea stessa di libertà, è la civiltà romana, che seppe unificare popoli e culture diverse in nome
del diritto, è la grande tradizione giudaica e cristiana, che
per prima ha affermato la sacralità della persona e l'ugua-
glianza fra gli esseri umani. È il luogo della Magna Charta,
delle Costituzioni, della Democrazia liberale, dello Stato
di diritto. È il contesto in cui sono fiorite le più alte espressioni dell'arte e della cultura: Dante e Shakespeare, Bach,
Mozart, Verdi, il Duomo di Milano, la basilica di San Pietro,
la Cattedrale di Chartres e quella di Canterbury. Tutto questo è la nostra idea di Europa. Questa è la nostra cultura, la
nostra identità, la nostra civiltà, senza la quale non saremmo nulla, e che l'Europa deve saper difendere e affermare
come soggetto politico nel mondo».

Mi pare che, con i sovranismi, andiamo nella direzione opposta, osservo. «Sovranismo, nazionalismo... Anche i miei dicono: dobbiamo stare attenti, l'Europa è invisa
quasi a tutti. Ma se andiamo avanti con queste posizioni,
mandiamo all'aria l'Europa che ci ha garantito settant'anni di pace e di benessere e anche la libera circolazione delle
persone, dei capitali e delle merci tra i vari paesi. Rischie-
remo di trovarci con un continente diviso da ogni genere di contrasti.»

Donald Trump è totalmente indifferente al destino del-
l'Europa e vuole soltanto spendere meno soldi per difen-
derla. Non ha la sensazione che anche il suo amico Vladimir
Putin sia interessato alla disgregazione dell'Europa per eser-
citarvi la sua influenza? «Posso assicurare che Putin sente
la Russia come paese occidentale per storia, tradizione, cultura, religione. Quando nel 2002, con l'incontro Bush-Putin
a Pratica di Mare, mettemmo fine a decenni di guerra fredda, fu firmato un protocollo per un'azione congiunta tra la
Nato e la Federazione Russa per affrontare insieme molte
situazioni pericolose nel mondo, dal terrorismo al commercio di armi e di droga, dalla pirateria marittima alle grandi catastrofi naturali. Io auspicai con Putin l'ingresso della
Russia nell'Unione europea e lui non era alieno dal valutare un'ipotesi del genere.»

Poi arrivò la crisi della Crimea, con l'intervento militare russo. «La Crimea è tornata alla Russia nel marzo 2014, dopo un referendum democratico che ha evidenziato un consenso plebiscitario. La popolazione era assediata da una fortissima crisi economica e non si riconosceva in un governo – quello ucraino di Kiev – che non offriva grandi garanzie democratiche. Sono stato il primo esponente politico straniero ad accompagnare Putin in Crimea dopo l'adesione della Repubblica di Crimea alla Federazione Russa. Lui si muoveva senza guardie del corpo, la gente lo abbracciava con le lacrime agli occhi, ringraziandolo per averla riportata a casa.»

Secondo Berlusconi, le «assurde e masochistiche» sanzioni dell'Occidente alla Russia hanno avuto l'effetto di far guardare Putin verso Oriente: «Ha dato vita a un mercato comune con alcune repubbliche ex sovietiche, si è avvicinato notevolmente alla Cina e all'India. Putin è sicuramente il leader più lucido del panorama internazionale. È esattamente il contrario di come viene dipinto dai media occidentali: è umile, rispettoso degli altri, pronto ad ascoltare i consigli delle persone più qualificate, ha il culto dell'amicizia e della libertà.

«All'inizio di ottobre» mi racconta «l'ho raggiunto a Soči, sul mar Nero, per festeggiare insieme i suoi 66 anni. Eravamo una quindicina di amici e io ero l'unico non russo. La sera precedente abbiamo cenato da soli, assistendo poi alle esibizioni per noi di due musicisti suoi amici. In mio onore e per onorare il talento italiano, i musicisti hanno usato uno Stradivari e una viola fabbricati in Italia nel Settecento.»

«Forza Italia non cambierà nome»

Ritorniamo alla politica italiana: è realistico rifondare un Popolo della Libertà? Berlusconi riflette per qualche secondo. «No, francamente mi sembra difficile mettere insieme le diverse formazioni politiche che fanno parte del centrodestra. I partiti devono mantenere la propria identità, costituire una coalizione per conquistare la maggioranza dei voti per dare vita a un governo di centrodestra.»

Lei parla spesso di «Altra Italia». Forza Italia cambierà nome? «No. A venticinque anni dal suo battesimo, il nome Forza Italia lo troviamo sempre più giusto. L'"Altra Italia" è solo una definizione, un modo per indicare quella maggioranza di italiani ragionevoli, di buon senso e di buona volontà che, come noi, amano l'Italia, credono in un buongoverno, sono rimasti sconcertati dai governi degli ultimi anni e che, alle elezioni del 4 marzo, in parte sono rimasti a casa e in parte hanno votato per punire la politica tradizionale.»

Faccio notare al Cavaliere che spesso si ha la sensazione che la Lega non creda più nel centrodestra. Pensa che Salvini possa allearsi con il Movimento 5 Stelle alle prossime elezioni politiche?, gli domando. «Non lo credo. Sarebbe la continuazione di un matrimonio che l'attuale esperienza di governo ha dimostrato innaturale. Ho avuto da Salvini l'assicurazione assoluta che per la Lega l'opzione politica del futuro era e rimane il centrodestra. Già oggi questa alleanza conquisterebbe la maggioranza assoluta, e la solidità della coalizione è dimostrata dal patto rinnovato per le elezioni regionali.»

Teme una scissione da Forza Italia in favore della Lega o, comunque, verso un'area vicina alla Lega? Si parla di un partito di Toti e Meloni... «Noi, invece, parliamo soprattutto di sviluppo, di riforma, di democrazia e di libertà. Quanto a un nuovo partito non credo ci sia davvero questo rischio. Qualche volta una posizione di continuo dissenso serve a ottenere qualche titolo di giornale, ma la storia di Forza Italia e del centrodestra dimostra che tutti i frazionisti sono durati, politicamente, pochissimo. Vi sono esempi troppo noti perché qualcun altro sia davvero tentato di imitarli. D'altronde, i gruppi parlamentari di Forza Italia, profondamente rinnovati, hanno dimostrato in questi mesi una compattezza, una capacità di lavoro e un entusiasmo che ho molto apprezzato.»

Ho la sensazione che Berlusconi preferisca candidarsi a un seggio del Senato, qualora dovesse liberarsi, piuttosto che alle elezioni europee, dove sarebbe troppo faticosa una candidatura in tutti i collegi come in passato e limitativa quella nel solo Mezzogiorno dove – nonostante tutto – Forza Italia resta forte. «Non è così» puntualizza il Cavaliere. «Non ci crederà, ma io non mi sono posto il problema di una mia candidatura. Non ho alcun personale interesse a tornare a sedere in un'assemblea elettiva. Tuttavia, in tanti mi chiedono di essere in campo alle elezioni europee, mi dicono che solo il nome di Berlusconi in lista può dare a tanti elettori l'entusiasmo e la voglia di andare a votare. Ci sto pensando. Comunque, sarò in campo per guidare Forza Italia in questa sfida, importantissima per il futuro dell'Italia e dell'Europa.»

La nostra conversazione prosegue a tavola. Il cuoco storico di villa San Martino Michele Persichini (che continua a seguire il Milan, nonostante non sia più di Berlusconi) ha preparato un riso - non riso dietetico con tartufi delle colline ciociare (al posto del riso c'è il daikon, una radice bianca molto usata nella cucina giapponese: piatto del tutto privo di amido, mantecato con olio d'oliva e parmigiano), filetto al pepe verde con flan di carciofi e verdure, torta di mele dietetica anch'essa (pastafrolla da farina senza glutine, cannella, due cucchiaini di miele). Lo accompagniamo con un dito di Amarone.

Licia Ronzulli, la senatrice sua assistente, posta su Instagram una foto a ricordo del nostro incontro.

Mediaset resterà italiana?, domando a Berlusconi. «Certamente. Anzi, l'azienda sta pensando di espandersi ulteriormente per essere più competitiva nel mercato globale.»

Dunque, è stato archiviato il pericolo di una scalata da parte dei francesi di Vivendi? «Sì, credo proprio di sì. I miei figli, gli altri azionisti, l'intero gruppo hanno saputo resistere a un'operazione ostile che avrebbe violato i patti e le regole del libero mercato. Devo dire che, una volta tanto, ho sentito intorno a Mediaset una vera solidarietà: in molti hanno capito che si tratta di un grande patrimonio per il paese.»

Tajani: «Grillini vincitori per il crollo del Pd»

Sulle spalle di Antonio Tajani, 65 anni, c'è l'intera storia di Forza Italia. L'avevo lasciato brillante cronista politico del «Giornale» e lo trovai nell'estate del 1994 a villa Certosa neoparlamentare europeo e timido e rispettoso portavoce di Silvio Berlusconi, appena diventato inopinatamente presidente del Consiglio dei ministri. Stavo raccontando per *Il cambio* la nascita della Seconda Repubblica.

Ventiquattro anni e venticinque libri dopo, scrivendo la nascita della Terza, lo ritrovo presidente del Parlamento europeo (dal 17 gennaio 2017) e vicepresidente di Forza Italia, di cui è stato candidato premier per tre giorni, dal 1° al 4 marzo 2018. Per scalare il seggio di Strasburgo, ha battuto nelle primarie del Partito popolare europeo un irlandese, uno sloveno e un francese. In genere, la presidenza viene assegnata con un accordo a tavolino. Stavolta c'è stato uno scontro con un altro italiano, Gianni Pittella, vicepresidente del Parlamento per i socialisti. «Oltre che con i Popolari» ricorda Tajani «mi sono messo d'accordo con i conservatori britannici, i liberali e la destra polacca, e ho vinto.»

Oggi lei è l'unico italiano che abbia un certo peso in Europa, anche a causa di nostri errori. «La presidenza del Consiglio europeo spettava ai socialisti» mi spiega Tajani. «La Merkel mi disse che avrebbero votato volentieri Enrico Letta, ma Renzi, a quanto pare, non era d'accordo e così passò il polacco Donald Tusk.» Massimo D'Alema contesta a Renzi di non averlo mandato al posto di Federica Mogherini, ma l'ex segretario del Pd mi ha detto che i socialisti europei non lo volevano. «Non lo volevano come Alto rappresentante [*ministro degli Esteri europeo*],» precisa «ma l'avrebbero accettato come commissario. Così siamo rimasti con un incarico alla Mogherini di prestigio, ma di scarsissimo peso politico.»

Come presidente del Parlamento europeo, Tajani si è fatto conoscere e apprezzare in maniera bipartisan. La croce che porta addosso è quella di Forza Italia che, dopo lo schiaffo preso il 4 marzo dalla Lega, ha bisogno di un rilancio. Riflettendo sulle ragioni della sconfitta, Tajani mette al primo posto l'assenza di Berlusconi dalle liste. «Già alle elezioni europee del 2014» ricorda «ci fermammo al 16 per cento per la stessa ragione. Tutti i sondaggi confermano che la sua presenza in lista è determinante per l'affermazione di Forza Italia.»

Voi avete perso nel Sud dove il Cavaliere è stato completamente assente, gli faccio notare. Si dice che i suoi non volessero affaticarlo, eppure sanno che a Berlusconi è sufficiente entrare in un bar per creare un assembramento di sostenitori. «È vero, è stato un errore. Almeno due o tre appuntamenti importanti avrebbe dovuto seguirli. Ma la nostra sconfitta nel Mezzogiorno dipende dal crollo del Partito democratico. L'emorragia di voti dal Pd verso il Movimento 5 Stelle ha portato i grillini a fare cappotto dappertutto. La previsione era che noi arrivassimo secondi dopo i 5 Stelle, ma il crollo dei democratici – imprevedibile in queste dimensioni – ha stravolto i risultati. Dal Lazio meridionale (Fondi [*in provincia di Latina*]) in giù abbiamo vinto soltanto in due collegi, uno a Salerno, l'altro a Reggio Calabria con Marco Siclari, un medico quarantenne che è il senatore più giovane dell'assemblea.»

La Lega è andata molto bene anche nel Mezzogiorno... «Nel proporzionale. Nel maggioritario non ha vinto collegi. Poi sembrerà strano, ma ha pesato anche la vendita del Milan. Il sorpasso su Forza Italia, tuttavia, l'ha compiuto in febbraio dopo il delitto di Macerata. Una povera ragazza abusata, ammazzata e fatta a pezzi da un branco di spacciatori nigeriani ha fatto prevalere la linea dura. Molta gente ha pensato: resto nel centrodestra, ma voto Salvini.»

C'è un ultimo elemento negativo. La sostanziale assenza di un candidato premier. «Sono stato indicato in questo ruolo giovedì 1° marzo. Era un po' tardi...»

«Se ne vanno? Velleitari...»

Faccio rilevare a Tajani che lui è stato nominato vicepresidente di Forza Italia il 5 luglio 2018 su indicazione di Berlusconi, mentre Giovanni Toti – come vedremo tra poco – avrebbe voluto le primarie per battersi con lui. Tajani sorride: «I miei rapporti con Toti sono buoni, ma ricordo la foto del gennaio 2014 quando apparve in tuta su un balcone di Villa Paradiso, beauty farm sul lago di Garda, accanto a Berlusconi che voleva nominarlo coordinatore del partito. Le regole delle designazioni sono quelle. Se le accetti una volta…».

E prosegue: «Io credo di aver avuto tante legittimazioni democratiche. Sono stato eletto quattro volte deputato europeo in una storica circoscrizione di sinistra come Toscana-Marche-Umbria-Lazio e sempre con le preferenze. A Roma, pur non essendo stato eletto sindaco, ho preso più voti di Alemanno che lo fu. Sono stato il vicepresidente più votato al Parlamento europeo…».

Adesso il vertice di Forza Italia è molto ristretto. Oltre a Tajani, ci sono due altri fedelissimi di Berlusconi: Sestino Giacomoni, che sovrintende ai coordinatori regionali, e Adriano Galliani, che dirige i dipartimenti. Però, prima o poi – obietto – anche voi dovrete darvi regole condivise. «E infatti, tra la metà di gennaio e la fine di febbraio 2019 si svolgeranno in tutta Italia i congressi provinciali. Costo della tessera ridotto a 10 euro, apertura alle liste civiche alle quali sono riservati tre rappresentanti nel coordinamento provinciale. Si sospende per la campagna elettorale per le elezioni europee del 26 maggio e poi si riprenderà il cammino.»

Verso dove? «L'"Altra Italia" di cui parla Berlusconi. L'Italia della gente che va a lavorare ogni mattina e crede in una realtà politica diversa da questa. Veniamo incoraggiati da tante persone che non ne possono più di Salvini che grida e minaccia. Alla nostra convention autunnale di Fiuggi sono venuti i presidenti di Confindustria [*Vincenzo*] Boccia, della Confapi [*Maurizio*] Casasco e la segretaria della Cisl [*Annamaria*] Furlan. C'è una maggioranza silenziosa che vuole essere rappresentata. Perciò ci stiamo allargando alle liste civiche, abbiamo stretto un accordo con l'Udc e cerchiamo continue aperture alla società.»

Nonostante il deludente risultato del 4 marzo 2018, Forza Italia ha 165 parlamentari, contro i 101 che le erano rimasti nella legislatura precedente. «Al Senato siamo più numerosi della Lega» nota Tajani «e abbiamo rinnovato i gruppi al 70 per cento.»

Non crede nella fuga verso il nuovo partito di Toti e Meloni? «C'è in giro molto velleitarismo. Nel 1994 eravamo il partito di plastica e abbiamo vinto le elezioni. Quando Renzi era al massimo del consenso, sembrava che tutti i nostri volessero andare con lui e non mi pare che questo sia successo. Francamente, non vedo tutta questa gente che arde dalla voglia di andarsene.»

Dall'autunno 2018 è stato avviato anche il rinnovamento di immagine di Forza Italia sui social. Tajani chiama un giovanotto che mi allunga una cartellina intitolata: «Forza Italia Innovation». Lui guida un team di quattro ragazzi: due editor (maschi) che condensano le proposte politiche in messaggi, e due grafici di produzione (femmine) che le trasformano in video, foto e quant'altro. Tutti laureati, uno bilingue, uno quadrilingue, chi viene dal Movimento giovanile, chi da altre esperienze.

Dalle finestre del suo studio Tajani vede il campanile duecentesco a doppia bifora della basilica di San Lorenzo in Lucina e la cupola di quella di San Carlo al Corso. Rispetto ai tempi d'oro in cui il partito occupava una bella fetta del prestigioso palazzo, la sede di Forza Italia si è ristretta nella metà di un piano. Di doman non c'è certezza, ma una certa voglia di riscossa comunque si avverte.

Toti, l'eretico in fuga da Forza Italia

Ci sono stati anni in cui, invitando in trasmissione Giovanni Toti, sapevo che Berlusconi e, soprattutto, il suo «cerchio magico» correvano all'armadietto dei medicinali in cerca di Maalox. E con qualche ragione. Toti era, infatti, un eretico a tutti gli effetti. Non credendo che Forza Italia, così com'era messa già prima delle elezioni del 4 marzo 2018, sarebbe sopravvissuta alla pur ultraventennale leadership del Cavaliere, aveva visto in Matteo Salvini l'alleato ideale. Questo sentimento si era rafforzato dopo la vistosa vittoria del centrodestra alle elezioni amministrative di giugno. «Il centrodestra classico è tornato a vincere» gli disse l'11 giugno Marco Ajello del «Messaggero». E Toti rispose: «Salvini ha saputo cogliere lo spirito del momento. La prospettiva è quella del partito unico». Un mese e mezzo dopo, tutto era saltato, come riferirono i giornali del 24 luglio.

Che cosa è accaduto? Lo chiedo in autunno al governatore ligure, mentre l'esecutivo gialloverde è in affanno tra una manovra finanziaria che fa saltare tutti i parametri e i rallentamenti nella ricostruzione del ponte Morandi a Genova. «È accaduto che la progressiva integrazione della Lega nel governo con i 5 Stelle rallenta molto i miei progetti.»

Eppure lui era stato lo sponsor più acceso della partecipazione della Lega all'avventura con Luigi Di Maio, capo politico del M5S. «Avevo una benevolenza critica. Quando Forza Italia non sapeva come schierarsi, avevo suggerito di dare il via libera al governo gialloverde. Se tutti si fossero schierati contro i grillini, ne avrebbero sancito la beatificazione. Mi aspettavo che la Lega facesse il cane da guardia in maniera un po' più muscolare, ma se il M5S si fosse alleato col Pd avrebbe combinato danni peggiori.»

Il raffreddamento, secondo Toti, deriva da ragioni squisitamente tattiche. «Salvini va ai vertici di maggioranza con Di Maio: sarebbe difficile chiedergli di togliersi la casacca di vicepremier per indossare la felpa di segretario della Lega e fare l'alleanza di centrodestra. Uno sdoppiamento di personalità complicato. Se ha una visione pluriennale per realizzare il programma di governo, è già tanto chiedergli di percorrere il doppio binario in sede locale.»

E allora? «Allora, dopo il 4 marzo ogni area politica deve avere compiti nuovi. I grillini devono dimostrare di saper essere un partito di governo, oltre che di opposizione: talvolta non capiscono ancora la differenza tra un post su Facebook e un decreto legge. Il centrosinistra deve dimostrare di avere un senso dopo la stagione del renzismo...»

E il centrodestra? «Ha il compito più difficile di tutti. Deve cominciare ad ammettere di non poter andare avanti come ha fatto nei suoi venticinque anni di storia anche gloriosa, visto come sono cambiate la società, le sue esigenze, le sue paure. Slogan e parole d'ordine della classe dirigente devono essere messi in discussione, e questo non sempre avviene. Non regge più la cosmogonia berlusconiana, con i satelliti che girano intorno al Cavaliere. Se Forza Italia capisse che non si può procedere riproponendo una realtà che non esiste più, farebbe un bel passo in avanti.» Opinione che si è rafforzata in Toti dopo il pessimo risultato di fine ottobre in Trentino e in Alto Adige.

È così che, passo dopo passo, nel ventre politico di Toti è in gestazione un nuovo partito. «La Lega tende a utilizzare al meglio il vento che le gonfia le vele e non è disponibile ad aggregazioni, fusioni o quant'altro. La maggior parte degli elettori del vecchio Popolo della Libertà alle amministrative si disperde nelle liste civiche, Forza Italia pesa un terzo del PdL di dieci anni fa e Fratelli d'Italia non ha la forza di aggregare da solo mondi diversi. Serve, perciò, qualcosa di nuovo.»

Che cosa? «Una seconda gamba alleata dei leghisti che rimetta insieme tutte le forze orfane di un centro di gravità che non esiste più.»

«Se Berlusconi avesse concesso lo Statuto albertino»

Toti vede intorno a sé «un'ampia parte della società italiana che non ha rappresentanza politica: la borghesia moderata, riformista, repubblicana, socialmente conservatrice ed economicamente liberale che è stata lo zoccolo duro della Dc nella Prima Repubblica e di Forza Italia nella seconda. Non si riconosce nei sovranisti ortodossi e nemmeno nei grillini antisistema. Perciò tira a campare o non va a votare». La fetta di società «che ha strizzato l'occhio a Renzi, l'uomo nuovo e decisionista con le caratteristiche del primo Berlusconi, ed è rimasta orfana dopo la sua caduta. Spariti il 38 per cento del vecchio PdL e il 41 per cento di Renzi alle europee del 2014, la rappresentanza sociale e politica di quest'area può averla un contenitore che abbia dentro anime cattoliche, laiche, conservatrici, riformiste e anche un'ala sovranista, che si rifaccia ai valori della vecchia Destra sociale italiana».

Perché Forza Italia non potrebbe farne parte?, chiedo a Toti. «Se volesse starci, sarebbe coerente con questo disegno. Ma...» Ma? «Non possiamo ripetere in piccolo gli errori che furono commessi in grande nel Popolo della Libertà.» Cioè? «Il PdL esplose per il dissidio insanabile tra Berlusconi e Fini. Se il 22 aprile 2010, quando alla nostra assemblea Fini disse il famoso "Che fai, mi cacci?", Berlusconi avesse risposto "Contiamoci", non sarebbe finita come è finita.» (Ho qualche dubbio, caro Toti. Fini odiava Berlusconi, gli ha sempre messo i bastoni tra le ruote e riteneva di poterne prendere il posto, illudendosi sulla complicità del presidente Napolitano.)

Torniamo all'oggi e al problema della leadership. Quando gli chiedo se Berlusconi può ancora essere il leader di una coalizione di centrodestra senza la Lega, il governatore ligure non ha dubbi: «Non può più avere un ruolo egemone. Questa parte di centrodestra nei sondaggi pesa il 13-14 per cento. Per mettere insieme tutti, devi consentire di contendere le posizioni di vertice».

Attraverso le primarie? «Al Pd le primarie non hanno portato bene. Bisognerebbe studiare una forma di primarie aperte, pesare il voto ponderato degli amministratori. Il problema non è quello della leadership. Berlusconi, le primarie le vince sempre, è la classe dirigente cresciuta alla sua ombra che molto spesso non è passata attraverso gli esami che la politica pretende. Se riunisci tante villette in un condominio, devi consentire ai condòmini di esprimersi, altrimenti il condominio salta.»

Gli domando se ne ha mai parlato a viso aperto con il Cavaliere. «Gli ho chiesto tante volte di trasformare la monarchia assoluta in una costituzionale. Non pretendo la Costituzione repubblicana, ma almeno lo Statuto albertino. E se vogliamo arrivare ai tempi attuali, vedo Berlusconi come un nostro presidente della Repubblica, l'uomo d'equilibrio che detta le regole del gioco e sotto di lui le diverse anime confrontarsi e contendersi la leadership.»

È la richiesta di un passo di lato? «No, anzi. L'assunzione di un ruolo più elevato, ma diverso. La storia ci insegna che se gli imperi non concedono ai sudditi qualche margine di libertà, rischiano di implodere.»

Per Toti, insomma, «è peggio una Forza Italia che perde con la Lega di un centrodestra che ha il suo fondatore nel pantheon e sotto di lui una classe dirigente che si contende il potere esecutivo secondo regole democratiche».

Il vostro programma di governo resta immutato? «Non può essere quello di ventiquattro anni fa. Il mondo è cambiato, l'Europa ha deluso, la globalizzazione ha lasciato morti e feriti nella classe media. Non possiamo presentarci agli elettori con lo stesso slogan: meno tasse, meno Stato, meno burocrazia. C'è anche questo, ma non deve esserci soltanto questo.»

Che cosa aggiungerebbe? «Il mio programma deve essere in contrasto con quello gialloverde. Dovremmo batterci innanzitutto per un grande piano di opere pubbliche come quello di Roosevelt e, per finanziarlo, dovremmo sfondare i vincoli di bilancio. Se si spendesse la dozzina di miliardi stanziata per il "reddito di cittadinanza" per ristrutturare un bel pezzo di paese, avremmo strade e autostrade migliori di quelle che abbiamo e tanta gente imparerebbe un lavoro.»

A che punto siete nella costruzione del nuovo partito?, gli chiedo. «Giorgia Meloni vira verso il sovranismo, mentre credo che il nucleo forte senza rappresentanza sia quello più moderato: critica l'Europa, ma non vuole uscire dall'euro; capisce che un'immigrazione incontrollata ci procura un danno gigantesco, ma una quota di stranieri è utile alle imprese; le banche che hanno imbrogliato vanno punite con severità, ma non si può mettere sotto accusa l'intero sistema bancario. Gente normale che lavora e riesce a mettere da parte qualche soldo, compra la casa con il mutuo e vorrebbe pagare gli stessi interessi per quindici anni.»

La nuova casa di Toti è in costruzione, c'è il progetto di massima, ma i condòmini non sono ancora d'accordo su come presentarsi alle elezioni europee del 2019. «Alle politiche del 4 marzo» mi dice «Noi con l'Italia [*Maurizio Lupi e Udc, 1,3 per cento dei voti*] è stata una scialuppa di salvataggio. Fratelli d'Italia [*Giorgia Meloni, 4,3 per cento dei voti*] non vuole far scomparire il proprio simbolo, ma il nuovo soggetto deve avere una sua polifonia, non può essere l'allargamento di FdI a un po' di naufraghi...»

Alla fine del nostro incontro, chiedo a Toti perché non si è confrontato con Antonio Tajani all'interno di Forza Italia, visto che le scissioni spesso sono colpite dalla malasorte. «Avremmo guadagnato entrambi da un confronto nelle primarie per il solo fatto di metterci in gioco. Oggi lui fa l'amministratore delegato del partito senza gestire il potere politico, che resta nelle mani di Berlusconi.»

Giriamo a destra e andiamo a trovare Giorgia Meloni, interessata ad allargare l'appartamento in cui abita.

Giorgia Meloni e l'Europa delle nazioni

«Non sono la persona giusta per fare l'Internazionale democristiana» mi dice Giorgia Meloni. «E non credo che il vecchio centrodestra si possa riassemblare. Penso a un nuovo partito conservatore e sovranista che metta insieme Giovanni Toti, Raffaele Fitto, il governatore siciliano Nello Musumeci, qualche sindaco presentatosi con una lista civica o con Forza Italia...»

Abbiamo visto nei capitoli precedenti che Giorgia Meloni è stata per qualche ora a un passo dall'ingresso nel governo. Quando sembrava definitivo il passaggio dall'orbita berlusconiana a quella di Salvini, lo scatto solitario della Lega ha spiazzato tutti, come ci ha appena detto Giovanni Toti.

«Eppure» prosegue la Meloni «credo che ci siano i margini per fare qualcosa di grosso e liberare Salvini dalla morsa dei 5 Stelle. Noi possiamo affiancare alla Lega – una volta che avrà risolto i suoi problemi con il M5S – un partito conservatore e sovranista. Si badi: il sovranismo è diverso dal populismo. C'è innanzitutto la difesa della nazione italiana e la Lega dovrà scegliere tra Europa delle nazioni e quella delle regioni. Una patria, non tante patrie.»

La Meloni rispolvera quello che sembrava un disegno storicamente archiviato. L'Europa delle nazioni era quella di Charles De Gaulle, politicamente distinta dall'Europa e dall'America, autosufficiente sotto ogni aspetto. De Gaulle volle perfino la bomba atomica, per non dipendere da nessuno. Era fortemente antiatlantico, mise il veto all'ingresso della Gran Bretagna nella Comunità europea, considerandola la quinta colonna degli Stati Uniti. In Italia questa ideologia sovranista e indipendentista fu raccolta solo dal Msi di Giorgio Almirante e viene resuscitata dalla Meloni in un contesto sorprendentemente più favorevole. I sovranisti dilagano per l'Europa, l'integrazione continentale – sogno dei primi sessant'anni del dopoguerra – sembra un progetto ormai fuori corso. Il premier polacco Mateusz Morawiecki si rifà direttamente a De Gaulle. Insomma, ciascuno per sé e peggio per gli altri.

C'è posto per Forza Italia in questo schema?, le chiedo. «No. Forza Italia è su una posizione politica sbagliata, troppo schiacciata su quella di Renzi. Le nostre esperienze sono troppo spesso divergenti. Non ci sono margini per una fusione, ma ce ne sono per dialogare.»

Esclude, dunque, una rifondazione del Popolo della Libertà? «Sì. Non c'è spazio per la fusione tra gli ex di Alleanza nazionale e Forza Italia. Sarebbe la fine per entrambi.»

Il giudizio del presidente di FdI sul governo è duro. L'immagine di Di Maio che il 27 settembre festeggia l'aggiornamento della manovra finanziaria con l'approvazione del deficit al 2,4 per cento salutando la folla dal balcone di palazzo Chigi è ingiallita, come uno scatto d'altri tempi. «Come si fa a festeggiare un deficit? Io sono contro le politiche di austerità, ma spendere in disavanzo è una scelta dolorosa. Non puoi brindare come se fossero soldi regalati dall'Europa. La verità, purtroppo, è che stai indebitando i tuoi figli, spendendo soldi che non hai. Hai contestato il bonus Renzi di 500 euro per i giovani e vai sulla stessa strada? Se non aiuti le imprese ad assumere, fai assistenzialismo. Il reddito di cittadinanza è invotabile, la flat tax riguarda soltanto 600.000 italiani. Non sarebbe stato meglio tassare al 15 per cento quel che denunci in più sul reddito dell'anno scorso? Così avremmo contrastato anche un po' d'evasione.»

Alfano, il coraggio delle scelte

In una tiepida serata di settembre 2018 Angelino Alfano, accompagnato dalla moglie Tiziana, incontrò su una terrazza romana – tra le molte persone presenti alla cena – esponenti della Seconda e della Terza Repubblica con i quali si era fortemente scontrato e si sarebbe ancora scontrato se fosse rimasto in politica. Disteso, sorridente, con una barba lasciata crescere per gioco e poi mantenuta, l'ormai avvocato Alfano fu invece festeggiato da tutti (politici compresi) per aver lasciato la politica. «Quasi un anno fa» ricorda oggi «dissi a "Porta a porta" che avrei cercato un lavoro. Non ho fatto la campagna elettorale, ho lavorato per il paese nel governo fino al 1° giugno 2018. Ora lavoro presso BonelliErede, il più importante studio legale italiano, occupandomi di molte questioni legate alle cose per cui ho studiato e a quelle che l'attività istituzionale mi ha permesso di imparare. Ho un incarico alla Luiss per insegnare temi legati a Mediterraneo, Islam, immigrazione e sicurezza. Collaboro con Confindustria per i rapporti con gli Stati africani. Se la politica è riflessione sui problemi del paese, io la sto facendo come presidente della Fondazione De Gasperi e ne ho raccolto i semi in un libro, *Il coraggio delle scelte*, senza l'agonismo che c'è inevitabilmente quando si sta nella mischia. Vivo tra Roma e Milano, per la prima volta dopo dieci anni ho fatto le vacanze a Ferragosto e mi sono confermato nell'idea che, per dare una mano alla nostra comunità nazionale, non è necessario stare nei Palazzi delle istituzioni.»

Quando mercoledì 6 dicembre 2017, alle 18.30, Alfano varcò il cancello degli studi televisivi di via Teulada a Roma, ero l'unico – a parte sua moglie, mi disse – a sapere che avrebbe annunciato l'abbandono della vita politica. Non lo sospettavano nemmeno i suoi compagni di strada più fidati, da Maurizio Lupi a Beatrice Lorenzin, che stavano confrontandosi sul difficile futuro di Alternativa popolare. «Non starò seduto nei banchi del prossimo Parlamento» esordì appena si accesero le luci delle telecamere «perché ho scelto di non ricandidarmi alle prossime elezioni.»

«Ragionavo da tempo» mi racconta oggi «sul fatto che, avendo cominciato da giovane [*consigliere provinciale a 23 anni e deputato regionale a 25, sempre con Forza Italia*], il ciclo politico non poteva coincidere con quello biologico. Volevo perciò riappropriarmi professionalmente delle cose che avevo studiato.»

Le ragioni della scelta sono tre. Ma il desiderio di tornare alla vita privata e il forte incoraggiamento della moglie a tagliare i ponti con la politica attiva non avrebbero fatto molta strada senza le altre due. Innanzitutto i forti attacchi personali, che hanno avuto riflessi sulla serenità familiare. «Sono stato colpito da uno schieramento mediatico enorme rispetto alle dimensioni del mio partito, quasi avessi il 45 per cento dei voti e non il 4,5. Già dalla rottura del centrodestra per sostenere il governo Letta, era fin troppo chiaro che un cedimento del mio partito avrebbe fatto cadere il governo. Eravamo l'anello debole e il fuoco mediatico si è concentrato lì. Rinunciando alla "poltrona", ho voluto dimostrare a quelli che mi accusavano di "poltronismo" che le mie scelte politiche erano determinate da profonda convinzione.»

La terza ragione era la debolezza e, soprattutto, l'incerta collocazione di Alternativa popolare. Nell'ultima parte del 2017 Alfano aveva cercato un frontman che gli consentisse una posizione meno esposta, garantendo una linea moderata. Mi lusingò offrendomi questo ruolo, che naturalmente rifiutai, come avevo fatto altre volte in passato nei confronti sia del centrodestra sia del centrosinistra, essendo legato al lavoro che faccio fin da ragazzo.

Quando gli ricordo i timori per un eventuale insuccesso elettorale della sua lista, Alfano scuote la testa. «Nel novembre 2017 commissionammo un sondaggio ampio, costoso e ben strutturato. Con il nostro simbolo e la mia leadership avremmo superato di alcuni decimali lo sbarramento del 3 per cento previsto dalla legge, sia che ci fossimo alleati con il centrodestra che con il centrosinistra. Era la conferma che il nostro patrimonio era superiore a un milione di voti. Decisi di non candidarmi, lasciando i miei amici liberi di fare le loro scelte. Ma non anticipai la mia decisione a nessuno.»

Pace fatta con il Cavaliere

Uscito dallo studio di «Porta a porta» e riacceso il telefonino, Alfano lo trovò inondato di messaggi: «Avevano scritto Renzi, Franceschini e altri amici del governo. Ma sulla strada che da via Teulada porta a via del Governo Vecchio dove c'era la sede di Alternativa popolare mi raggiunse la telefonata di Niccolò Ghedini e, appena salito in ufficio, quella di Silvio Berlusconi».

La rottura drammatica tra i due era arrivata nel novembre di quattro anni prima. Il 1° agosto 2013 Berlusconi era stato condannato in via definitiva dalla Cassazione a quattro anni per frode fiscale. Si era scatenata un'inedita caccia all'uomo, sfociata nella decisione – anch'essa inedita – della Giunta per le autorizzazioni a procedere del Senato (30 ottobre) di votare a scrutinio palese (e non segreto, come da prassi) la sua decadenza da senatore. Il 27 novembre cadde la ghigliottina, ma già il giorno prima Forza Italia aveva lasciato la maggioranza, in cui erano rimasti i cinque ministri di centrodestra del governo Letta (Maurizio Lupi, Beatrice Lorenzin, Gaetano Quagliariello, Nunzia De Girolamo, Mario Mauro), una trentina di senatori, più di venti deputati. «Angelino ha tradito» mi disse il Cavaliere.

La riconciliazione avvenne, dunque, quel 6 dicembre 2017. Berlusconi si complimentò con Alfano per il gesto e gli disse: «Visto che siamo entrambi fuori del Parlamento, abbiamo pareggiato e possiamo tornare amici come prima». Si sarebbero sentiti alcune volte in seguito, ristabilendo un rapporto di piena cordialità.

La conversazione con il Cavaliere fu lunga, quella sera. Alfano si appartò e, quando tornò tra i suoi, ne toccò con mano l'incredulità e lo smarrimento. «Nessuno si aspettava il mio gesto» racconta oggi «né io avrei potuto farne cenno prima della comunicazione pubblica, perché ogni mia parola avrebbe avuto conseguenze negative sul governo.»

«È vero» conferma Beatrice Lorenzin, per cinque anni ministro della Salute e oggi vicepresidente del gruppo misto alla Camera che ospita i quattro parlamentari di Civica popolare. «Non sospettavo un'uscita così clamorosa. Sapevamo che gli attacchi avevano molto amareggiato Angelino e che lui stava valutando la possibilità di non ricandidarsi. Ma non ci aspettavamo che volesse lasciare anche la guida del partito.»

«Ci disse che aveva parlato con la moglie e che la sua scelta era definitiva per dare dignità alla sua storia politica e dimostrare che non si era trattato di una semplice occupazione di poltrone» mi racconta Maurizio Lupi, già ministro delle Infrastrutture con Renzi, oggi nel gruppo misto con i quattro parlamentari di Noi con l'Italia. «La tensione era altissima. Angelino aveva lasciato gli Interni per gli Esteri per stemperare gli attacchi nei suoi confronti e, invece, la pressione non era diminuita. Si aggiungano le nostre divisioni sulla collocazione futura del partito.»

Il segnale lanciato dalla Sicilia

«Tutti mi chiesero perché lo avessi fatto e tutti hanno rispettato la mia decisione» mi dice Alfano. «Sono convinto che sarebbero rimasti con me, se avessi deciso di restare in politica. Lasciai tutti liberi di fare la propria scelta e vi fu lo scontro tra due coerenze. La coerenza con le origini di chi, come Maurizio Lupi, ha voluto collegarsi di nuovo con il centrodestra e la coerenza di Beatrice Lorenzin con una scelta di governo che, all'origine, fu condivisa con Berlusconi. In Parlamento, entrambi hanno conservato questa coerenza, e con entrambi mantengo rapporti eccellenti. Beatrice commenta la mia barba con i cuoricini, con Maurizio ci sentiamo frequentemente.»

«Se Alfano fosse rimasto alla guida del partito» mi spiega la Lorenzin «ci saremmo candidati con Alternativa popolare. Il problema era se presentarci da soli (soluzione coraggiosa e forse temeraria) o in coalizione con il centrosinistra, con cui eravamo andati al governo. Una coalizione con il centrodestra era esclusa, dopo che Forza Italia non ci aveva voluto in Sicilia.»

Le elezioni siciliane del 2017 avevano traumatizzato le forze centriste. «Eravamo molto divisi» ricorda la Lorenzin. «Qualcuno voleva che andassimo da soli, candidando Giovanni Lavia alla presidenza. Gli altri erano divisi tra il presentarsi con il centrosinistra o con il centrodestra. La maggior parte dei deputati regionali optava per il centrodestra. E quando Alfano non riuscì a fare l'accordo, se ne andarono ugualmente con Musumeci. Noi optammo per il centrosinistra e fu un disastro: per 39.000 voti non superammo lo sbarramento del 5 per cento e non entrammo nemmeno nell'Assemblea regionale siciliana.»

«La Sicilia è stato il momento decisivo» conferma Lupi. «Poteva costituire l'occasione del nostro rilancio all'interno del centrodestra. Gianfranco Miccichè si era speso molto per il nostro ingresso in coalizione. Ma Salvini pose il veto e Berlusconi ci disse: non posso farci niente. C'era, d'altra parte, un problema di dignità: non potevamo rinunciare al simbolo, nasconderci dietro quello di altri. La Sicilia rappresentava la nostra presenza più forte nel Sud e quello fu un segnale politico molto preciso. Angelino si associò alla coalizione di centrosinistra e scoprì, con grande sofferenza personale, che molti dei suoi lo avevano abbandonato scegliendo il centrodestra.»

Alla fine «Angelino non è riuscito a tenere insieme quelli che insieme non volevano restare» conclude la Lorenzin. «È stato di una generosità straordinaria. Nessuno ci avrebbe lasciati liberi come ha fatto lui. Ma la generosità è stata anche il suo limite: non ha fatto scelte dolorose, che avrebbero dovuto coinvolgere anche il gruppo dirigente.»

«Ci fu una civilissima separazione consensuale» ricorda Lupi. «Una sintesi di buona volontà per evitare che volassero gli stracci.»

E i *clientes*? Alfano è siciliano e, da quelle parti, venticinque anni di cordate politiche contano. «Non l'hanno presa benissimo» mi risponde l'ex ministro dell'Interno. «Mi hanno chiesto indicazioni che non ho dato, lasciandoli liberi di scegliere. Oggi i miei compagni sono in Parlamento in Forza Italia, nel Pd, e anche nella Lega.»

Alfano prevede nuovi rivolgimenti negli schieramenti politici. «Non è più tempo di parlare di fine delle ideologie. Stanno tornando in campo narrazioni molto profonde, anche se non specificamente programmatiche. Da un lato c'è "Prima gli italiani", elemento strutturale di una visione del mondo che si traduce in linea politica sia europea sia internazionale. Dall'altro c'è il Popolo contro le Élite. Rimane una terza area incarnata dal Pd che dovrebbe essere solidale, incrociare la visione comunitaria dei cattolici ed entrare in fortissima competizione con i 5 Stelle, perché sono convinto che in prospettiva una sola delle due aree sopravvivrà in vista di un nuovo bipolarismo. Perché nel nuovo bipolarismo una cosa è certa: "Prima gli italiani" sarà uno dei due poli.»

Mappe delle elezioni politiche

5 aprile 1992

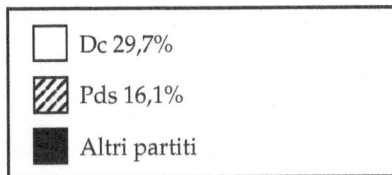

Dc 29,7%

Pds 16,1%

Altri partiti

27 marzo 1994

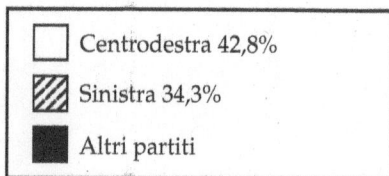

☐ Centrodestra 42,8%

▨ Sinistra 34,3%

■ Altri partiti

25 febbraio 2013

▨	Centrosinistra 29,53%
☐	Centrodestra 29,13%
⠿	Movimento 5 Stelle 25,55%

L'Italia dopo il 1815

Regno Lombardo-Veneto

Regno delle Due Sicilie

4 marzo 2018

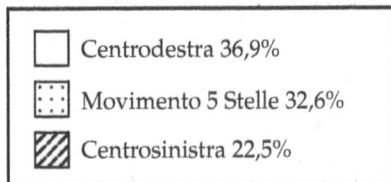

☐ Centrodestra 36,9%

⦂ Movimento 5 Stelle 32,6%

▨ Centrosinistra 22,5%

Ringraziamenti

Piccolo retroscena editoriale per il lettore. Quando, nel fine settimana del 4 novembre, giornali, radio e tg trasmettevano le anticipazioni di questo libro, il libro era ancora nelle mani mie, della mia amata editor Nicoletta Lazzari e della sua formidabile squadra. Tanto è vero che abbiamo pubblicato le reazioni alle anticipazioni. Il 2 novembre ho consegnato un brano a «Panorama» per l'uscita dell'8. Ma soltanto sabato 3 abbiamo chiuso il libro, che il 7 sarebbe stato nelle librerie.

Questi miracoli chiariscono il debito che ho con Nicoletta e i suoi collaboratori. Hanno controllato dettagli insignificanti, hanno verificato le centinaia di cifre contenute nel volume e talvolta le hanno, fortunatamente, corrette. Abbiamo discusso fino all'ultimo se una ministra indossasse un certo abito il 1° o il 2 giugno. Nulla sfugge a questi straordinari satanassi dell'editing.

Grazie a Paola Miletich, che mi ha soccorso in alcune ricerche.

Grazie alla mia cara Anna Campi che, con la consueta meravigliosa pazienza, ha evitato che facessi confusione tra le correzioni dell'ultim'ora.

Grazie agli incredibili stampatori di Cles. Sabato 3 novembre abbiamo chiuso il libro. E so che lunedì 5 qualcuno mi porterà la copia staffetta.

Roma, 3 novembre 2018

Volumi citati

Albright, Madeleine, *Fascism. A Warning*, New York, HarperCollins, 2018.

Alfano, Angelino, *Il coraggio delle scelte. Come e perché il buonsenso non è vintage*, Soveria Mannelli (CZ), Rubbettino, 2014.

Alianello, Carlo, *La conquista del Sud. Il risorgimento nell'Italia meridionale*, Milano, Rusconi, 1972.

Aprile, Pino, *Terroni. Tutto quello che è stato fatto perché gli italiani del Sud diventassero meridionali*, Milano, Piemme, 2010.

Bevilacqua, Piero, *Breve storia dell'Italia meridionale. Dall'Ottocento a oggi*, Roma, Donzelli, 1993.

Bodio, Luigi, *L'Italia economica nel 1873*, Roma, Tipografia Barbèra, 1873.

Boneschi, Marta, *La grande illusione. I nostri anni Sessanta*, Milano, Mondadori, 1996.

Bono, Anna e Bracalini, Paolo, *Immigrazione: tutte le bugie*, Milano, il Giornale / fuori dal coro, 2018.

Biondo, Nicola e Canestrari, Marco, *Supernova. I segreti, le bugie e i tradimenti del MoVimento 5 Stelle: storia vera di una nuova casta che si pretendeva anticasta*, Milano, Ponte alle Grazie, 2018.

Cantù, Cesare, *Storia degli Italiani*, Torino, Unione Tipografica-Editrice, 1855.

Crisafulli, Vezio e Paladin, Livio, *Commentario breve alla Costituzione*, seconda edizione, a cura di Sergio Bartole e Roberto Bin, Padova, CEDAM, 2008.

Croce, Benedetto, *Storia del Regno di Napoli*, Bari, Laterza 1923.

Daniele, Vittorio e Malanima, Paolo, *Il divario Nord-Sud in Italia 1861-2011*, Soveria Mannelli (CZ), Rubbettino, 2011.

Davis, John A., *A Tale of Two Italies*, Oxford, 2015.

–, *Napoli e Napoleone. L'Italia meridionale e le rivoluzioni europee (1780-1860)*, trad. it. Soveria Mannelli (CZ), Rubbettino, 2014.

De Cesare, Raffaele, *La fine di un regno (Napoli e Sicilia)*, Città di Castello (PG), Lapi, 1900.

Di Fiore, Gigi, *Controstoria dell'unità d'Italia. Fatti e misfatti del Risorgimento*, Milano, Rizzoli, 2007.

Dumas, Alexandre, *I garibaldini*, trad. it. Roma, Editori Riuniti, 2011.

Felice, Emanuele, *Perché il Sud è rimasto indietro*, Bologna, il Mulino, 2013.

Fortunato, Giustino, *Il Mezzogiorno e lo Stato italiano. Discorsi politici (1880-1910)*, Firenze, Vallecchi, 1973.

Franzi, Alessandro e Madron, Alessandro, *Matteo Salvini #IlMilitante*, Firenze, goWare, 2018.

Galli della Loggia, Ernesto, *L'identità italiana*, Bologna, il Mulino, 2010.

–, *Il tramonto di una nazione. Retroscena della fine*, Venezia, Marsilio, 2018.

Gentile, Giovanni, *La formazione politica della coscienza nazionale*, in Id., *Politica e cultura*, 2 voll., Firenze, Le Lettere, 1990-1991, vol. II, pp. 243-256.

Grillo, Beppe e Casaleggio, Gianroberto, *Siamo in guerra. Per una nuova politica*, Milano, Chiarelettere, 2012.

Iacoboni, Jacopo, *L'esperimento. Inchiesta sul Movimento 5 Stelle*, Roma-Bari, Laterza, 2018.

Margolfo, Carlo, *Mi toccò in sorte il numero 15: episodi della vita militare del bersagliere Margolfo Carlo*, Delebio (SO), a cura del Comune e della Pro loco, 1992.

Minniti, Marco, *Sicurezza è libertà*, Milano, Rizzoli, 2018.

Montanelli, Indro, *L'Italia del Risorgimento*, Milano, Rizzoli, 1972.

Montanelli, Indro e Nozza, Marco, *Garibaldi*, Milano, Rizzoli, 1962.

Napoletano, Roberto, *Il cigno nero e il cavaliere bianco. Diario italiano della grande crisi*, Milano, La nave di Teseo, 2017.

Nitti, Francesco Saverio, *Nord e Sud: prime linee di una inchiesta sulla ripartizione territoriale delle entrate e delle spese dello Stato in Italia*, Torino, Roux e Viarengo, 1900.

Panerai, Paolo e Savona, Paolo, *Quando a Carli tremò la mano. Perché firmò, se sapeva che l'Italia era impreparata?*, Milano, MF / Milano Finanza, 2018.

Passarelli, Gianluca e Tuorto, *La Lega di Salvini. Estrema destra di governo*, Bologna, il Mulino, 2018.

Perrone, Nico, *L'inventore del trasformismo: Liborio Romano, strumento di Cavour per la conquista di Napoli*, Soveria Mannelli (CZ), Rubbettino, 2009.

Pescosolido, Guido, *La questione meridionale in breve: centocinquant'anni di storia*, Roma, Donzelli, 2017.

Polimeno, Angelo, *Non chiamatelo euro. Germania, Italia e la vera storia di una moneta illegittima*, Milano, Mondadori, 2015.

Pugliese, Enrico, *Quelli che se ne vanno. La nuova emigrazione italiana*, Bologna, il Mulino, 2018.

Ricolfi, Luca, *Il sacco del Nord. Saggio sulla giustizia territoriale*, Milano, Guerini e Associati, 2012.

Rizzo, Sergio e Stella, Gian Antonio, *Se muore il Sud*, Milano, Feltrinelli, 2013.

Ruggiero, Michele, *Cavour e l'altra Italia*, Milano, Rusconi, 1997.

Savona, Paolo, *Come un incubo e come un sogno. Memorialia e Moralia di mezzo secolo di storia*, Soveria Mannelli (CZ), Rubbettino, 2018.

Stendhal, *La Certosa di Parma*, trad. it. Torino, Einaudi, 1961.

Svimez (Associazione per lo sviluppo dell'industria del Mezzogiorno), *Un secolo di statistiche italiane. Nord e Sud 1861-1961*, Roma, Stabilimento tipografico Fausto Failli, 1961.

Tanzi, Vito, *Italica. Costi e conseguenze dell'unificazione d'Italia*, Torino, Grantorino Libri, 2012.

Villani, Pasquale, *Mezzogiorno tra riforme e rivoluzione*, Bari, Laterza, 1973.

Zamagni, Vera, *Introduzione alla storia economica d'Italia*, Bologna, il Mulino, 2008.

Zielonka, Jan, *Contro-rivoluzione. La disfatta dell'Europa liberale*, trad. it. Roma-Bari, Laterza, 2018.

Indice

Mondadori Libri S.p.A.

Questo volume è stato stampato
presso ELCOGRAF S.p.A.
Stabilimento - Cles (TN)

Stampato in Italia - Printed in Italy